JN123385

歴史散策ガイド

維新秘話福岡

志士たちが駆けた道

浦辺 登

花乱社

装丁：design POOL（北里俊明・田中智子）

はじめに

本書は、平成二十九年（二〇一七）六月から平成三十年（二〇一八）十二月まで、「読売新聞」福岡県版に連載した「維新秘話福岡」に増補加筆したものである。新聞媒体ということを考慮すれば、老若男女に親しまれる話にしなければならない。そのため、明治維新の歴史を追うだけでなく、身近に明治維新に関係する史跡や話が存在することの周知を主眼とした。いわば、郷土に遺る維新史に関心を抱いてもらい、次世代に語り継いでいただくことを狙いとしたため、広く浅い維新史であることを承知いただきたい。

明治維新史といえば、薩摩、長州、土佐、肥前を中心にする歴史書を読んでおけば理解できる。西郷隆盛、高杉晋作、坂本龍馬という維新のヒーローを主演にした映画、ドラマも多い。いまさら維新史を読んでも何ら新しい発見はないと思っている方は多い。そんな中、福岡県に限定しての維新の話など、多少はあるにしても、そんなに多くないのでは、と疑念を抱かれた方がいたのも確かだった。

今でこそ、「維新の策源地・太宰府」という言葉が定着したが、あの学問の神様・太宰府天満宮と明治維新とがスムースにつながらないという話はよく耳にした。さほど、明治維新に対し、関心が低いのが福岡県だった。しかし、連載が始まって間もなく、「知らなかった……」という声が届くのと同時に、あの史跡の意味を知りたい、取材に来ませんか、という連絡も入るようになった。ここから見えてくるのは、福岡県が明治維新史から取り残されていること。反面、全国平均の明治維新史に満足できない人々がいることの証明でもあった。
取材を進める過程で驚いたのは、事実確認や検証がなされないまま、口伝や伝承が多く遺されているることだった。なかには、価値が分からず、手におえなくなった資料が地元の公共施設に寄贈されていることも知った。
史跡を巡り、調べていて思ったことは、都市の再開発や住民の無関心から、破壊され、放置された史跡が多いということだった。半世紀前にあったはずの史跡が、行ってみると「無い」ということは、一度や二度ではない。無用の工作物のように扱われる石碑もあった。せめてもと、地域住民が案内看板を立てても、後継者が育たなかったのか、文字も判読できないものもあった。それでも、懸命に守り続ける方もおられ、ただただ、頭が下がる思いだった。そんな中、せめて、文字にして、写真の一枚でも遺せればという気持ちで取材を続けた。
「歴史は勝者によって作られる」という言葉がある。福岡県で明治維新の話が広く認識されてこなかったのは、「負け組」であったからかもしれない。
けれども、読み進んでいただければわかると思うが、なかなかどうして、福岡県に遺る明治維新の話は、従来の維新史にはないスリルに満ちた話が多い。定説を覆すのではないかとさえ思える話、意外な話も多い。
「読売新聞」の連載は契約期間もあって、五十九話で終了した。しかし、まだ紹介しきれていない史跡、後世につないでおきたい話などがあった。そこで、さらに取材を進め、今回、六十六話にまとめた。身近に、これほどの歴史があり、それが日本の歴史の一角を占めていることを知っていただければという思いでいっぱいである。

福岡県という行政域には、福岡藩（東蓮寺藩含む）、久留米藩、柳川藩、小倉藩、秋月藩、三池藩、千束藩という七つの藩が存在した。しかし、現代においては、福岡藩、久留米藩、柳川藩、小倉藩という四つの藩に集約される。これは、人的関係も含め、分離統合を繰り返し、明治期の廃藩置県の行政域変遷の結果である。

本書では、藩としては、福岡藩、久留米藩、柳川藩、小倉藩に、領域としては筑前、筑後、豊前という分類をしている。心情的には、秋月藩、豊津藩（旧小倉藩）をどのようにするかが悩ましいが、現代人に理解しやすい区分にしていることをご理解いただきたい。

また、六十六話といえども、筑前、筑後、豊前の地域分類において筑前エリアが突出している。不公平と思われるかもしれないが、「維新の策源地・太宰府」が筑前エリアに入るからだ。さらに、従来、維新史において顧みられることのなかった離島を多く取り上げている。そのすべてが筑前エリアに存在しているため、筑前の話が多くなっていることをご了解いただきたい。

まだまだ、維新に関する史跡、秘話が福岡県に遺っている。不完全であり、漏れがあるのも十分に承知している。巻末に参考文献、人名索引などを付しているのも、読者が足を運び調査を進められることを期待しているからである。かくいう私も、継続して維新史の調査を続けていく所存であることを述べておきたい。

末尾ながら、「読売新聞」に「維新秘話福岡」を連載中、太宰府天満宮などは国内外からの観光客で賑わっていた。しかし、新型コロナ・ウイルスの感染拡大から外出自粛となり、いずこの観光地も閑散としている。取材時の、あの溢れんばかりの賑わいが戻ることを願うばかりだ。

❖目次

筑後

豊前

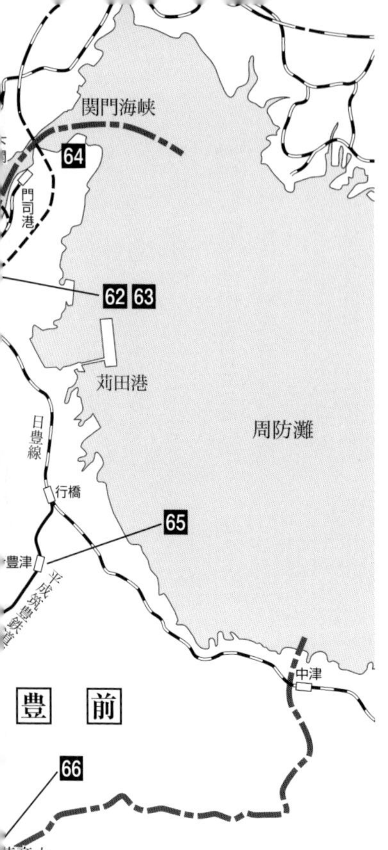

福岡県全域図

筑前

太宰府市

1 薩摩藩定宿・松屋
2 光蓮寺
3 太宰府天満宮

筑紫野市

4 二日市温泉・三條実美歌碑
5 二日市温泉・三條西季知歌碑
6 月形洗蔵幽閉の地
7 筑紫神社・尊王烈士碑
8 長崎街道・山家宿

飯塚市

9 筑前茜染之碑

朝倉市

10 秋月目鏡橋

福岡市

11 福岡藩精錬所跡碑
12 櫛田神社
13 萬行寺
14 天福寺跡・加藤司書公歌碑
15 節信院
16 入定寺
17 石堂川の関所跡
18 水茶屋・常盤館跡碑
19 石蔵屋・石蔵卯平
20 明光寺
21 箱崎・旧御茶屋跡之碑
22 志賀島
23 須崎公園・須崎台場跡
24 高橋屋平右衛門の家
25 安国寺
26 西郷南洲翁隠家乃跡碑
27 野村望東尼の平尾山荘
28 長栄寺
29 西公園・平野國臣像
30 鳥飼八幡宮
31 平野神社・國臣の歌碑
32 能古島
33 玄界島
34 小呂島

糸島市

35 姫島・野村望東尼御堂
36 櫻井神社

糟屋郡

37 相島

福津市

38 宮地嶽神社

宗像市

39 五卿西遷之遺跡碑
40 街道の駅 赤馬館
41 早川勇顕彰碑
42 新撰組・立川主税の生地
43 筑前大島

鞍手郡

44 伊藤常足翁旧宅・古物神社

中間市

45 月形潔生誕記念之碑

北九州市

46 黒崎宿・岡田宮
47 黒崎宿・春日神社
48 加藤司書の腰板
49 黒崎宿・桜屋跡
50 五卿上陸地

筑後

久留米市

51 水天宮・真木和泉の銅像
52 久留米城跡・篠山神社
53 田中久重生誕地碑
54 遍照院
55 五卿が登った高良山

筑後市

56 水田天満宮・山梔窩

柳川市

57 柳川城址
58 彰義隊・上原仙之助の故郷

小郡市

59 医師・高松凌雲生誕地
60 薩摩街道松崎宿・油屋

うきは市

61 新撰組・篠原泰之進の生地

豊前

北九州市

62 九州の玄関口・常盤橋
63 小倉城
64 田野浦

京都郡

65 甲塚墓地

田川郡

66 英彦山と筑前勤皇党

＊本書掲載の史跡名を Google マップで検索すると，地点が表示されます。

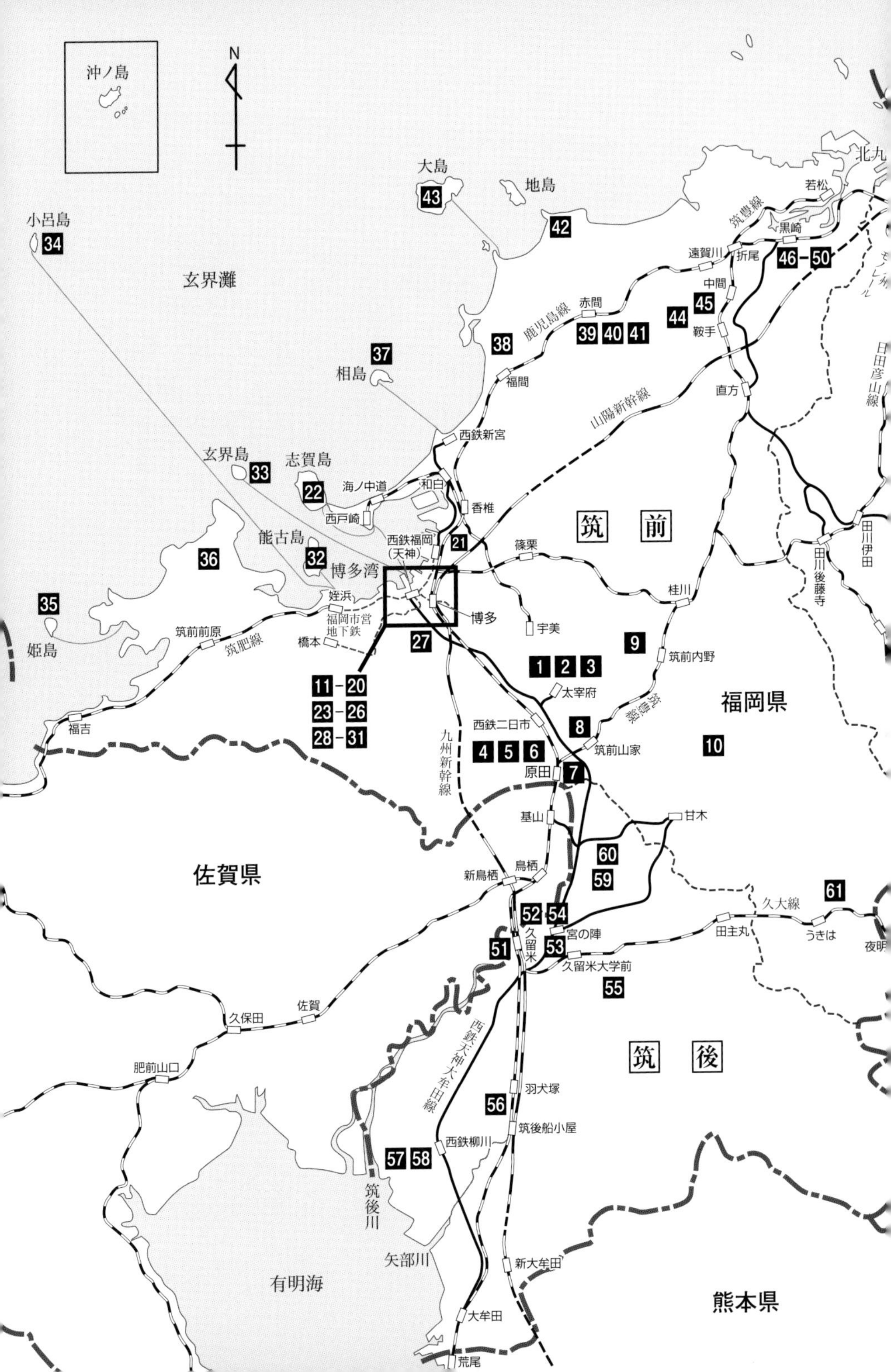
沖ノ島
N
大島
地島
小呂島
玄界灘
相島
玄界島
志賀島
能古島
博多湾
姫島
北九
若松
筑豊線
黒崎
遠賀川
折尾
中間
赤間
鹿児島線
鞍手
福間
直方
山陽新幹線
西鉄新宮
海ノ中道
和白
香椎
西戸崎
西鉄福岡
（天神）
篠栗
筑
前
田川伊田
田川後藤寺
日田彦山線
桂川
姪浜
福岡市営
地下鉄
博多
宇美
筑前前原
筑肥線
橋本
筑前内野
太宰府
筑豊線
福岡県
西鉄二日市
九州新幹線
筑前山家
福吉
原田
基山
甘木
佐賀県
新鳥栖
鳥栖
久大線
久留米
宮の陣
田主丸
うきは
夜明
久留米大学前
久保田
佐賀
筑
後
西鉄天神大牟田線
肥前山口
羽犬塚
筑後船小屋
西鉄柳川
筑後川
矢部川
有明海
新大牟田
熊本県
大牟田
荒尾
1 2 3
4 5 6
7
8
9
10
11-20
21
22
23-26
27
28-31
32
33
34
35
36
37
38
39 40 41
42
43
44
45
46-50
51
52-54
53
55
56
57 58
59
60
61

筑前

福岡藩の成立と幕末・維新❖概要

慶長五年（一六〇〇）の関ケ原の戦いは、徳川家康の東軍と石田三成の西軍とによる秀吉没後の主導権争いだった。黒田長政は家康に加担したことから、九州豊前の領主から筑前一国の領主へと出世を遂げた。この筑前には、大坂の堺に並ぶ交易都市である博多がある。長政は海外交易による潤沢な利潤を狙っていた。しかしながら、この目論見は、後の幕府の鎖国政策によってものの見事に外れてしまう。

江戸時代、経済の中核を成すものは農業であり、特に主食である米の生産高が各藩の実力評価となっていた。一般に福岡藩は五十二万石（四十七万三千石という説も）といわれるが、

写真：節信院・加藤司書公墓所の碑

これは九州域内では薩摩藩、熊本藩に次ぐ石高である。しかし、福岡藩は幕府から佐賀藩と隔年交代で長崎港警備を命じられていた。幕府が諸藩に課した参勤交代は財政に大きな負担を強いるものだが、加えて、長崎港警備は福岡藩にとっては更なる負担であった。これらは、幕府による諸藩への巧妙な締め付けだった。

さらに、幕府は江戸城下に各藩の藩邸を設けさせ、人質を置かせた。大藩といえども、その格式を誇るための維持経費は馬鹿にならない。そこに、一極集中による物価上昇から、地方との間に経済格差を生じさせた。この格差は農産物、特産物による販売だけでは容易に解消しない。やむなく、諸藩はいわゆる「大名貸し」と呼ばれる大坂の豪商からの貸付を受けるようになった。大名貸しが藩政に及ぼす影響は大きく、それは福岡藩を含む諸藩の深刻な問題だった。

その福岡藩を治めた黒田家だが、血脈は六代までしか続かなかった。それ以降は他家からの養嗣子によって藩を維持したが、幕末の頃の福岡藩第十代藩主の黒田斉清（なりきよ）、第十一代藩主の黒田長溥（ながひろ）も養嗣子だった。黒田家恩顧の家臣団と養嗣子の主君との間に藩政に対する意識の乖離が生じるのは自然の流れであり、藩主が全権を掌握するのは至難の業だった。

さらに、第十代藩主の黒田斉清、第十一代藩主の黒田長溥は著名な「蘭癖（らんぺき）大名（西洋の学問、文物を好む）」だった。黒田斉清は長崎出島のオランダ商館医ジーボルトも感服するほどの博覧強記の人として知られる。その養子である黒田長溥の実父は薩摩藩第八代藩主の島津重豪（しげひで）であり、この島津重豪も蘭癖大名として著名だった。薩摩藩は、この蘭癖大名の島津重豪によって、藩の財政は再建不可能な危機に瀕した。福岡藩の家臣団と養嗣子の藩主との間

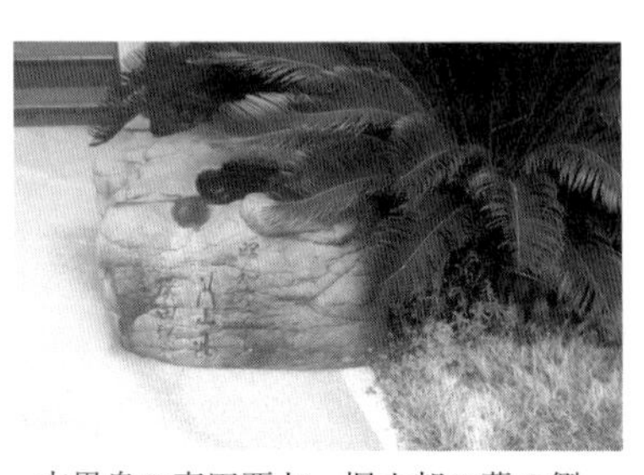
玄界島の斉田要七・堀六郎の墓の側にあった頭山満，廣田弘毅の手水鉢

能古島からの眺望。奥は福岡市街地

に齟齬を生じるのも、蘭癖が藩の財政を傾けることを知っていたからだった。経費の節約、殖産興業を図っても、藩の財政を維持するのは容易ではなかった。
ただ、福岡藩の家臣団が黒田長溥に一縷（いちる）の望みを託していたのは、出自の薩摩藩が将軍家との縁戚関係にあることだった。これにより、福岡藩が特別扱いを受け、容易に改易（お家断絶、領地の没収）にならないことを願っていた節がある。この将軍家との縁戚関係については、諸藩もこぞって将軍家の女性を藩主の奥方にと迎えている。
この福岡藩が維新後の明治新政府において活躍の場を得られなかったのは、慶応元年（一八六五）の「乙丑の獄（いっちゅうのごく）」による影響が大きい。これは、筑前勤皇党と称される勤皇派と佐幕派の内訌（内紛）から生じた事件だった。藩政の主導権争いから起こった事件だが、佐幕派による勤皇派の弾圧は、切腹、斬首、遠島、入牢、謹慎と過酷なものだった。その直接の対象者は一八〇名余、累が及ぶ親族や関係者をも含めると一千名余と伝わる。この事件により、福岡藩は有能の士を一挙に失ったのだった。
この「乙丑の獄」により、一時は薩摩藩、長州藩との連合を組むまでに維新を主導していた福岡藩だったが、すべてが水泡と帰した。黒田長溥が薩摩島津家からの養嗣子ということから、薩摩藩の「お由羅騒動」では四人の亡命者を受け容れ、庇護した福岡藩だった。長州藩の高杉晋作が長州藩俗論党に生命を狙われた際、高杉の福岡藩亡命を支えたのは筑前勤皇党の人々である。この主導権争いから藩を二分

秋月城跡。現在は朝倉市立秋月中学校となる

秋月城跡・長屋門

する争いは福岡藩だけに限ったものではないが、維新後の新政府では要職の椅子は用意されなかった。

しかし、福岡藩主であった黒田長溥は藩士を早い時期から海外留学させるなどして、人材の育成に尽力したことは特筆すべきことと考える。

また、明治十年（一八七七）には「西南戦争」に呼応した「福岡の変」が起きた。この事件も等閑にされた感があるが、自由民権運動結社の玄洋社が誕生することで、維新とは何だったのかを振り返ることができる。

なお、福岡藩の維新史については、宗藩の福岡藩に代わって長崎港警備を受け持ったこともある秋月藩は欠かせない。

元和九年（一六二三）福岡藩初代藩主である黒田長政が没した。この時、遺言で長政の三男である長興に五万石が分地され、ここに秋月藩が誕生した。その後、本藩の福岡藩同様に黒田家の血脈は途絶え、幕末期には土佐山内家から養嗣子を迎えることで命脈を保っていた。

しかし、藩をあげて学問が奨励されたことから、亀井南冥の弟子である原古処、その娘・原采蘋、種痘の創始者である医師の緒方春朔など、維新の志士だけではなく、幅広い分野への人材を輩出した藩であった。

そして、なによりも、「秋月の乱」について、後世に伝えるため、その背景について解明しなければならないと考える。

1

薩摩藩定宿・松屋
勤皇僧月照を匿う

関連項目⬇ 2 3

松屋　太宰府市宰府2－6－12

太宰府天満宮といえば、学問の神様こと菅原道真(すがわらのみちざね)を祀る社として全国に知られる。合格祈願で訪れる受験生に加え、近年は外国人観光客の姿が目立つ。さらに、幕末維新史に興味を抱く歴史ファンも太宰府天満宮を訪れるようになった。

この歴史ファンの目当ては、参道入り口に近い「松屋」である。一見、門前町のどこでも目にする茶店だが、ここは勤皇僧月照が匿われていた場所だった。京都清水寺の月照は安政五年（一八五八）、いわゆる「安政の大獄」によって徳川幕府の嫌疑の対象となった。京都を脱出し、庇護を求めて薩摩（鹿児島）へと西下したが、その途中で滞在したのが「松屋」だった。

店の右手奥に喫茶室があるが、さりげなく「旧薩摩藩定宿」の看板が立てかけてある。菅原道真の平安時代から、幕末へと一挙に意識が飛躍する瞬間でもある。さらに、その手跡が京都清水寺森(もり)清範(せいはん)貫主であることから、俄然、目が輝く。あの年末恒例の「今年の漢字」を書かれる方だからだ。

もう一つ、喫茶室の入り口頭上にも注意を向けたい。「維新の庵」と黒地に金箔文字が浮かび上がる看板が掲げてあるからだ。実に、太宰府天満宮は維新史に関係があったのだと主張しているかの如く。手跡はやはり、先述の森清範貫主だが、平成二年（一九九〇）に書かれたものという。明治維新から一五〇年を経るが、いったい、この太宰府天満宮と維新史に何が関係して

西鉄太宰府線・太宰府駅から徒歩１分

松屋

いるのか。それを探るべく、はやる気持ちを抑えて喫茶室へと進む。

しばし、苔むした庭に目を奪われる。しかし、徐々に気持ちが落ち着くと、壁に掲げてあるパネルに気づく。そこには月照の和歌があった。

「言の葉の花をあるじに旅ねする　この松かげは千代もわすれじ」（月照）

「維新の庵」額と「旧薩摩藩定宿」の看板
（京都清水寺・森清範貫主の書）

この月照の歌は庭の石碑にも刻まれている。

さらに、薩摩藩定宿であったことを示すものとして西郷吉之助（隆盛）、大久保一蔵（利通）の書簡（レプリカ）。月照を薩摩まで送り届けた福岡脱藩浪士の平野國臣の手跡までを目にするとは思いもしなかった。

幕吏に追われる身と知りながらも、月照を自邸に匿った松屋孫兵衛こと栗原順平はどのような人だったのか。薩摩藩の定宿の主人というだけで月照を護ったとは思えない。何か熱い思いがあったのは確かだ。

平野國臣に伴われ薩摩に逃げ落ちた月照だったが、その旅の記録を読み進むと、薩摩藩が最後の頼み、命懸けの逃避行であったことが読み取れる。

しかし、安政五年十一月十六日、月照は西郷に抱かれ錦江湾（きんこう）に入水し果てた。この西郷の決死の決意が引き金となって、日本の維新は大きく動き出したのだった。

2

光蓮寺
土佐勤皇党・山本忠亮の墓碑

光蓮寺 太宰府市宰府1－10－23

↓ 1 3

太宰府市の西鉄太宰府駅前交差点は、太宰府天満宮の参道と直結している。周囲の景色は参詣人、観光客、修学旅行生で彩られた感がある。

その駅前交差点近くに浄土真宗梅木山光蓮寺がある。近在の方は「光蓮寺さん」と親しみを込めて呼ぶ。

ここには土佐勤皇党山本（兼馬）忠亮の墓碑が遺されている。「旧薩摩藩定宿」の看板がある「松屋」を訪ねた時、現当主の栗原雅子さんに教えてもらった。

幕末、太宰府は維新の策源地として諸国の志士が往来するところだった。山本は患っていた肺病（肺結核）の身では、志士としての務めは無理として割腹自決した。

山本の墓碑は光蓮寺の鐘楼と白壁のわずかな隙間にあった。墓地を整理する際、棹（墓石）だけは遺して欲しいと松屋の栗原家が懇願した結果だった。

墓碑は四基並んでいるが、手前が栗原順平夫妻のもの。次に、明治四十四年十一月に維新に功績があったとして従五位を贈られた栗原順平の碑がある。その後ろに、山本忠亮の墓碑はあった。その碑の並び方を見ると、まるで、我が子を庇い慈しむかのようだ。栗原順平とは、勤皇僧月照を自邸に匿った松屋主人孫兵衛のことである。

山本の墓碑正面には、「山本忠亮藤原正胤」と彫られ、右肩に「贈従五位」との文字をわずかに認めることができる。『中岡慎太郎陸援隊始末記』（平尾道雄著）のページをめくると、慶応二年（一八六六）五月九日、山本忠亮は屠腹（切腹）した。肺病で床に伏せ、身体は衰弱しきっていた。太宰府に滞在する三條実美（尊皇攘夷派公卿、明治政府の太政大臣）の警護役だったが、役に立たない身として自死したのだった。二十五歳という若さである。

西鉄太宰府線・太宰府駅から徒歩１分

Map → p.16

この頃の太宰府・延寿王院には、三條実美以下五卿が滞在していた。幕府は、月照と同じく、五卿をお尋ね者として大坂へ連行しようとした。その任を帯びた幕府目付の小林甚六郎を警衛の志士たちは返り討ち覚悟で襲撃の機会を窺っていた。緊迫の度を増す中、山本は生きて辱めをうけるくらいならと切腹を切望した。願いの儀は聞き届けられ、山本は最後の力を振り絞って刃をわが身に立てた。

「つるぎたちわが身のうきにそひきつつ旅ちの露と消えし人はも」

三條は哀悼の歌を贈った。

この山本の決死の行動は、五卿警備の志士たちに深い感銘と奮起を促したという。

同年の八月十七日、ようやく三條との面会が叶った小林だった。しかし、警備の志士の気迫、薩摩藩の圧力、そして、第二次長州征伐での幕府の敗退により、何ら成果を得ることなく太宰府を去っていった。

なお、先述の『中岡慎太郎陸援隊始末記』では、山本の墓碑は光明寺にあると出ている。光「蓮」寺と光「明」寺、一文字違いということから混同したのかもしれない。しかし、光明寺は禅寺であり太宰府天満宮の参道奥右手にある。なぜ、そうなったのか、今となっては、わからない。

光蓮寺

栗原順平夫妻の墓碑

山本忠亮の墓碑

3 太宰府天満宮
維新の策源地

39 40

太宰府天満宮 太宰府市宰府4-7-1

命がけの逃避行、七卿西遷記念碑

近年、博多港には大型クルーズ船が頻繁に入港してくる。その乗客の多くは中国人だが、大型バスを連ね、一路、太宰府天満宮を目指す。その中国人観光客の人気スポットが延寿王院前の牛の座像。

その門前市を成す延寿王院左手に、誰も関心を示さない石碑がある。レリーフが嵌め込まれているが、一見、自然石にしか見えない。これは「七卿西遷記念碑」と呼ばれるものだが、いわゆる「七卿落ち」を具象化したもの。文久三年（一八六三）八月十八日、尊皇攘夷派の七卿らが京の都から放逐された。歴史年表では「八月十八日の政変」と記される。

ここでいう七卿とは、三條実美、三條西季知、東久世通禧、壬生基修、四條隆謌、錦小路頼徳、澤宣嘉を指す。

嘉永六年（一八五三）、アメリカのペリー艦隊が浦賀沖に姿を見せたことから、尊皇攘夷運動は加速した。これに対し、公武合体派は協調を優先し、幕府に対抗する尊攘派をクーデターにより排除したのだった。

一時期、尊攘派は政治の主導権を握っていただけに、その謀略による失墜は骨の髄まで堪えた。七卿は悪天候の中、逃避行を続け、長州藩領へとたどり着く。ここで錦小路頼徳は病死、澤宣嘉は再起を期していずこへと身を隠した。

さらに、幕府は討伐軍を長州に向けたが、筑前勤皇党（福岡藩）の斡旋により、五卿は延寿王院に転座（移転）することができた。

そして、ここで一転、五卿を迎えた太宰府天満宮は維新の策源地となる。

西鉄太宰府線・太宰府駅から徒歩３分

Map ➔ p.16

延寿王院

「江戸を見たくば宰府(さいふ)におじゃれ、今に宰府は江戸になる」(当時の俗謡)

宰府とは太宰府のことだが、諸国の勤皇の志士が盛んに往来し、参詣人に加えて近在の物見高い人びとで盛り上がりを見せた。まさに、現在の延寿王院前と同じ賑わいが一五〇年前にもあったのだ。

周囲の騒ぎをよそに、延寿王院主の大鳥居(おおとりい)(西高辻)信全(しんぜん)は三條実美と京都の岩倉具視(ともみ)(明治政府の外務卿、右大臣)との間を密かにとりもった。薩長和解、同盟へと至る過程では強固な信頼関係を求められるが、三條の父実万(さねつむ)と大鳥居信全とは従兄弟の

七卿西遷記念碑の題字

碑に刻まれたレリーフ

◀七卿西遷記念碑

関係だった。

碑の裏面を読み進むと、土方久元（土佐藩出身、明治政府の伯爵、宮内大臣）、東久世通禧（明治政府の伯爵、侍従長、枢密顧問官）の名前を見ることができる。いかに、この「七卿落ち」の逃避行が大変であったかと親しい人々に語っていたという。

今、雑踏の中に埋もれてしまった七卿西遷記念碑だが、地元福岡の先人たちが生命がけで成し遂げた一大事業が隠れている。それだけに、少しは目を向けてほしい石碑なのだ。

延寿王院の「五卿遺蹟」の碑

太宰府天満宮参道の中ほどには炭鉱王・伊藤伝右衛門の名を刻む鳥居がある。出奔した柳原白蓮との離婚騒動で世間を賑わせた。土産物店の「小野筑紫堂」を目印にするとわかりやすいが、この鳥居を潜った頃、正面に三條実美ら五卿が滞在した延寿王院の「五卿遺蹟」の碑が見えてくる。

いわゆる文久三年（一八六三）の「八月十八日の政変」で京の都を追われた三條実美ら五卿が、延寿王院に入ったのは慶応元年（一八六五）二月十三日のことだった。この時、五卿だけではなく、脱藩浪士四十一人、馬捕小者二十五人など、多くの随従者がいた。脱藩浪士には土佐藩の土方楠左衛門久元（明治政府の伯爵、宮内大臣）、大山彦太郎道正こと中岡慎太郎も含まれている。

この脱藩浪士の内訳を見ると、土佐藩、久留米藩、水戸藩、膳所藩などだが、なかでも土佐藩が十二人と

伊藤伝右衛門寄進の鳥居。鳥居の足に名が刻まれる

「五卿遺蹟」の碑

最も多い。これは、三條実美の実母（紀子）が土佐藩主の山内家の人であり、福岡藩の支藩である秋月藩主・黒田長元も、やはり土佐山内家から養嗣子として迎えられたことからと考えられる。

興味深いのは、久留米藩の中に鏡五郎こと真木外記がいることだ。あの久留米水天宮宮司であった真木和泉の実弟である。元治元年（一八六四）七月、真木外記は兄の和泉とともに「禁門の変」に参戦したが敗退。外記は和泉の指示で五卿の随従者となったのだった。

延寿王院には五卿警備として筑前福岡藩、薩摩鹿児島藩、肥後熊本藩、肥前佐賀藩、筑後久留米藩の守衛士がおり、その総数一五〇人余。その他諸役を入れると、どれほどの員数がいたのか正確にはわかっていない。まるで、一夜にして一つの町が出来上がったのも同じだった。供給不足から食材などが値上がりし、ちょっとしたバブル景気に沸いた太宰府だった。

不足するのは食材だけでなく旅館も同じだった。延寿王院をはじめ、社家の小野加賀、小野伊予、小野但馬の邸、宿坊の執行坊、満盛院なども宿舎に割り当てられた。先述の「小野筑紫堂」は社家の小野伊予（通称南小野）であり、福岡藩の宿舎だった。記録に残る福岡藩衛士を確認すると、筑前勤皇党の月形洗蔵、野村助作（野村望東尼の孫）、万代十兵衛らの名がある。

中国人観光客に人気の牛の座像に隠れ、見落としがちなのが延寿王院側の案内看板。そこには、由来とともに、西郷隆盛、高杉晋作、坂本龍馬ら維新の志士たちが去来したと記されている。幕末史に登場するヒーローたちも、慌ただしくこの地を往来した。日本の変革は、ここから始まったのだと確信する。

ちなみに、伊藤伝右衛門は参道に社標も寄進している。併せて確認していただきたい。

「安政の大獄」の年に建った和魂漢才碑

太宰府天満宮の手水舎の水盤は日本でも有数といわれる。その巨大な一枚岩は、宝満山から切り出したもの。それにしても、外国人観光客の人垣で割り込む隙もない。

その手水舎の右後方、樹木の陰に「和魂漢才碑」と呼ばれる碑がある。「和魂漢才」とは、幕末の尊皇思想に大きな影響を与えた国学者の平田篤胤が普及させた言葉である。「漢学に精通しつつも、日本文化の心は失わない」という考えから来ている。遣唐使を廃止し、日本独自の文化を尊重した菅原道真にちなんで建てられたと伝わる。

この「和魂漢才碑」を詳細に見ていくと、面白いことに気づく。建てられたのが、あの「安政の大獄」が起きた安政五年（一八五八）である。揮毫は道真の子孫でもある五条為定。道真自身、大宰府に左遷されても天皇崇拝の人であった。碑の文中に「革命国風深可加思慮也」（革命の国風は深く思慮を加えるべきなり）との一行は気になる。読み方によっては、外圧に屈する幕府など倒してしまえとも読みとれる。

いささか、過激とも国粋主義的とも受けとれる言葉だが、平田篤胤は海外事情に詳しい人だった。平田は長崎の天文地理学者・西川如見の著作を通じ、東洋思想の優位性を理解していた。

『鎖国の地球儀』（松尾龍之介著）によれば、平田の思想は「和魂漢才」を奉じた佐久間象山（妻は勝海舟の実妹）の「東洋道徳、西洋技術」に通じる。西洋近代の技術、世界情勢は長崎を通じて、九州各地では周知の事実だった。知らぬは〝奥座敷〟の幕府要人と権威主義の取り巻き連中だった。

筑前福岡藩は幕府から一年交代での長崎港警備を命じられていた。長崎には太宰府天満宮の末社もあり、自然と世界の動向は太宰府にも届く。尊皇攘夷といいながら、日本は世界の趨勢に逆らえない状況であることもわかっていた。西洋に疎い幕府に代わり、王政を復活させるべきだ。幕府の弾圧（安政の大獄）何するものぞ。そんな主張が「和魂漢才碑」に込められている気がしてならない。

和魂漢才碑

台座裏には，延寿王院，満盛院，上座坊，連歌屋の名が読みとれる

この「和魂漢才碑」建立は、平田篤胤の弟子鈴木重胤の門下生である馬関（下関）の白石正一郎、亡命薩摩藩士の葛城彦一（竹内五百都）に工藤左門（井上出雲守）、地元筑前福岡の人々が計画したものだった。碑の傍には寄進者の碑もあるが、刻まれた名前を辿っていくと松屋孫兵衛らの名前を確認できる。松屋孫兵衛とは、あの月照を匿った「松屋」の主人である。薩摩藩や月照に対する情実だけで行動したのではなく、国学という思想の柱が一本立っていたのだった。

「しきしまや大和心の一筋にいと畏くも立つる石文」（月照）

月照は薩摩落ちをする折、この「和魂漢才碑」が建てられると知り、歌を贈っている。

寄進者の碑に松屋孫兵衛の名前を見つけた

4

二日市温泉・三條実美歌碑

再起の意志を歌に託す

↓ 5 46

三條実美歌碑　筑紫野市湯町1－20－1　大丸別荘敷地内

二日市温泉（筑紫野市）は、その昔、「武蔵の湯」と呼ばれ、太宰府天満宮参詣人の湯治場でもあった。

その温泉街の一隅に、万葉歌人・大伴旅人（おおとものたびと）の歌碑がある。旅人といえば、新元号の「令和」のもととなった「梅花の宴」を催した人として有名になったが、あの「海ゆかば……」の作詞者・大伴家持（やかもち）の父でもある。親子二代にわたって『万葉集』と深い関係がある。その旅人の歌碑には、こう刻まれている。

　湯の原に鳴く芦田鶴はわがごとく
　　妹に恋ふれや時わかず鳴く

家族を伴い大宰府に赴任した旅人だったが、思いもかけずこの地で妻を亡くした。鶴のもの悲しい鳴き声に自身の悲しみを重ねて詠んだもの。旅人の深いため息すら聞こえてきそうだ。

この旅人の歌碑から南に五〇メートルほど進んだ右手に三本の石柱がある。旅館「大丸別荘」の裏玄関（旧表玄関）脇にオブジェのように立っている。

これが三條実美の歌を彫り込んだ歌碑であることに気づく人は少ない。流麗な筆文字はデザインのよう。しかし、そばに解説板が嵌め込まれているのはありがたい。

　ゆのはらに　あそふあしたつ　こととはむ
　　なれこそしらめ　ちよのいにしえ

旅人の歌にもあるように、昔の二日市温泉には鶴が飛んできた。鶴は千年、亀は万年の寿命があると信じ

JR 鹿児島線・二日市駅から徒歩10分

三條実美公歌碑

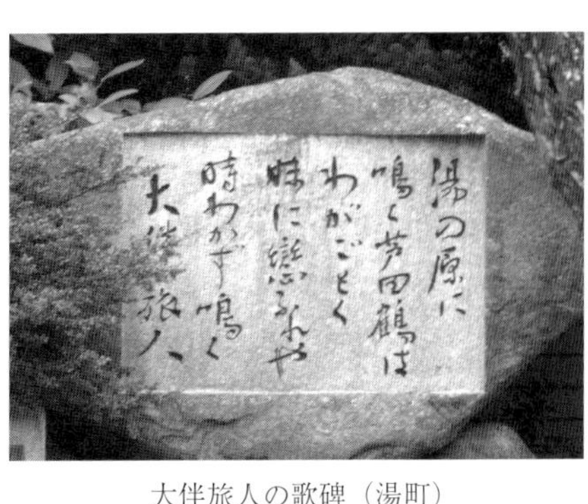

大伴旅人の歌碑（湯町）

られる。千年前の王政はどんな様子だったのか知っているだろうと、三條は鶴に問いかけた。文久三年（一八六三）の「八月十八日の政変」に敗れ、九州・太宰府に西下してきたものの、再起（倒幕）するぞとの意志が読みとれる。

この二日市温泉の西方には天拝山（標高約二五七メートル）が視野に入る。やはり、謀略によって大宰府に左遷された菅原道真が、麓の「紫藤の滝」で身を浄め、山頂から我と我が身の無実を天に訴えた。そんな故事にならって、三條らも天拝山に登り、王政復古を天に誓ったのではないか。道真の場合、死後とはいえ、官位も名誉も回復を遂げている。それだけに、三條たち五卿も真剣だったに違いない。

解説では、薩摩の西郷隆盛、筑前の平野國臣と倒幕の策を練ったとも記されている。志士たちも湯治と見せかけ、ひそかに三條らのもとを訪れていたのだろう。冒頭の旅人の歌は「黄泉がえり」を歌に託したものとも解釈される。三條も旅人の歌にかけて官位復活（甦り）を願ったのではないだろうか。

今では倒幕維新の緊迫した雰囲気など、みじんも感じられない温泉街だ。それこそ、昔を知る鶴が飛来してくれないものかと、空を見上げる。

なお、この三條の歌碑だが、近くの川に架かる石橋の石材だった。その石橋を三條らが渡ったことから、歌碑に転用されたと近在の古老が語っていた。

5 二日市温泉・三條西季知歌碑
帰京への喜びを表現

三條西季知歌碑　筑紫野市湯町3-1

4 40

二日市温泉（筑紫野市）には、文豪夏目漱石の句碑がある。明治二十九年（一八九六）に新婚旅行で訪れた時のもの。今は公衆の浴場だが、かつては黒田の殿様の専用温泉であった「御前湯」の前庭にある。

　温泉（ゆ）のまちや踊ると見えてさんざめく　漱石

宴会のざわめきをよそに、新妻を前にしての漱石が平静を装う心象がうかがえる。

その漱石の句碑がある通りを南に進むと、丁字路の角に歌碑がある。大きな岩がそれになるが、誰もその存在に気づかない。三條実美歌碑にも近いが、これは、五卿の一人、三條西季知のもの。文字の墨が薄れて判読し難いが、解説の銅板を読むと様子が見えてくる。

　けふここに　湯あみをすればむら肝の
　　心のあかも　残らさりけり

太宰府・延寿王院に転座して三年目の慶応三年（一八六七）に詠んだもの。この年の初めには、五卿の官位復活、帰洛（帰京）の内示が届いていた。ようやく、身辺の慌ただしさ、無位無官の屈辱から解放される。そんな深いため息が漏れ聞こえてきそうだ。

文久三年（一八六三）、京の都を追われた五卿だったが、慶応元年（一八六五）五月には薩長同盟の前段である薩長和解が進んだ。これを受け、長崎では薩長の協力が進展していた。薩長同盟は慶応二年（一八六六）一月のことである。

慶応三年八月から、五卿従者たちの軍事訓練が盛んになる。毎月四日、九日の休日を除き、毎日、銃陣、撃剣訓練、砲術、乗馬があった。五卿従者の谷晋（土佐藩）が最新式の装条銃三十挺、弾丸三千発を長州から持ち帰ってもいた。『英国歩兵練兵』を読み、西洋砲術の訓練に熱心であったことが確認できる。

しかし、二十代、三十代ならいざしらず、三條西は

JR 鹿児島線・二日市駅から徒歩12分

Map → p.26

三條西季知歌碑

この頃五十代半ばだった。もともと、三條西家は公家文化である和歌、香道を伝える家柄である。三條西自身、新政府になってからは明治天皇に和歌を指導もした。それだけに、日常の汗くささ、硝煙、もやもや「心のあか」を綺麗さっぱり温泉で洗い流したのだった。

王政復古に向け悲壮感すら漂う三條実美の歌と比べると、三條西の歌からは爽快感すら迫ってくる。漱石の句碑もそうだが、人は喜びが大きければ大きいほど、よどみのない感情表現をするものなのか。

湯町「御前湯」にある夏目漱石の句碑

五卿の正式な官位復活、帰洛については、慶応三年十二月十四日、薩摩藩の大山巌、西郷従道が使者となって伝えられた。

身にあまるめくみにあひておもひ河
うれしき瀬にもたちかへる哉

三條実美はその心境を歌に詠んだ。

この日、熊本藩が金五百両を五卿に贈ったとの情報から、福岡藩も金三百両、博多織帯地を贈ったという。ふと、祝儀名目の賄賂なのかと勘繰りたくなった。

なお、漱石が二日市温泉を訪ねた頃、日本の近代化を推進した筑豊の石炭景気で賑わっていた。若松港の沖仲士の親分・玉井金五郎もここで遊んだという。この件については、玉井の嫡男・火野葦平の小説『花と龍』に詳しい。

6

月形洗蔵幽閉の地

藩主に勤皇忠義を説き牢居

月形洗蔵幽閉の地碑　筑紫野市古賀

↓18 50

筑紫野市の畑の中にポツンと、「月形洗蔵幽閉の地」碑は立っている。インターネットが普及した現代でも、この場所を特定するのは容易ではない。手掛かりは、傍らを通る九州自動車道くらいか。

月形洗蔵（つきがたせんぞう）は文政十一年（一八二八）、早良郡鳥飼村大字谷（現在の福岡市中央区）に生まれた。父・月形深蔵は儒学者（朱子学）、祖父・七助も第十代福岡藩主・黒田斉清（なりきよ）の読書相手を務めた儒学者だった。とりわけ、父・深蔵は「王を尊び義をとる」と唱えた朱子勤皇の人だった。

万延元年（一八六〇）、月形洗蔵は藩政改革についての建白書を藩庁に提出した。「財政や軍備を整えることが急務であり、（財政負担となる）藩主の江戸参府を見合わせるべき」と主張した。

天保八年（一八三七）、大坂で「大塩平八郎の乱」が起きた。貧民の救済を叫んだ大塩の乱は、福岡藩領にも詳細が伝わっている。安政七年（一八六〇）三月三日には、幕府の大老・井伊直弼が水戸浪士らに襲撃された。いわゆる「桜田門外の変」だが、この二つの事件は幕府の屋台骨を揺るがす地殻変動であった。これに触発されたのが洗蔵であり、ついには、藩主に勤皇忠義を説いた。

しかし、第十一代福岡藩主の黒田長溥（ながひろ）は、「容易ならざる意見を吐き、藩政を妨害した」として、文久元年（一八六一）、月形洗蔵、中村円太、藤四郎（ふじしろう）など三十余人

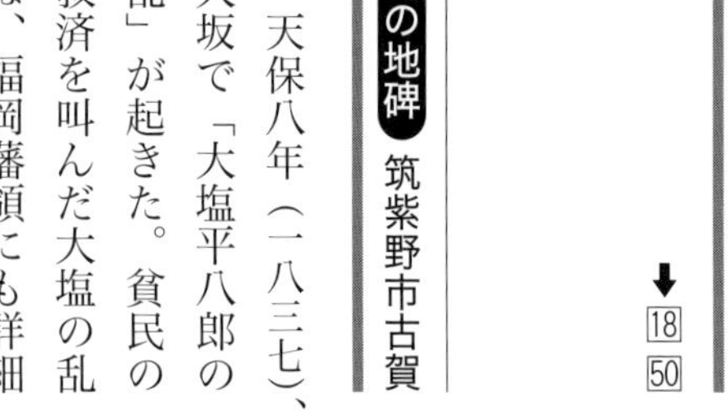

JR 鹿児島線・天拝山駅から徒歩20分

月形洗蔵幽閉の地碑

畑の中に立つ碑

を処断。この年が干支でいうところの「辛酉」にあたることから「辛酉の獄」と呼ばれる。薩摩島津家からの養嗣子である長溥からすれば、藩政での威厳を保ちたかったのかもしれない。

洗蔵は御笠郡古賀村（現在の筑紫野市古賀）の佐伯五三郎宅に幽閉された。筆、硯を取り上げられ、終日、六畳ほどの部屋で書を読むしかない。この時代、牢居は緩い刑死といわれるが、砲術、剣術の目録（免状）を持つ洗蔵だからこそ、二年の牢生活に耐えることができた。さらに、槍の同門である山弥光昌は折々、洗蔵に鯉や猪肉の差し入れをして体調面を気遣っていた。洗蔵が無事に過ごすことができたのも、本人の精神力もさることながら、洗蔵の才能を惜しむ周囲の協力があったからだった。

「月形の志気、筑藩（福岡藩）には無比なる」と西郷隆盛も洗蔵を高く評価した。赦免後の洗蔵は長州征伐軍解兵、五卿の太宰府移転、薩長和解にと水を得た魚のように行動した。まるで、幽閉で抑圧されたエネルギーを一気に爆発させるかのように。

しかし、慶応元年（一八六五）の福岡藩の内訌（内紛）である「乙丑の獄」では、月形は斬首となった。この時、月形は呪いの言葉を吐いたという。

時代が早かった。月形が幽閉された跡地の碑を見上げながら、惜しい人材を封印したものと、慨嘆した。

7

筑紫神社・尊王烈士碑
吉田重蔵とその師・岡部諶

筑紫神社　筑紫野市原田2550

↓ 8 16

長崎と小倉を結んだ旧長崎街道は、現代「シュガーロード」と呼ばれる。江戸時代、長崎に陸揚げされた砂糖が北上し、街道沿いに南蛮菓子、羊羹、饅頭などを誕生させたからだ。

参道から見る鳥居

その旧長崎街道・原田宿の筑紫神社（筑紫野市）を訪ねた。ここには、吉田重蔵、岡部諶を顕彰する「尊王烈士碑」が遺されているという。

吉田は筑紫神社に近い隈村の生まれ。もとは田中重次郎と名乗ったが、変名の吉田重蔵で知られる。

文久三年（一八六三）八月、中山忠光卿（明治天皇の叔父）を首領とする「大和挙兵天誅組の変」に参戦し捕縛、京都・六角獄舎に送られた。この挙兵は武力による倒幕運動の最初といわれる。吉村寅太郎、池内蔵太、那須信吾という土佐勤皇党が挙兵に加わったことで有名だが、吉田重蔵も参戦した。福岡から大和（奈良）まで出向いた吉田の熱意に言葉を失う。それも、妻子を故郷に残してである。

碑は神社東側参道の右手にあったが、経年劣化に加えて、背後の樹木の陰になり、彫りこまれた文字が判読しづらい。望遠レンズで数文字ずつ読み進んだ。平

JR鹿児島線・原田駅から徒歩15分

筑紫神社拝殿

尊王烈士碑（筑紫神社）

野國臣、月形洗蔵らと尊皇攘夷の大義を唱えると確認できた。しかし、この確認作業は容易ではない。拓本が神社にあれば幸いと社務所を訪ねた。

突然の訪問にもかかわらず、味酒（みさけ）安志（やすゆき）宮司は資料をコピーし、碑まで案内してくださった。碑文が確認でき由来もわかった。

吉田重蔵とともに碑に刻まれている岡部諶は、吉田の師ともいうべき人物。先述の平野國臣、月形洗蔵とも志をともにする。筑紫神社の近く、西小田村の庄屋平山茂次郎の息子だったが、幼い頃から学問好き。「読書中不言」の札を下げるので近隣では狂人扱いされた。病で吉田と行動をともにすることができない。吉田に伝家の宝刀を与えて激励した岡部諶だった。

この岡部諶の師匠は、正定寺（福岡市博多区）の住職玄瑞和尚（問誉上人）だった。この寺で岡部は、平野國臣、月形洗蔵らと知り合い、平野の薩摩往来では、家に泊め、旅費を都合するなどした。

六角獄舎の吉田重蔵は、元治元年（一八六四）の京都「禁門の変」で挙兵し、大混乱の最中、斬殺された。やはり、「生野の変」で挙兵し、囚われの身であった平野國臣とともに。その吉田の辞世の句が遺されている。

「九重につくす心のまさりてそ　いよいよ恋しきふる里の空」

国事に奔走しながらも、故郷を思う心情は身につまされる。吉田重蔵、三十四年の生涯だった。

この碑は、昭和三年（一九二八）、当時の筑紫村小学校に建てられたものを筑紫神社に移設したものである。

8

長崎街道・山家宿
街道の分岐点、吉田松陰も立ち寄る

山家宿　筑紫野市山家

↓ 10 16

旧長崎街道・山家(やまえ)宿(筑紫野市)は、九州諸国の情報が集まる場所だった。長崎と小倉を結び、天領日田へと通じる日田街道、さらに肥後・薩摩に至る薩摩街道への分岐点だったからだ。嘉永三年(一八五〇)、九州遊歴の旅に出た吉田松陰も冷水峠を馬で越え山家宿に入った。諸国の情勢を一度に見聞できる。そう判断したのかもしれない。

今も福岡県指定史跡の「山家宿西構口(かまえぐち)並びに土塀」が遺されており、往時の街道、宿場の概要を見ることができる。

この山家宿に立ち寄ったのは吉田松陰だけではない。「大和挙兵天誅組の変」の首領・中山忠光卿も滞在した。この時は、久留米藩の「嘉永の獄」で蟄居謹慎処分を受けた真木和泉の赦免を求めての西下だった。「安政の大獄」で追われる勤皇僧月照も、ここ山家を通過するしかない。薩摩に送り届ける平野國臣も一緒とはいえ、うつむき加減に足を速めたのではないだろうか。

この時、月照に救いの手を差し伸べたのが吉田重蔵だった。山家宿に近い自宅に招き入れ、路銀(旅費)を調え、密かに宝満川堤、小郡(福岡県)、筑後川、有明海まで見送った。安政五年(一八五八)十月末のことと伝わる。

「君暫し深山の奥に沈むとも　花咲く春の根をや結ばむ」

月照に別離の歌を贈って旅の無事を祈った勤皇の志

JR 筑豊線・筑前山家駅から徒歩 3 分

山家宿の西構口と筑前山家宿初代代官桐山丹波遺蹟の石碑

原采蘋塾跡碑

圓通院前

士・吉田重蔵だった。

『筑前六宿　山家風土記』(近藤思川著)によれば、吉田重蔵の家は志士たちの密会の場所に利用されたという。平野國臣をはじめ、吉田松陰、高杉晋作、真木和泉の名前がある。

山家宿略図には、筑前福岡藩主・黒田家の御茶屋(別邸)、代官所、下代、原采蘋(さいひん)塾、中茶屋の長崎屋、薩摩藩定宿の下茶屋、大庄屋宅などが記されている。諸国の大名だけでなく、江戸参府に向かうオランダ人たちも立ち寄った。

史跡の「西構口並びに土塀」(郷土史家の高嶋正武氏の居宅)前には、女性の塾長として知られた原采蘋塾跡碑がある。男装の女流詩人を覗きに来る人も多かったのではと想像をめぐらす。しかし、今では人影を求めるのに苦労する。

ふと、月照たちは山家宿奥の観音山圓通院のお堂にも隠れたのではないかと思い至った。人気のない高台の境内から街道を見下ろした時、夏休みの少年たちの姿が見えた。不思議に安堵を覚えた瞬間だった。

9

筑前茜染之碑
日本の国旗を初めて染めた地

筑前茜染之碑 飯塚市山口

↓ 8 11

国旗日の丸のふるさとが飯塚市山口（旧筑穂町）にある。唱歌「日の丸の旗」の歌詞は「白地に赤く日の丸染めて……」で始まる。白地の中心を赤く染めてこその日本国旗。その日本初の国旗を染めたのが、旧筑穂町原産の筑前茜（染料）だった。

平成三年（一九九一）八月、初の国旗を染色した記念として「筑前茜染之碑」が建てられた。「茜屋」第十七代・松尾正九郎が染めたという。この碑は旧長崎街道・内野宿に近い。しかし、今では筑紫野市から飯塚市に向かう米ノ山峠を越えるルートが便利だ。とはいえ、いずれにしても、山間部を抜ける山道であることに変わりはない。

一般に、国旗日の丸のふるさとは鹿児島県といわれる。安政元年（一八五四）、薩摩藩（鹿児島県）が日本初の洋式軍艦「昇平丸」を建造し、その艦尾に日の丸を掲揚したからだ。その日の丸を日本国の総船印として提案したのは、島津斉彬（第八代薩摩藩主）だった。外国船との識別だけでなく、「日出る国・日本」の心意気を表象してのことだろう。現在も、島津斉彬を祭神とする照国神社（鹿児島市）の「照国文庫資料館」に「筑前茜染日章旗」として日の丸が展示されている。

薩摩藩の軍艦と、筑前福岡藩の染料との関係は何なのか。これには、島津家の血脈が関係している。島津斉彬の曽祖父は蘭癖（蘭学好き）大名の島津重豪。その重豪の息子が、福岡藩第十一代藩主の黒田長溥だった。

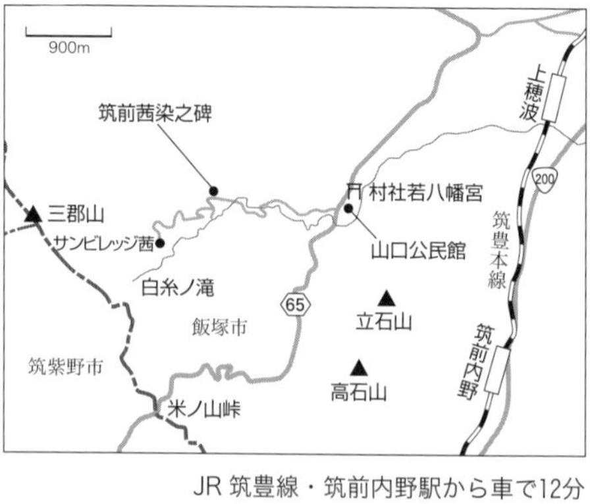

JR 筑豊線・筑前内野駅から車で12分

ただし、斉彬は長溥よりも年長である。

福岡藩主は恒例で領内巡視を行う。米の石高、特産品の一覧を作成して殿様に見てもらい、珍しい果樹、植物、初物などがあれば献上するのが習わしだった。このことについては、山家宿（筑紫野市）の大庄屋の評伝『徳翁山田芳策伝』（近藤典二著）が、詳細に当時の様子を伝えている。現存する山田家を訪ねた際、現当主の山田隆徳氏に邸を案内していただいたが、見事な石庭、泉水があり、いつなんどき、殿様をお迎えしても恥ずかしくはない造りだった。

殿様の中でも黒田斉清（第十代藩主）の動植物への関心は高く、領民も抜かりなく準備したことだろう。長崎オランダ商館医のジーボルト（一七九六〜一八六六）と親交があり、鳥類においてはジーボルトが絶賛する蘭癖大名だった。その斉清に指導を受けた長溥も蘭癖大名として知られる。

島津斉彬は西洋技術の導入に熱心だった。「昇平丸」の次には、日本初の蒸気船「雲行丸（うんこう）」（〝薩摩公の蒸気船〟と呼ばれる）を完成させた。オランダ語の翻訳書を頼りに建造したというから、長溥と同じく蘭癖の部類に入る。そう考えると、筑前茜で染めた日の丸は、筑前の長溥との緊密なきずなといえる。

ちなみに、「筑前茜染之碑」の手跡は、麻生太郎氏（元首相・副総理兼財務相）である。

筑前茜碑

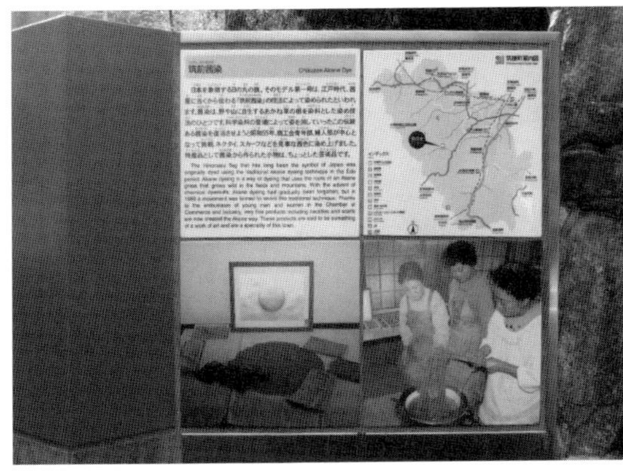

筑前茜碑の看板

10

秋月目鏡橋
黒田長舒、長崎港警備を契機に建造推進

↓8 65

目鏡橋　朝倉市長谷山400

「筑前の小京都」と呼ばれる秋月を訪ねた。秋月は福岡藩の支藩。春は桜、秋は紅葉を愛でながら城跡や武家屋敷跡を楽しめる。

秋月へは、甘木（朝倉市）から甘木観光バスに揺られて二十分ほど。窓外の懐かしい風景に目を奪われるうち、文化七年（一八一〇）に完成した目鏡橋が見えてくる。

このアーチ型の目鏡橋だが、片目しかないので、双眼の眼鏡ではなく目鏡だ。ウォーキングマップを注意深く見ると、目鏡橋となっている。

この山間の秋月に、流麗な石橋があることが不思議だが、これは秋月藩が宗藩の福岡藩に代わって長崎港警備に赴いたことが契機となっている。長崎の中島川に架かる頑強な石橋を目にした八代藩主・黒田長舒（ながのぶ）が、野鳥（のとり）川にも洪水に強い石橋をと願ったことからだった。

さらに、豊前小倉（北九州市）の常盤（ときわ）橋からは、秋月街道という街道が延びている。秋月城下に珍しい石橋が架橋されたとなれば、久留米藩、熊本藩、柳川藩、薩摩藩などが秋月街道を利用することでの経済効果も期待していたのでは、とも想像してみた。

この黒田長舒が長崎港警備に赴いたのは天明五年（一七八五）からだった。この役目は家臣団にも、経済的にも負担が大きかった。反面、この任務は秋月に世界最先端の科学知識、新しい学問をもたらした。

文化五年（一八〇八）、オランダ船に偽装したイギリ

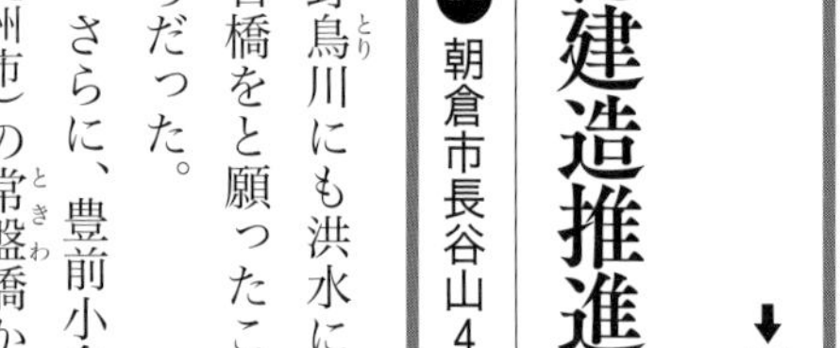

西鉄甘木線・甘木駅，または甘木鉄道甘木駅から甘木観光バス秋月線・目鏡橋下車

スのフェートン号が長崎港に侵入した。これは、イギリスが覇権国家として遠く日本にまで、その勢力を及ぼした重大な事件だった。この時の長崎港警備は佐賀藩が当番年。しかし、急遽、秋月藩が交代するという事態に。翌年も秋月藩は長崎港警備についている。管見ながら、秋月藩はこの事件から、時代の大きな変化を見ていたのではないか。

同時に、「国づくりは人づくり」といわれるように、黒田長舒は藩士に勉学を奨励した。福岡藩校甘棠館の亀井南冥の系譜を継ぐ原古処に指導をゆだねる。原古処といえば、その娘の原采蘋も漢詩人、学者として著名だ。長崎街道山家宿で私塾を開き門弟を育成したことで知られる。その采蘋の門弟の一人が秋月藩士の戸原卯橋（継明）である。

秋月目鏡橋

戸原卯橋は、文久三年（一八六三）、平野國臣が主導した「生野の変」に参画し、事敗れて自刃した。この卯橋は医者の家に生まれ、福岡藩城下の月形塾に学ぶ。月形洗蔵、鷹取養巴、早川勇など、筑前勤皇党の面々と交流した志士だった。

今では、秋月を象徴する目鏡橋だが、その架橋の歴史を遡ると、幕末の秋月藩が置かれた立場、外界の変化に反応した人々の熱い息吹を感じる。維新の史跡としても見ていただきたい。

なお、秋月城下武家屋敷跡の一画に、「戸原継明（卯橋）誕生地碑」もある。

11

福岡藩精錬所跡碑
黒田長溥、西洋技術の導入に熱意

福岡藩精錬所跡碑 福岡市博多区中洲5－2

↓ 28 53

ようやくにして「福岡藩精錬所跡」の碑を見つけだした。真昼の中洲（福岡市博多区）を探し歩き、何度、この前を通過したことか。

この碑は旧福岡藩の精錬所があった場所を示している。蘭学好き（蘭癖）の黒田長溥（福岡藩第十一代藩主）は西洋の技術導入に熱心だった。この精錬所の他にもガラス工場、オランダ医学の医学校「賛成館」を設け、藩士を長崎海軍伝習所に送り込んだ。『幕末の奇跡』（松尾龍之介著）によれば、長崎海軍伝習所では航海術だけでなく、運用術、造船、砲術、天測実技、蒸気機関、鉄砲、医学、数学、英語などを教えていた。

海軍伝習所という名称から、軍艦の操練を教える学校と思ってしまう。しかし、欧米の海軍の概念では鉄工所、ドックなど船舶の整備、補修が一貫して行えてこその海軍だった。オランダ人のヘンデレキ・ハルデスの指図によって海を埋め立て、地盤を強化し、蒸気ハンマーまでもが据え付けられた鉄工所が完成した。薩摩藩の蒸気船「雲行丸」も、ここでボイラーの蒸気漏れ修理を行っている。

安政五年（一八五八）十月、長崎海軍伝習所のオランダ人教官カッテンディーケが黒田長溥の招きで福岡、博多を訪れた。予定に福岡藩の工場見学も入っていたが、その中に、この精錬所も入っている。オランダ人たちから技術指導を受けたいという長溥の目論見があったのではないだろうか。

明治六年（一八七三）から同二十年（一八八七）頃の博多の手書き地図を見ると、西の那珂川と東の博多川の中洲に、大きく「精錬所址」と記された箇所がある。その東隣りには福岡病院（医学校）があり、黒田長溥が最先端の技術を集約させた場所であったことが見てとれる。が、しかし、今では長溥の夢の跡となっている。

地下鉄空港線・中洲川端駅の２番出口そば

Map → p.51

カッテンディーケの『長崎海軍伝習所の日々』によれば、鋳鉄工場、製銃所、ガラス工場、絹糸工場を見学している。製銃所ではドクトル・ファン・デン・ブルックの小型蒸気機関が据えてあったというから、長溥の西洋技術導入がどれほどの熱意であったかが窺い知れる。

ただ、長溥の意向とは裏腹に、カッテンディーケは絹糸工場で作られる博多織に強い関心を寄せた。有名で高価な博多織としてオランダ人には認知されていたのだった。早速、帯地を購入し、ネクタイ、チョッキに仕立て直すことを楽しみにしている。

長崎海軍伝習所には各藩の学生が学んだが、とりわけ薩摩藩、佐賀藩、福岡藩が送り込んだ学生数は群を抜いている。福岡を訪れたオランダ人一行は自由な行動が許されていたが、水兵の中には旧知の福岡藩出身学生の自宅に招かれ、大変な歓待を受けたという。

ちなみに、四十名近くの福岡藩出身学生の中に、航海術や測量術を学んだ金子才吉がいる。慶応三年（一八六七）七月六日、金子は長崎で事件を起こした。泥酔して路上に寝ていたイギリス人水兵（イカルス号乗員）二人を刺殺し、後に、自決して果てた。

この事件の共犯として取り調べを受けたのが後の外交官・栗野慎一郎（福岡藩、当時十七歳）。判事は大隈重信（佐賀藩）だった。

地下鉄中洲川端駅２番出口そばにある。ビルとビルの柱の間で目立たない

福岡藩精錬所跡碑

12

櫛田神社

幕末、イギリス人が博多祇園山笠を見物

↓ 22 32

櫛田神社　福岡市博多区上川端町1－41

博多の夏の風物詩といえば「博多祇園山笠」。その山笠を、慶応四年（一八六八）六月十一日、イギリス人が見物したと津上悦五郎の『見聞略記』に記されていた。現代の暦に換算すれば、七月三十日の出来事。攘夷の興奮冷めやらぬ中、はたして、イギリス人の山笠見物はどんな様子だったのか。

件のイギリス船は同年五月二十五日、小呂島沖に停泊した。この日、「ハッテイラ」（ボート）で島に上陸。次に玄界島沖にも停泊し上陸。さらには、博多湾内に乗り入れ、箱崎にも上陸した。このイギリス船の登場に、福岡藩の役人たちも小舟で駆けつけ、何事かと船に乗り込んだ。日本近海を測量する船という。日本人の通訳、乗組員らも同乗していた。イギリス船は「内輪の蒸気船」というから、スクリュー・プロペラで進む船と推察される。

このイギリス船の測量風景を島の足軽衆が観察していたが、六方込の短筒（六連発の拳銃）を所持したイギリス人は島の各地を測量。綴本（ノート）に遠眼鏡（望遠鏡）で確認した事までも記している。海岸線での測量では、鵜の糞（石灰）のようなものを目印の岩に振りかけ、測量していたという。

古くから、大陸との交易が日常であった博多。その町衆の性格は、開放的とも、大陸的ともいわれる。さらに、好奇心旺盛。博多湾内を自由気ままに航行するイギリス船を、新しもの好きの人々が取り囲む。それも、近在のイカ釣り船を総動員しての物見遊山。船内からは、日本人乗組員の「取梶（舵）、面梶（舵）」という声が聞こえてきたという。

この船、現在の早良区百道浜近くの鵜来島に船を停めた。博多祇園山笠という祭りが行われていると聞き、四人のイギリス人がボートで博多の町に上陸。是非と

地下鉄空港線・中洲川端駅／祇園駅から徒歩７分

Map → p.51

櫛田神社楼門

楼門額

も、山笠なる祭りを見物したいという。日本人通訳の案内でイギリス人らは櫛田神社の神主の家に上がり込んだ。通訳の指示に従い、靴を脱ぎ、足袋を履いて座敷にあがるという従順ぶり。

やがて、境内に勢いよく山笠が入ってきた。数千の町衆から歓声があがる。その興奮の坩堝に放り込まれたイギリス人たちは、互いに顔を見合わせ、大喜びしたという。祭りの意味はわからずとも、血が逆流するほどの熱情に、イギリス人らは大いに感心し、満足して船に帰っていった。

幕末、日本各地で外国人との殺傷事件、暴力事件が起きた。それに比べると、この博多の町衆の歓待ぶりはどうだろうか。伝統的な博多の気質が影響したとみてよい。

飾り山笠（櫛田神社）

余談ながら、慶応二年（一八六六）の冬、イギリス人商人グラバーが福岡を訪れた。グラバーは十万石の大名に匹敵する大金持ちとの評判。福岡藩主・黒田長溥は贅を尽くして歓迎したという。ただし、こちらは借金申し込みの歓待と噂された。

13

萬行寺
七里恒順住職、亡命志士を逃がす

萬行寺　福岡市博多区祇園町4－50

↓ 12

博多の夏祭り・博多祇園山笠。その舞台となる櫛田神社（福岡市博多区上川端）の近くに萬行寺という浄土真宗のお寺がある。明治時代、この寺の住職である七里恒順は龍華孤児院を設けるなど、社会奉仕に努めたことで知られる。

この七里は社会貢献のみならず、仏教を通じ信仰の重要性を説いた人でもある。市井の人々のみならず、教誨師として福岡拘置所に出向き、執行前の死刑囚に法話をも行った。それら七里の言葉、行動は、上下二部冊の『七里和上言行録』にまとめられている。

その言行録のページを追っていると、「勤王論者の保護」という箇所が目についた。芸備（現在の広島、岡山）の勤皇の志士が幕吏に追われ、福岡藩に逃れ来た。時代はペリー来航というので、嘉永六年（一八五三）を少し過ぎた頃のことと思われる。幕府は福岡藩庁に亡命者の捕縛を命じたことから、亡命者は身の置きどころがなく、萬行寺に庇護を求めてきた。

七里は、「窮鳥懐に入らずんば猟夫これを撃たず」の諺通り、佐々木一郎と名乗る亡命者の頭髪をそり落とし、僧侶の風体にして逃がしたという。このことが福岡藩庁に知れ、七里は呼び出しを受けるが、悪びれる風もなく正直に事の顛末を述べるにとどまった。藩庁としては宗教者を厳罰に処するわけにもいかず謹慎処分とした。このことに、博多の衆は七里に喝采を送った。

幕末、福岡藩に亡命した志士としては長州藩の高杉晋作が有名。しかし、佐々木一郎という志士については初めて目にする名前だった。『明治維新人名辞典』、『幕末維新大人名事典』を調べてみても、佐々木一郎なる人物の名前は出てこない。変名を騙ったのだろうが、七里にとって、実名だろうが、変名だろうが、生命が

地下鉄空港線・中洲川端駅／祇園駅から徒歩７分

Map → p.51

救えるのであればどちらでもよかった。
この七里の鷹揚さは、『七里和上言行録』の「お称名のしかたは十人十色」に詳しいが、これに七里と親交があった福沢諭吉との問答話がでている。福沢との交際は、七里が豊前中津（大分県中津市）の寺にいる時からの始まりだった。福沢が七里を「恒や、恒や」と呼べば、七里は福沢を「諭かい、諭かい」と呼ぶ。負けん気とプライドの高さは並々ならぬ福沢だけに、「愉快、愉快」とからかわれている気がして不満だった。そこで、始まった論争だったが、この勝負、見事に福沢の完敗だった。

しかし、この両名、論争仲間でありながら、気が合う。文久二年（一八六二）、福沢は海外見聞の途次、錫狼島（スリランカ）から七里に手紙を送っている。島には釈尊の仏跡があり、イギリスの植民地であること、気候温暖、ヤシが産物、土人が象を捕まえて使役していることなどが記されている。七里としても、福沢からの手紙で世界の変化を感じていたのだろう。この手紙は、今も、萬行寺に大事に保管されている。

明治三十三年（一八九九）一月二十九日、名僧とも「生き仏さま」とも崇められた七里恒順は齢六十六にして世を去った。後に、七里が開いた龍華孤児院は、福島県下大凶作での児童三十七名を引き受け養っている。

萬行寺

山門から櫛田神社方向を見る

14

天福寺跡・加藤司書公歌碑

維新の功績者、自刃の地

加藤司書公歌碑 福岡市博多区冷泉町5－35 福岡祇園第一生命ビル敷地内

↓ 15 48

「ああ、これじゃぁ、わかりませんね……」

多くの方が、そう口にするのが「加藤司書公歌碑」だ。ビルの看板、植え込みに隠れ、ビル側壁に歌碑全体が溶け込んでしまい、まったく気づかない。この歌碑は博多祇園山笠で知られる櫛田神社一の鳥居の右足脇にある。

この歌碑には、二つの歌が彫り込まれている。

「皇御国（すめらみくに）の武士（もののふ）はいかなる事をか努（つとむ）べき只身にもてる赤心（まごころ）を君と親とに尽くすまで」

「君が為尽くす赤心いまよりは尚いやまさる武士の一念」

これだけを見れば、地縁のある人の顕彰碑と思ってしまう。しかし、慶応元年（一八六五）十月二十五日、この歌碑の主、加藤司書が切腹をして見事に果てた場所である。歌碑として遺るのは、科学の時代とはいえ、ここが加藤司書の切腹の場所であると知ることが憚られるからなのだろう。

もともと、ここには臨済宗妙心寺派の天福寺という古刹があった。創建は天福元年（一二三三）だが、昭和二十年（一九四五）六月の福岡大空襲でも焼け残った寺だった。しかし、昭和五十八年（一九八三）、失火により焼け落ちてしまい、寺は福岡市城南区に移転した。

ここに歌碑として加藤司書の名前が遺るのも、元治元年（一八六四）七月の長州征伐を西郷隆盛らと解兵（征伐中止）に持ち込んだからだ。福岡藩の功績として歴史書に遺ってもよいのだが、維新後、新政府の中心を成したのは薩摩や長州である。維新のバスに乗り遅れた福岡藩は眼中にないのが現実。歌碑に刻まれる歌は、長州征伐の解兵に至った喜びを表現した歌だが、博多の民謡「黒田節」の二番目の歌詞としても親しまれる。

地下鉄空港線・祇園駅から徒歩1分

Map → p.51

加藤司書公歌碑

ビルの側壁にあり目立たない

櫛田神社一の鳥居。右足脇に歌碑が立つ

次の歌は、歌碑にも辞世の歌と刻まれていることから、この場所で切腹する前に詠んだ歌とわかる。この切腹にあたっては、加藤司書に対し「かわいそうに」、「存命であれば新政府でどれほど活躍したことか」との哀惜の心情も相まって、加藤司書を称賛する話が遺っている。武士の責任の取り方は切腹とはいえ、理不尽ではないかという庶民の不満と同情がないまぜになったものと推察する。この庶民の記憶を否定する言葉は持ち合わせない。

幕末、大きく分類すると、諸藩は幕府に忠誠を誓う佐幕派と天皇親政を支持する勤皇派に分かれ対立した。藩政の主導権をいずれが握るか。それは、血で血を洗う露骨な権力闘争だった。それが、福岡藩の「乙丑の獄」であり、その犠牲者が加藤司書だった。

本来、この「加藤司書公歌碑」から福岡藩の歴史を振り返らなければならない。しかし、加藤司書を切腹に追い込んだ当時の福岡藩主・黒田長溥にも及ぶので、タブーとなる。自然、歌碑を案内する当方の口も重たくなるのだ。合掌、礼拝、するのみ。

15

節信院
加藤司書公の墓所

↓ 14 48

節信院 福岡市博多区御供所町11－20

毎年十月二十五日、節信院（福岡市博多区）では「加藤司書公並びに勤皇党諸烈士追悼会」が催される。祝祭日、平日に関係なく、いつも、本堂は多くの崇敬者で埋め尽くされる。この節信院は筑前勤皇党の領袖である加藤司書の墓所があるだけでなく、加藤家の菩提寺であり、代々、加藤家が住職を務めてきた。それだけに、かつての筑前勤皇党に縁がある方々の拠り所であり、長い年月、相互の関係を深めてきた寺である。

慶応元年（一八六五）、福岡藩の内訌（内紛）である「乙丑の獄」によって、筑前勤皇党は壊滅的な打撃を受けた。加藤司書の切腹をはじめとして、斬首、遠島、入牢、謹慎という処分を受けた人々の数は、いまもって正確にはわからない。封建的身分制度の時代だけに、関係した商人階層の記録は皆無に等しいからだ。

この「乙丑の獄」からおよそ二年後、大政奉還、王政復古、明治維新となる。すでに、福岡藩は政権中枢からは佐幕派（幕府派）と見られていた。かつて、薩摩、長州、筑前との連合を組んでの政治改革を進めた福岡藩とはみなされず、政権中枢の扱いは冷淡だった。「乙丑の獄」によって、有用な人材を喪ったということも大きかった。

明治六年（一八七三）、筑前竹槍一揆が起きた。新政府による廃藩置県、徴兵令、地租改正に反対する一揆だが、制度改革の最中には米価の上昇、天候不良など、維新の掛け声とは反対に人々の生活は苦しくなるばかり。特に、農民たちの不満は大きく、そのはけ口としての大規模な竹槍一揆だった。

明治四年（一八七一）、新政府に対する最初の武士の反乱事件である「久留米藩難事件」が起きた。明治九年（一八七六）には「神風連（しんぷうれん）の乱」、「萩の乱」「秋月の乱」が立て続けに起きた。とどめは、明治十年（一八

地下鉄空港線・祇園駅から徒歩９分

Map → p.51

七七）の「西南戦争」だった。この西郷隆盛が領袖となって起きた西南戦争では、旧福岡藩士たちも呼応したことから「福岡の変」として地元では語り継がれている。「乙丑の獄」で切腹を命じられた加藤司書の遺児・加藤堅武も、この福岡の変に参戦している。

その後、西郷精神を継承するとして、筑前勤皇党、福岡の変を知る人々によって自由民権運動団体・玄洋社が組織される。中央集権国家を目指す新政府に対抗するかのように、地方分権、地方自治を主張するが、アジアまでをも視野に入れた啓蒙団体、活動団体となる。

加藤司書公の墓所

中国革命の孫文は「日本の明治維新は中国革命の第一歩」と述べた。そう考えると、日本の明治維新の波及効果が絶大なものであったことが理解できる。

節信院での追悼会に参列し、加藤司書は日本の行く末をどのように構築しようとしたのかと考える。節信院本堂裏手の墓所で、加藤司書は静かに眠っている。いまだ答えは、見つからないままだ。そのためにも、銅像を再建しなければと考える。

昭和４年，西公園に建てられた加藤司書公の銅像は，戦時中に供出され，今は台座のみが残る。左は案内看板（福岡市中央区西公園）

16

入定寺
梅田雲浜との会合、原三信の記録に遺る

入定寺 福岡市博多区上呉服町13－4

↓24 36

梅田雲浜は、「勤皇志士の巨頭」といわれる。その雲浜が福岡市博多区上呉服町の入定寺に立ち寄ったという。今も御笠川（旧石堂川）沿いには寺が密集しているが、入定寺はその一つ。

雲浜は小浜藩（現在の福井県）の儒学者。安政五年（一八五八）の「安政の大獄」では、真っ先に捕縛された。吉田松陰に思想的影響を与えた人物だが、雲浜が長州萩を訪ねた際には、「松下村塾」の書を求められたほど。松陰は雲浜を「『靖献遺言』で固めた男」と評した。『靖献遺言』とは浅見絅斎が記した幕末志士の聖典であり、異民族支配に抗う忠臣の物語である。

雲浜が入定寺に来たのは安政四年（一八五七）正月のことだった。北条右門こと薩摩藩士の木村仲之丞が小宴を催し、勤皇の志士・平野國臣、勤皇の医師・原三信、医師の原田梅洞、勤皇の目明し・高橋屋平右衛門、商人の帯屋治平が招かれた。

北条右門は薩摩藩主の後継争いである「お由羅騒動」で薩摩を追われ、筑前福岡に潜入していたが、北条は雲浜の父と親交があったことから歓迎の宴を開いた。

この雲浜との会合は原三信の記録にあった。原三信は、「安政の大獄」で西下した勤皇僧月照を太宰府天満宮に案内した人でもある。日本を取り巻く情勢に敏感だったのだろう。雲浜を囲んで大いに時世を語ろうという趣向の宴と思えるが、どのような話がなされたのかは不明。

しかし、何か雲浜についての記録が遺っていないかと思い、入定寺を訪ねた。突然の訪問にもかかわらず、住職の清原宗鴻師は丁寧に応対してくださった。残念なことに、明治期の廃仏毀釈で寺の多くの物が廃棄され、今では、雲浜が寺に来たという口伝しか残っていないという。清原住職は茶道裏千家の師範でもあり、

地下鉄箱崎線・呉服町駅から徒歩4分

Map → p.51

一服の茶をたて、筆者をもてなしてくださった。

安政六年（一八五九）九月十四日、雲浜は江戸・小伝馬町の獄舎で病死したと伝わる（他説あり）。およそ一年の獄舎では拷問に次ぐ拷問が続いた。日米通商条約締結反対、徳川慶喜の将軍擁立計画、大老井伊直弼排斥の罪を問われたが、一切を認めなかった。そのため、「罪名定め難きにつき」として毒殺されたともいわれる。

西郷隆盛は、「雲浜が存命であれば、我々は（指示を受ける）馬車の御者にすぎない」と、その死を悼んだ。

「君が代の思ふ心の一筋に　吾身ありとも思わざりけり」

雲浜が捕縛前に認めた辞世の句である。

入定寺・清原宗鴻住職

17

石堂川の関所跡

高杉晋作、商人を装い関所を通過

石堂川の関所跡　福岡市博多区中呉服町9

↓ 27 41

筑前福岡に亡命した高杉晋作だったが、長州での挙兵を決意して帰藩の途についた。しかし、宗像の早川勇の家に立ち寄った際、長州報国隊の野々村勘九郎が博多に向かったことを知り、後を追いかけた。高杉は関所に近い、水茶屋「若松屋」に潜み、筑前福岡への再入国の機会を窺っていた。

今回、高杉が再入国で通過した石堂川の関所跡周辺を歩いた。関所跡は博多区中呉服町の御笠川に架かる石堂橋、現存する一行寺、海元寺が目標となる。寺の前の電柱には高杉が関所を通過したとする案内看板が付いている。

高杉の関所通過の様子を記す看板

高杉は、夜になって石堂川（現在の御笠川）東岸沿いの水茶屋「若松屋」の提灯を下げて関所に入った。その側を筑前勤皇党の瀬口三兵衛が歩く。それはまるで、若松屋の使用人が武士を道案内するかのよう。石堂川西岸には、遊郭の柳町があり、遊興風情の武士を案内するようにしか見えない。これには、関所の役人も含み笑いしながら見送ったことだろう。

この時、高杉は野村望東尼から贈られた商人風の印半纏を身にまとい、背中には若松屋の幼女を負ぶっていた。高杉が若松屋に隠れている時、なついて離れなかった子供だ。意図せず、この偶然が功を奏した。

ところで、長州を脱出する直前、高杉には男児が誕生していた。思わず、幼女に我が子の姿を重ね合わせたのだろう。高杉亡命時の変名は谷梅之助だが、息子の梅之進からとっている。

無事、関所を通過した高杉、瀬口は柳町の遊郭「梅が枝」に繰り込んだ。ここで、豪快に遊蕩三昧したが、疑いの目を避けるための演技なのか、遊びであったの

地下鉄箱崎線・呉服町駅から徒歩5分

Map → p.51

石堂橋の手前に関所があった。右手に一行寺，左手に海元寺が現存する

博多高等学園のところに旧柳町「梅が枝」はあった

石堂橋の欄干

かはわからない。この高杉の「梅が枝」での宴会については、亡命中の身といいながら、暇つぶしに遊びに出かけたという説も残っているが、今となっては、いずれが真実かはわからない。

旧柳町の「梅が枝」があった場所は、現在の博多高等学園になる。ここにも電信柱に案内看板があるので、確認は容易。学園裏手は御笠川に面しているが、高杉も「梅が枝」裏手から小舟で川を下り、現在の大博町（たいはくまち）に面した浜に出た。ここからは猛ダッシュで対馬藩蔵屋敷に駆け込んだ。つい数日前、送別の宴を開いたばかりのところに高杉らがなだれ込み、蔵屋敷も大変な驚きだったろう。

元治元年（一八六四）十一月二十三日頃、野々村勘九郎と合流できた高杉は船で馬関（現在の山口県下関市）へと急いだ。無事に、十一月二十五日頃、帰着したという。

「まことにまことに、日本第一の人」と望東尼は高杉を絶賛した。その日本一の男が歩いた道は、実（まこと）にスリリングに満ちていた。

18

水茶屋・常盤館跡碑
高杉、再入国の機会を窺う

常盤館跡碑 福岡市博多区千代2-21

↓ 19 50

亡命者が潜んでいた場所とはいえ、それを示す石柱まで隠れることはなかろうに。高杉晋作が隠れたと伝わる「常盤館（ときわかん）跡碑」を見て、そう思った。碑は福岡市博多区千代二丁目にある。天神から明治通りを県庁方面に進み、御笠川を越えた右手にガソリンスタンドがある。その隣のビルの一階にあるのだが、物陰にひっそりとたたずんでいるので簡単には見つからない。

江戸時代、「若松屋」と呼ばれた水茶屋は、明治になり「常盤屋」と屋号を変え、その後、「常盤館」と名を改めた。いずれにしても、酒食を楽しむ茶屋であったことに変わりはない。しかし、この茶屋の座敷には仕掛けがあり、床の間の掛け軸の裏には人が通り抜けられる隙間が設（しつら）えてあった。身長一六〇センチほどの高杉にはうってつけの隠れ場所。高杉は、この茶屋で筑前勤皇党の月形洗蔵からの連絡を待っていたが、危険を察知すればいつでも逃走できるように構えていたのだろう。

一説には、高杉が筑前福岡に亡命し、平尾山荘に向かう前に潜伏した茶屋が「若松屋」であったといわれる。しかし、高杉は馬関（山口県下関市）から博多区須崎町にあったという石蔵屋に入り、佐賀県鳥栖市にあった対馬藩の飛び地である田代代官所に向かっている。いつ、何の目的で、この「若松屋」に潜伏していたのかが不明だった。

ようやく概要がわかったのは、筑前勤皇党の早川勇の存在だった。元治元年（一八六四）十一月二十一日頃、高杉は対馬藩蔵屋敷で長州帰藩の宴に臨み、早川

ガソリンスタンドの左側のビルの脇に碑は隠れている

地下鉄箱崎線・千代県庁口駅の1番出口から徒歩1分

Map → p.51

勇の自宅がある宗像に到着したと伝わる。この時、長州藩報国隊の野々村勘九郎が博多に向かったことを知る。送別の宴で酒を飲み過ぎたのか、宗像に向かう駕籠の中で眠りこけ、途中で野々村とすれ違ったことすら覚えていない高杉だった。奇兵隊と関係が深い野々村から情報を引き出そうと、再び博多に逆戻りしたのが真相だった。宗像では有名な話という。

ビル壁に沿ってひっそりと立つ「常盤館跡」の石柱

しかし、筑前福岡を出た者が、再び石堂川（現在の御笠川）の関所を通過するのは至難のわざ。そこで、「若松屋」で再入国の機会を窺っていた。同時に、身辺を庇護してくれる筑前勤皇党の月形洗蔵の連絡を待っていたのだった。

現代のような通信手段がない中、待つ者、待たせる者、互いに心中は穏やかでなかったのは想像に難くない。目につきにくい場所に碑があるのも、亡命者を匿ったという由来からなのかと、苦笑いした。

余談ながら、代表作『人生劇場』で知られる尾崎士郎は戦前、「常盤館」を定宿にしていた。「朝日新聞」に連載する「高杉晋作」の取材と執筆のためだったが、高杉が庭の隅の茶室に潜伏していたことを理由に、長期滞在をした。しかしながら、その実、高杉に心酔する尾崎は、連日、酒に浸り、流連（りゅうれん）荒亡（こうぼう）のかぎりをつくしたと述懐している。羨ましいかぎりだ。

19

石蔵屋・石蔵卯平
亡命した高杉晋作が潜伏

石蔵酒造 福岡市博多区堅粕1－30－1

↓26 27

石蔵酒造という造り酒屋が福岡市博多区堅粕（かたかす）にある。「博多百年蔵」と言ったほうがわかりやすい。蔵は国道3号線に面しているが、ここは明治三年（一八七〇）に第二酒造場として設けられたところ。それ以前は旧鰯町（いわしまち）界隈（現在の博多区須崎町）にあったと伝わる。福岡藩主となった黒田家に従い筑前領にやって来たのが石蔵屋の始まりだった。魚問屋、対馬藩の運送用達を生業とした。須崎町の北側には対馬小路（つましょうじ）という地名が残るが、これは対馬藩の蔵屋敷がこの地にあったことに由来する。

この対馬藩蔵屋敷前には「商海」と呼ばれる船溜まりがあった。壱岐、対馬はもとより、薩摩、肥前、東北の北前船、紀州和歌山、四国の伊予や阿波の漁船、旅船が入港してきた。いわば、諸国の物産とともに世の情勢、風聞までもが居ながらにして入手できる場所だった。これが石蔵卯平の行動の源泉でもあった。

文久三年（一八六三）、長州藩は馬関（関門）海峡を通過する外国船に砲撃。英米仏蘭の四か国艦隊との紛争に発展し敗北。その講和使節は高杉晋作だったが、その堂々とした応対ぶりは、アーネスト・サトウの『一外交官の見た明治維新』に詳しい。しかし、同年の「八月十八日の政変」、元治元年の「禁門の変」で長州藩は幕府の圧力に屈し、俗論党が政権を掌握した。再起を期すため、高杉は身を潜める必要があった。

俗論党に狙われた高杉は、まず、馬関(山口県下関市)の豪商・白石正一郎を頼った。さらなる逃避行には、久留米藩真木和泉の門弟・渕上郁太郎、福岡脱藩浪士の中村円太が関わった。

元治元年（一八六四）十一月、高杉は筑前福岡に亡命した。谷梅之助と変名した高杉が潜伏した先は石蔵屋。主人の石蔵卯平は筑前勤皇党の月形洗蔵、鷹取養

地下鉄箱崎線・千代県庁口駅から徒歩７分

Map → p.51

現在の石蔵酒造

巴と親しく、先導役の中村円太とも顔なじみ。常日頃、卯平は勤皇党の志士に金銭の都合をつけ、情報を提供するなど協力的だった。それは対馬藩の勤皇派に対しても同じだった。

文久二年（一八六二）、対馬藩と長州藩は同盟を結んだ。これは前年のロシア軍艦ポサドニック号が対馬を占領した影響が大きい。こういった内外の動き、変化に卯平は迅速に反応したが、それは高杉受け入れにも見て取れる。

慶応元年（一八六五）夏、卯平は月形洗蔵の書簡をもって上京する。西郷隆盛からの返書を懐にしての帰途、月形らが「乙丑の獄」で処刑されたと知る。ここで卯平は馬関に留まり、高杉が創設した奇兵隊に身を投じる。高杉との出会いが機縁となったのは想像に難くない。残念ながら、明治元年（一八六八）三月四日、卯平は同志と長崎に赴いて後、天草（熊本県）の富岡で何者かによって殺された。王政復古後の諸藩の意見一致の最中だった。

しかし、この石蔵卯平がいたことで、高杉は再起できた。変化を読み取るに敏な卯平と高杉は、維新の先に何を見、何を語っていたのだろうか。須崎町から堅粕をめぐりつつ考えた。

なお、功績が求められ、明治二十六年（一八九三）十一月五日、卯平は靖国神社に合祀となった。

20

明光寺
勤皇歌人・野村望東尼の墓所

明光寺　福岡市博多区吉塚3-8-52

↓ 27 35

野村望東尼は慶応元年（一八六五）、玄界灘に浮かぶ姫島（糸島市）に遠島となった。その罪状には、自宅を不逞（ふてい）の輩（やから）の密談の場所に提供し、旅人を潜伏させた。その行動は女のすることとは思えず問題。しかし、今回、特別の配慮で姫島へ遠島、牢居を申しつける、と記されている。この中で、旅人を潜伏とあるのは高杉晋作を匿ったことを指している。

その望東尼は慶応二年（一八六六）九月、高杉晋作と協議した藤四郎（ふじしろう）らによって救出され、長州へと逃げ落ちた。慶応三年（一八六七）四月、高杉が病没すると、後を追うように望東尼も、同年十一月に亡くなる。墓所は、終焉の地、山口県防府市に遺されている。

迂闊なことに、この望東尼の墓所が福岡市博多区吉塚の明光寺（みょうこうじ）にもあることを見落としていた。寺はもともと博多区の中呉服町にあったが、明治末期、路面電車の敷設により現在地に移った。明光寺は野村家の菩提寺であるだけでなく、夫が没した後、望東尼が得度剃髪を受けた寺である。早速、望東尼を崇敬する筒井克彦氏、小林信翠師らと墓参を行った。

九州男児といえば豪快な気質として見られる。しかし、その九州男児を叱咤激励するのは九州女子。その代表格が野村望東尼と言える。

「ひとすじの道も守らばたをやめも　ますらをのこに劣りやはする」

これは、望東尼が若き女の戒めになるものとして詠んだ歌だが、「信念を持てば、女といえども男にも劣ら

JR鹿児島線・吉塚駅から徒歩11分

ない」と、なんとも勇ましい。

歌とは、言葉という他者との共有物を使い、一定の制限の中で一段上の感情表現をし、人としての美しい生き方（美学）を表現するものといわれる。さらには、歌は世界を動かす力をも生み出す。勇ましいばかりでなく、望東尼の歌は多くの志士たちを奮い立たせたことだろう。

明光寺には、望東尼の墓所を示す案内看板、墓の脇には望東尼の生涯を示す案内板が立てられていた。乱世において、自身の生きざまを貫いた女性として、墓参に訪れる人が増えている証拠だ。

辛亥革命の孫文は「日本の明治維新は中国革命の第一歩」と評した。そう考えると、明治維新の大業はアジアへも大きな影響を及ぼしたことになる。仮に、望東尼が長命であったとしても、率先して亡命者・孫文を匿い、精神的支柱になりえたことは間違いない。

若き志士たちから「先生」と呼ばれることを嫌った望東尼だった。しかし、若者たちは当意即妙で「先醒（せんせい）」と呼んでいた。

高杉晋作、平野國臣らを支えた望東尼の存在があってこそ、維新の大業は達成できた。

私的には、望東尼は実子に恵まれず幸福であったとは言い切れない。しかし、多くの志士という子供に恵まれた人だった。

望東尼「先醒」に感謝しつつ、墓石に慰労の酒を注いだのだった。

野村望東尼，野村家の墓所

明光寺

21

箱崎・旧御茶屋跡之碑

カッテンディーケが絶賛した松並木

旧御茶屋跡之碑 福岡市東区箱崎2－10－21　網屋天満宮敷地内

↓ 11 32

安政五年（一八五八）、長崎海軍伝習所のオランダ人教官カッテンディーケが薩摩を訪ねた。カッテンディーケが著した『長崎海軍伝習所の日々』には、薩摩の島津斉彬が西洋科学の取り組みに積極的な様が描かれている。

そのカッテンディーケは、同じ年の十月十八日（日付は旧暦）、福岡に来航した。咸臨丸、エド号での訪問だったが、これは福岡藩第十一代藩主・黒田長溥（筑前侯）のかねての望みにより計画されたもの。薩摩に劣らぬ福岡。蘭癖大名の長溥とすれば、薩摩の斉彬が進めた技術立国の意志を藩内にアピールする狙いがあったのではないだろうか。

長溥は一行の訪問を大歓迎した。その象徴として、出迎えに八頭の立派な馬を用意するほど。初めて異人を目にする見物人も大勢押し寄せ。その数は数千にも及んだという。昔も今も、福岡・博多の人々の「新しもの好き」に変わりはないようだ。

一行の滞在は、十月二十一日までだが、先述の著書を読み進むと、藩侯の邸に挨拶に出向き、博多の町を散歩している。「それはまるで、オランダに帰ったのではないかと錯覚を覚えるほど」との記述がある。下屋敷のある「箱屋津」までは海岸沿いに美しい松並木の道路が延び、ヘルダーランド（オランダ東部の州）の風色を想起したとカッテンディーケは絶賛した。

箱屋津では、黒田長溥が歩兵調練をオランダ人一行に見せた。西洋式の軍制が導入されていることを示し

地下鉄箱崎線・箱崎九大前駅から徒歩３分

旧御茶屋跡之碑。網屋天満宮一帯に下屋敷（御茶屋）があった

たかったのだろう。しかし、この日、あいにくの強風で、カッテンディーケらには迷惑この上ないものだった。それでも、藩主の長溥に挨拶ができ、親しげに接してくれたことは幸いだったと感想を述べている。

　この箱屋津の下屋敷で思い浮かんだのが通称「お休み所御亭（オチン）」。参勤交代の諸大名、重臣や幕府要人の宿泊、休憩に利用され、茶室からは箱崎松原、博多湾を一望できたという。長崎出島のオランダ商館長の江戸参府は大名と同じ扱い。カッテンディーケも長溥から箱屋津に招かれ、鶴や鴨肉、刺身という豪勢な食事のもてなしを受けた。

　下屋敷（御茶屋）があったと思われる箱崎（福岡市東区）を訪ねた。近在の方々が「お天神さま」と親しむ網屋天満宮一帯がそれになる。近年、再開発が進み、マンションが立ち並ぶが、ここだけは時間が止まったかのような安堵感、懐かしさを覚える。九州大学構内から移設した「鯨塚」（博多湾で捕獲した鯨を慰霊する碑）もあり、海が近かったことが実感できる。

　境内では、親子連れがセミ捕りに興じていた。お願いして、道に面した「旧御茶屋跡之碑」と一緒にファインダーに納まってもらった。良き、夏の思い出である。

網屋天満宮境内の鯨塚

22

志賀島
博多湾防衛、台場を設置

↓ 23 32

志賀島 福岡市東区志賀島

台場跡を探して

博多湾の防衛の要衝である志賀島（しかのしま）に渡った。志賀島といえば、誰もが「金印」を思い浮かべる。さほど、古代から大陸との関係が深いという証拠。しかし、平時は交易で潤うものの、有事となれば甚大な被害を受けるのが博多である。その砦（とりで）の役目が志賀島だった。

現代、志賀島に行くには陸路が便利。しかし、ここはやはり、博多港から福岡市営の渡船で行きたい。海の中道の西戸崎（さいとざき）を経由し、三十分で志賀島に到着する。波に揺られ、潮風、飛沫を浴びるという、非日常体験は捨てがたい。

十時十五分発「きんいん」に搭乗する。平日とあって島の住民と思しき高齢者が数名、旅行者が数人という身軽な渡船だ。船体後部のオープンデッキには自転車専用の駐輪設備もあり、島巡りには自転車が良かったなぁと、少々、後悔する。

近年、博多港には大型のクルーズ船が寄港するが、この日もタンカー、貨物船、韓国釜山や壱岐対馬をつなぐ高速のジェットフォイル、フェリーが頻繁に行き交う。渡船は、

博多埠頭（ベイサイドプレイス博多）から福岡市営渡船で30分

「きんいん」内の駐輪設備

その群れを掻い潜るように西戸崎の波止場に一直線。時間にして二十分である。

ここからさらに志賀島の波止場に向かう。海の中道と志賀島を結ぶ橋を右手に見ながら、ほどなく志賀島に到着。博多港からの三十分という船旅は、意外にも、早いと感じる。

今回、幕末維新の対象として志賀島を訪ねたのは、ここに異国船の侵入を防ぐ台場があった場所を確認するためだ。江戸時代、「台場」と呼ばれた砲台は、博多湾内にはいくつもあった。しかし、再開発などで場所を特定することは難しい。

そして、もう一つの目的は、博多湾の中央部に浮かぶ能古島（のこのしま）との距離感を体感するためだった。この能古島は『万葉集』にも歌が遺る防人（さきもり）の島だが、能古島と志賀島の距離感を望見するためである。

志賀島の波止場から、快晴の下、徒歩で島の西側を歩く。島を一周する西鉄バスも運行されているが、バスも自転車もない江戸時代の人々と同じ感覚で地形を見てみたい。

途中、志賀島小学校を過ぎ、志賀島保育園の近くで、歌碑を発見。海に面した埋め立て地

志賀島波止場

志賀島の待合所

万葉歌碑。能古島が見える

だが、能古島で山上憶良が詠んだ歌と対になる万葉歌碑があった。

「沖つ鳥　鴨とふ船は也良の崎　廻みて漕ぎ来と聞こえ来ぬかも」（山上憶良）

現在、地元の方でも台場跡は容易に特定できないという。護岸工事、埋め立て、道路拡張など、急速に開発が進んだからだ。たぶん、この歌碑がある場所が台場跡ではと想像をめぐらす。海を挟んで、能古島東岸の台場とで、博多湾に侵入する異国船を砲撃するには、良い場所だ。

次に、能古島との間に防御網を設けたという綱小屋を確認に金印公園を目指した。

文久三年、外国船の防御網を敷設

志賀島の「金印公園」を目指す。ここは、金印が発見された場所ということで史跡として整備されている。景色を望遠しながら、しばし、玄界灘の向こうにある大陸との関係性を想像する。

しかし、幕末の北部九州の庶民はそれどころではなかった。オランダ船、フランス船が近海に忽然と姿を現し、異国船が長崎港に侵入するなど、慌ただしかった。

そこで、福岡藩は万延元年（一八六〇）、志賀島と能古島に台場を設けた。志賀島の台場は金印公園に近い場所とも言われる。しかし、対岸の能古島から見ると、視野に入りやすいのは山上憶良の歌碑が立つ近辺だ。そこで、志賀島の金印公園から能古島の台場跡は、どのように見えるのかを確認したかった。

文久三年（一八六三）六月、福岡藩は能古島と志賀島の間に防御網を敷設し、博多湾に侵入する外国船を封鎖することにした。長州藩が馬関（関門）海峡を通過する外国船を砲撃したことから、有事に備えたのだった。姫島（糸島市）の勘蔵という人物に五百両（当時）という大金を手付として渡し、能古島、志賀島の二十余丁（約二・五キロ）に封鎖網を敷くというものだった。

大量の竹、木を買い集め、伊予（愛媛県）からもヒノキ材、綱を買い集めたという。志賀島に小屋を建て、筏を拵えて綱で結びつけ、異国船が侵入してきた際には能古島との間に防御網を敷くというものだった。この大量の筏や綱の類は、この年の冬までに完成させる

金印公園から能古島を望む

金印公園の「漢委奴國王金印発光之処」記念碑

金印公園の先にある蒙古塚

という緊急事態だった。

元治元年（一八六四）七月下旬、異国船三十五隻、兵員一万八千人が長州に向かったとの情報が飛び込んできた。いわゆる、「四国艦隊下関砲撃」である。いよいよ、緊迫の度合いは高まるばかりだったが、長州藩は四国艦隊の近代兵力の前に完膚なきまでに叩き潰され、講和となった。

慶応二年（一八六六）十二月二十日、イギリス艦隊が博多湾に来航した。幕府の事前通告があったことから、福岡藩主・黒田長溥は艦隊の来航を歓迎した。イギリス艦隊の乗組員は能古島で鹿狩りを楽しみ、大砲試射まで披露した。大砲試射では、能古島の標的、海上の標的にことごとく命中させるというものだった。

このイギリス艦隊の来航で、この夏、せっかく苦心して敷設した防御網は撤収された。総費用三千八百両を要したが、三百八十両で払い下げられた。イギリスの軍事力を見せつけられ、防御網は何の役にも立たないと判断したからだろう。まさに、「兵（つわもの）どもが夢のあと」である。

23

須崎公園・須崎台場跡

異国の襲来に備え総出で工事

須崎公園 福岡市中央区天神5-2

↓ 22 32

福岡市中央区の須崎公園には、かつて、異国船の侵入に備えた台場があった。今も、その石垣が遺っているので訪ねてみた。石組の一つ一つを丹念に見ていくと、矢と呼ばれる道具を打ち込み、石を割った痕の「矢穴」を確認できる。大砲を据え、ここで外敵に備えたのかと思うと、感慨を覚える。

　この須崎（洲崎）に台場を築き始めたのは、文久三年（一八六三）四月の頃から。福岡藩と佐賀藩は隔年交代で長崎港警備を任されていた。その長崎港の佐賀藩台場に異国人が侵入し、鉄砲を盗んだ。ここで異国人と佐賀藩士との間で騒動となり、共に死傷者を出した。この事件を知って、福岡藩は増援部隊を長崎に急行させたが、同時に緊急事態として福岡城下の海防に取りかかった。

　福岡藩は、上級藩士はもとより、領民に至るまで、総動員での台場工事に取りかかった。身分に応じ、建設費まで負担を強いたが、殿様が直々（じきじき）に見回りにやってくるので文句も言えない。

　この須崎台場跡に遺る石だが、現在の福岡市西区の横浜、宮浦、糸島市の姫島から運び出された。運送作業に従事した者の働きぶりが良かったとして、一人につき酒三合にスルメがついたという。同じように、現場で作業する者にも毎日、一人三合三勺の酒が振舞われた。それも、現場監督の役人自らが酌をしてまわるという待遇ぶり。身分制度の厳しい江戸時代、武士が下層階級の者にサービスをするなど考えられない。そ

地下鉄空港線・天神駅から徒歩11分

須崎公園の北側，那の津通りに面した一部に遺る台場跡

石垣に遺る「矢穴」

れほど台場工事は藩の非常事態だった。

しかし、この上級武士たちの対応をあざ笑うかのように、足軽（身分の低い兵隊）たちが藩の重役と喧嘩を始めた。喧嘩両成敗として重役、足軽の責任者が引責辞任したが、足軽の一人は遠島となった。酒の席での些細な喧嘩と思われるが、これは封建的身分制度の崩壊を予見する出来事である。

同年十月、須崎の台場は完成し、二十四から二十五挺ほどの大砲が据えられたという。これらの大砲は、博多の磯野、釜宗という鋳物師に鋳造の依頼があったもの。近在から銅をはじめとする金属類がかき集められ、なかには寺の釣り鐘までも買い求めた。金属類を必要としたのは福岡藩だけでなく他藩も同じ。取引価格が急騰し、一挙に三割も価格が上昇したとの記録がある。なかには、表向きは大砲鋳造、裏では軍備増強のための贋金鋳造にと買い集めた藩もあった。

台場工事にともない、金属類だけではなく、諸物価も高騰した。異国の襲来は、経済の非常事態をも招いたのだった。

24

高橋屋平右衛門の家
月照を匿い、姫島へ遠島に

高橋屋平右衛門の家 福岡市中央区天神3－4－2 高橋天神ビル

↓ 16 26

ここが、「勤皇の目明し」こと高橋屋平右衛門の家だったのかと、ビルを見上げた。天神（福岡市中央区）の昭和通りで、今は紙を商っている。昭和二十年（一九四五）の福岡大空襲で天神地区も灰燼に帰した。区画整理もあり、高橋屋の場所を特定するのは難しいが、現在地から西へ五〇メートルのところに旧宅があったとの新聞記事が遺っている。

安政五年（一八五八）、「安政の大獄」で幕吏に追われる身となった勤皇僧月照は、西郷隆盛に伴われ西下した。その月照を匿ったのが下名島町の目明し（犯罪捜査役）高橋屋平右衛門だった。

平右衛門は福岡藩勤皇派の平野國臣、月形洗蔵、鷹取養巴、仙田兄弟と親交があった。勤皇派は、「お由羅騒動」で福岡藩に逃れた北条右門（薩摩藩士・木村仲之丞）らとつながりがあり、北条の家に転がり込んできた月照を平右衛門が迎えることに。

一週間ほど、高橋屋に身を寄せた月照は、奥の茶室で旅の疲れを癒した。平右衛門の妻イキは信心深い人だけに、月照を篤くもてなしたのだった。

不思議なことに、お尋ね者であるはずの月照は頻繁に外出している。まず、北条の案内で太宰府天満宮に参詣し、薩摩藩定宿の「松屋」を訪ねた。ここからさらに、宝満山（太宰府市・筑紫野市）に登る。

次に、武蔵の湯（二日市温泉）に遊び、医師の陶山一貫、原三信らと天拝山（筑紫野市）に登っている。

そして、平右衛門の家を起点に、平尾山荘（福岡市中央区）の勤皇の女傑・野村望東尼を訪ねた。驚くのは、筥崎宮（福岡市東区）を参詣した際、オランダ人を目にしたという。これは、福岡に来航した長崎海軍伝習所のカッテンディーケたちと思われる。それにしても、その行動はあまりに大胆。

地下鉄空港線・天神駅から徒歩４分

Map ➔ p70

高橋屋平右衛門の家跡。左は現在の高橋天神ビルの入口

そこで、考えられるのは、高橋屋の隣家、福萬醬油の蔵に隠れたといわれる西郷隆盛の存在。西郷は月照とは別行動で薩摩へ急いだといわれる。しかし、月照は情勢を探りながら、西郷の密使として黒田長溥（福岡藩主、島津家出身）、長崎海軍伝習所・勝海舟との接触を試みていたのではないだろうか。

月照は平右衛門夫婦にお礼の歌を遺していた。

高橋屋に宿りゐて主人夫婦の情いと深ければ

「答うべき限りは知らじ筑紫路の　海より深き人の情けに」

後に、月照を匿ったことが発覚し、平右衛門は姫島（糸島市）に遠島となる。妻イキは島に渡り、病に伏せる夫を介抱したという。

なお、高橋屋が現在地から五〇メートル西にあったという新聞記事だが、昭和六十年（一九八五）八月七日付の「フクニチ新聞」だ。「黒田武士三百年　福岡藩物語」と題した連載で、写真には平右衛門の曽孫にあたる高橋平造GSタカハシ会長（当時）が映っている。

黒田武士三百年　福岡藩物語（317）

文 柳猛直

幕末の動乱（29）

福岡の高橋屋に潜伏

月照探索の手が迫り、転々と

昭和60年8月7日付「フクニチ新聞」（高橋家提供）

筑前

25

安国寺
勤皇派、佐幕派ともに切腹を命じられる

安国寺　福岡市中央区天神3－14－4

↓ 15 28

慶応三年（一八六七）七月、長崎でイギリス人水兵殺害事件が起きた。いわゆる「イカルス号事件」だが、刺殺した金子才吉が自決したため、福岡藩は口外を禁じ、事件の自然消滅を図った。

ところが、事件からおよそ三か月、幕府は政権を朝廷に返上する「大政奉還」を乞い、続いて王政復古の世となった。幕府直轄の長崎は、福岡、佐賀、土佐、薩摩、大村の各藩による合同会議所が管理。幕府時代の案件に関しても、明治新政府が継続して執り行うことを諸外国へ通達。件のイギリス人水兵殺害事件も合同会議所が継続捜査を続けた。

事件は目撃者が現れたことから、急展開。明治元年（一八六八）十月、福岡藩は合同会議所に届け出書を提出。金子才吉は心神喪失から凶行に及んだとした。金子と一緒に現場にいた福岡藩士七名も裁判のため長崎に送られた。裁判官は佐賀藩の大隈八太郎こと、後の大隈重信が受け持った。

事件の経過をたどっていくと、現地長崎の福岡藩役職者、最高責任者である家老の野村東馬が、外交問題、高額の賠償金請求を避けるため機密扱いとして処理していたのだった。

福岡藩主・黒田長溥は引責辞任として隠居を申し出、最高責任者の処分、現場にいた福岡藩士らは禁錮、イギリス人水兵妻子への養育料支払いをもって決着した。

しかし、最高責任者である家老の野村東馬の処分はなされなかった。この当時の処分とは切腹を意味する。

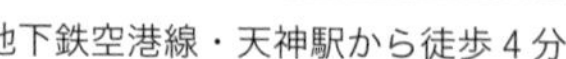

地下鉄空港線・天神駅から徒歩４分

しかし、すでに、野村東馬は別件で切腹していたからだった。

野村は、慶応四年（一八六八）四月、朝廷への忠誠を誤った不届き者として、同輩の浦上数馬、久野将監（しょうげん）とともに切腹を命じられた。忠誠を誤ったとは、福岡藩の筑前勤皇党の面々を大量処分したことを指す。朝廷への謝罪の証として野村らの首は京の都へと送られた。

安国寺

衣非茂記の墓

建部武彦の墓

野村が切腹をした場所は、現在の福岡市中央区天神三丁目にある安国寺だ。奇しくもここは、慶応元年（一八六五）の「乙丑の獄」で筑前勤皇党の衣非（えび）茂記、建部（たてべ）武彦の両名が切腹をした場所だ。野村は、まさか、弾圧した勤皇党の衣非、建部が切腹した安国寺で腹を切るとは、思いもしなかっただろう。福岡藩を護るためとはいえ、勤皇派、佐幕派ともに、憐れとしか言えない。

ちなみに、衣非、建部の墓碑は現在も安国寺の本堂左手に遺る。本堂脇の細長い一画に墓碑群が並んでいるが、ここは一般には知られていない。この中で、衣非茂記の墓には、切腹を命じられたとの板碑がある。哀れというか、気の毒に思えて仕方ない。

現代、安国寺周辺は若者たちに人気の飲食店で占められている。日本の大変革、事件に関係した寺が目前に在ることなど構わず、嬌声が響き渡る様に慨嘆するしかなかった。

26

西郷南洲翁隠家乃跡碑
白木家に伝わる

西郷南洲翁隠家乃跡碑

福岡市中央区舞鶴1−1−27

↓ 1 24

謎の石碑が舞鶴（福岡市中央区）の路地にある。「西郷南洲翁隠家之跡」と彫り込まれたそれは、親不孝通りの西側、居酒屋「兼平鮮魚店」脇にある。一見、客寄せのディスプレイなのかと、目を疑う。

この碑は、西郷、月照の薩摩落ちの際、ここに西郷が隠れたというもの。案内看板の一枚もなく、いったい、これは何なのかと訝る人は多い。文献にも記されていないため、信用できないという噂があるのも確か。

安政五年（一八五八）、いわゆる「安政の大獄」によって幕府から追われる身になった勤皇僧月照は西郷隆盛に伴われ西下した。馬関（下関市）の商人・白石正一郎の邸にたどり着き、西郷は一足先に海峡を渡り島津斉興の行列を追ったと伝わる。月照庇護のため、久光擁立派であった斉興の許しを得たい。西郷にとって藁をもすがる思いだったのだろう。

遅れて月照たちは筑前福岡藩領の戸畑（北九州市）に上陸。黒崎、木屋瀬を経て、大浜（福岡市博多区）の北条右門（薩摩藩士・木村仲之丞）の家に転がり込む。ここからは、筑前福岡の志士たちが身命を賭して庇護した。同年十月初めの頃である。

この筑前福岡の志士の一人が「福萬醤油」を営む白木太七だった。現在も親不孝通り東側に醤油専門店「福萬醤油」があるが、戦前の地図を確認すると、碑が立つ場所に「福萬醤油」との記載を認めることができる。

口伝ながらとして、白木家の現当主・白木大五郎氏が事情を語ってくださった。西郷、月照を同じ場所に匿うのは危険と判断した白木太七は西郷を自宅に、月照を隣家の高橋屋平右衛門宅に匿った。もともと、白木家は筑前福岡藩家老・栗山大膳の家臣だったが、寛永九年（一六三二）の「黒田騒動」に連座し士分剥奪。

地下鉄空港線・天神駅から徒歩5分

Map → p70

西郷南洲翁隠家乃跡碑と白木大五郎氏

西郷南洲翁隠家乃跡碑

白木正四郎氏が営む福萬醤油

後に、醸造業に転じた家柄だった。

その白木家の土蔵に西郷は隠れたという。白木大五郎氏の相曽父・半四郎は子供の頃、目玉の大きな男の人が蔵にいて、用事を頼まれたという話を語ってくれたそうだ。残念ながら、白木家に西郷が匿われたとの記録を目にしたことはない。福岡藩主・黒田長溥（薩摩島津家からの養嗣子）に月照の庇護をお願いするための潜伏だったのではと推察する。

しかし、月照を匿った高橋屋平右衛門については『加藤司書の周辺』（成松正隆著）や他の記録に名前があり、月照を匿ったことが発覚し島流しになったと出ている。

西郷を匿った白木太七は、今も歴史の闇に埋もれたまま。菩提寺は近くの曹洞宗安国寺だが、罪人を出したとの負い目から太七の葬式は出していない。

明治元年（一八六九）十二月十日没。これだけが、西郷を匿ったと伝わる白木太七の真実として遺っている。

なお、薩摩亡命者が福岡藩に潜伏した経緯については、昭和十年（一九三五）発行の山内修一著『葛城彦一傳』によって詳細が判明したのである。

27

野村望東尼の平尾山荘
高杉晋作、起死回生の挙兵を決意

平尾山荘跡　福岡市中央区平尾5−2−28

↓ 20 35

高杉晋作は、平尾山荘で何を考え、何を感じたのだろうか。そんな疑問を抱きながら、西鉄平尾駅の改札口を出た。平尾山荘は福岡市中央区平尾にあるが、駅から徒歩十五分ほどのところ。住宅街の公園のように整備されており、望東尼の胸像、東久世通禧撰文の「平尾山荘碑」、平野國臣と中村恒次郎の歌碑を納めた小祠が目に入る。

ここ平尾山荘は、野村望東尼と夫の貞貫が隠居生活を送り、筑前福岡に亡命してきた高杉晋作が潜伏した場所として知られる。藁ぶき屋根、雑木林、裏手の小さな泉が山荘と呼ぶにふさわしい往時を偲ばせる。現在は住宅が建て込んでいるが、その昔は、さぞかし人気もない森閑とした場所だったのだろう。

亡命直後の高杉は、佐賀藩、対馬藩、福岡藩との三藩連合を画策し、福岡市博多区須崎町にあったという石蔵卯平の邸で、筑前勤皇党と作戦会議を開いた。

高杉は早速、佐賀県鳥栖市にあったという対馬藩田代代官所を目指した。田代領は、対馬藩三万石弱の約四割の石高を産する有力な領地。軍資金を得るためにも、この田代領の取り込みは必須だった。しかし、この時、対馬藩は藩内の政権抗争中であり、三藩連合の気運すらなかった。

構想が外れ、失意の高杉を平尾山荘に案内してきたのは月形洗蔵だった。諸説あるが、高杉が平尾山荘に滞在したのは、元治元年（一八六四）十一月十二日か

西鉄平尾駅から徒歩15分

平尾山荘

ら、およそ一週間と伝わる。望東尼は帰郷した息子を迎えるがごとく、親身に高杉の世話をした。高杉も実家でくつろぐ風に縁側に寝そべり、その側で望東尼は縫物をしていたという。手先の器用なことで知られた望東尼だったが、商人が着る印半纏のようなものを縫っていた。野村家の使用人である須田卯吉の目撃証言である。

ちなみに、時期不明ながら、卯吉は西郷隆盛らしき薩摩の大男が山荘を訪ねてきたとも証言している。

高杉に長州藩の差し迫った状況を報せてきたのは早川勇だった。早川は月形洗蔵とは盟友。高杉の福岡亡命と入れ違いに、長州へと出張し、その実情を知らせにきたのだった。

野村望東尼像と平尾山荘碑（奥）

長州藩は幕府に対する謝罪恭順として家老の益田右衛門、福原越後、国司（くにし）信濃の三家老を切腹、宍戸（ししど）左馬之介ら四参謀を斬首とし、「禁門の変」での指揮を執った責任を負わせた。その長州藩俗論党の態度に、高杉は声を殺して雄叫びをあげた。自らの力で起死回生の挙兵を決意した瞬間でもあった。

高杉は、平尾山荘滞在中、望東尼を通じて自身の天命、使命を悟ったのではないだろうか。

訪ねた折、畳敷きを通して足先に冷えを感じた。平尾山荘を後にする時、静かに小雪が舞っていた。

28

長栄寺
「イカルス号事件」金子才吉の墓

長栄寺 福岡市中央区六本松3-10-60

↓ 25 32

慶応三年（一八六七）七月六日の夜、長崎でイギリス人水兵二人が殺害された。今に伝わる「イカルス号事件」だ。泥酔し、路上に寝込んでいたところを福岡藩士・金子才吉が刺殺したのだった。この金子の墓がある福岡市中央区六本松の長栄寺を訪ねた。

六本松といっても、寺は桜坂、赤坂地区に接している。地名が示す通り、坂道が幾つもあり、寺の墓地も急な勾配にあって、墓石が林立していた。墓参中のご婦人が親切にも「住職さんがおられるから、声をかけてみては……」と言われる。来意を告げると、住職自ら金子才吉の碑、墓碑まで案内してくださった。

金子の碑は本堂左手にあった。しかし、経年劣化の上、樹木の陰になって彫り込まれた文字が読めない。判別できるものだけを読み進んだが、「黒田藩」という文字は確認できた。

金子は文政九年（一八二六）、福岡藩士・徳田文右衛門の次男として誕生。後に伯母の嫁ぎ先である金子家の養子となる。江戸時代、福岡藩は幕府の命令により、佐賀藩と交代で長崎港警備を担っていた。このことから、警備任務、遊学で長崎に出向く藩士は多かった。

安政二年（一八五五）、金子は藩命により長崎海軍伝習所に入学する。オランダ語、英語を解し、航海測量術においては群を抜いていたという。

慶応二年（一八六六）の冬、イギリス艦隊が博多湾に入ってきた。この時、イギリス艦隊は大砲を試射し、

地下鉄七隈線・桜坂駅から徒歩10分

長栄寺

海上の的、能古島（昔は残島）にことごとく命中させた。金子はこの実弾演習を福岡藩の蒸気船「大鵬丸」から見ている。イギリスの軍事力を目の当たりにしながら、なぜ、金子はイギリス水兵を斬殺したのか。

この博多湾一帯は、日本の神話、神功皇后伝説が多数残る。それだけに、金子からすれば夷人に聖なる地域を汚されたとの思いがあったのかもしれない。もしくは、金子は、武力を背景にしたイギリスに嫌悪感を抱いていたのではないか。

事件後、金子は自決して果てた。福岡藩は外交問題に発展することを恐れ、ひそかに金子の遺骸を福岡に移し、長栄寺で葬儀を出している。平常、金子がどのような思想を持っていたのか、知る由もない。それだけに、謎が謎を呼ぶ事件である。

当初、このイカルス号事件は坂本龍馬が率いる海援隊士の仕業とされ、イギリス公使のハリー・パークスは土佐藩を相手に、犯人捜査、賠償金を求めた。土佐藩が無関係であると判明しても、高圧的態度で犯人探索を命じたのだった。それは、明治新政府の世になっても変わりはなかった。

徳田家の墓に合葬されている金子才吉墓碑。下は裏面

現在、金子の墓は徳田家の墓に合葬されている。徳田家の墓碑裏面に「昭和五十六年五月吉日　徳田家先祖金子才吉」と彫り込まれているのが判読できた。金子才吉の名前を見つけ、思わず合掌したのだった。

29

西公園・平野國臣像

憂国の志士、早すぎる死

西公園 福岡市中央区西公園13

↓7 31

三島由紀夫の小文に「銅像との対話―西郷隆盛」がある。東京・上野の西郷隆盛像に語りかけ、追慕するもの。当初、西郷の人物としての偉大さがわからなかったと吐露する三島。だが、この「銅像との対話」の一文を発表して数年後、三島は自決した。

ふと、そんなことを思い出したのは、西公園にある平野國臣像の前に立った時だった。西公園こと荒津山は福岡市民の憩いの場であり、春になれば桜の名所として人々が集う。その公園入口の坂道を少し登った左手に銅像はある。平野の銅像は、大正四年（一九一五）に建立されたが、大東亜戦争中の昭和十八年（一九四三）、金属供出された。現在の銅像は、昭和三十九年（一九六四）に「平野國臣百年祭」で再建されたもの。銅像台座前には平野の略歴を記す案内板があり、その生涯を人々は興味深げに読み進む。

文久三年（一八六三）八月十七日、中山忠光卿を首領とする「大和挙兵天誅組の変」が起きた。続く八月十八日、京の都で尊攘派公卿、長州藩を排除する「八月十八日の政変」が起きた。

この混乱に乗じ、倒幕の兵を挙げたのが平野國臣だ。同年十月十

平野國臣像の案内板

地下鉄空港線・大濠公園駅から徒歩15分

二日、尊攘派公卿・澤宣嘉（のぶよし）とともに、生野（いくの）銀山を管理する幕府の代官所を襲撃。今も、兵庫県朝来（あさご）市には史跡としての生野銀山があるが、平野らは、軍資金の獲得も目論んでいた。

しかし、農民主体の決起部隊では統制が取れず、あっけなく敗退。早々に、大将の澤宣嘉は敵前逃亡を図る。進退窮まった平野は幕吏に捕縛され京都・六角の獄舎に送られた。

平野國臣像

の見識と献身的行動は明治維新の礎石となった。
享年三十七才　辞世の漢詩
憂国十年　東走西馳　成敗在天　魂魄帰地
曽孫　原園郎　福岡県柳川市在住　平成二十三年十一月　記
こより文字による「神武必勝論」宮内庁三の丸尚蔵館所蔵

國臣の紙縒り文字を紹介する案内板

元治元年（一八六四）七月十九日、長州藩の復権を求めての「禁門の変」が起きた。幕府軍と長州軍との熾烈（しれつ）な戦いで京都市中は大火。この時、六角獄舎の政治犯は、逃亡を防ぐためとの口実で処断。平野は「大和挙兵天誅組の変」で囚われていた筑前福岡の吉田重蔵とともに斬殺された。囚われ人が逃げ惑う中、平野は一人落ち着き払い、突き出された槍の穂先を摑む余裕すら見せた。

憂国十年　東走西馳
成否在天　魂魄帰地

平野の辞世の漢詩だが、「日本が統一国家になるか否かは天の意志に在り」との言葉である。

平野の最期は福岡藩筑前勤皇党の面々にも伝わった。「幕府滅亡・国家統一」をスローガンに、全国の志士を鼓舞した平野だっただけに、「彼の人に似合わぬつたなさ」と野村望東尼は、その早すぎる死を嘆き悲しんだ。

数え三十七歳で生涯を終えた平野國臣。この平野の潔さ、命の短さを知ってか知らずか、銅像の周囲には、お花見の人々が集い、和やかな雰囲気に包まれていた。

30

鳥飼八幡宮
平野國臣、情熱の紙縒り文字

鳥飼八幡宮　福岡市中央区今川2−1−17

↓ 31 43

福岡市の中心部を東西に貫く明治通り。その通りに面した鳥飼八幡宮の一画に、中野正剛（一八八六〜一九四三）の銅像がある。中野は朝日新聞記者から政界入りし、言論と演説で時局を厳しく批判した。「天下一人を以て興る」の中野の言葉に、今も共感を覚える方は多い。

その中野正剛の先駆者が平野國臣だ。平野も一人で、言論と演説で天下を鼓舞した。平野は文政十一年（一八二八）三月二十九日、福岡市中央区今川の鳥飼八幡宮の近くで生まれた。父の平野吉蔵能栄は軽輩の福岡藩士ながら、武術師範として多くの門弟を指導。その影響からか、國臣も身のこなしが軽い少年だった。鳥飼八幡宮は、少年國臣の恰好の遊び場であったと伝わる。

その國臣に転機が訪れたのは、筑前大島への赴任だった。宗像大社沖津宮の営繕係として渡島したが、ここで北条右門（薩摩藩士・木村仲之丞）と知り合う。北条は薩摩藩主の後継争い「お由羅騒動」に関係し、庇護を求めて福岡に避難していた。國臣は、この北条から日本を取り巻く国際情勢、政治状況を伝えられ、国の行く末を嘆いた。ここに、憂国の志士・平野國臣が誕生する。この北条との出会いが、後の勤皇僧月照の薩摩落ちにまで波及するとは、國臣も考えもつかなかったと思う。まったく、天の差配は、思いもかけない人と人との出会いを仕組むものだ。

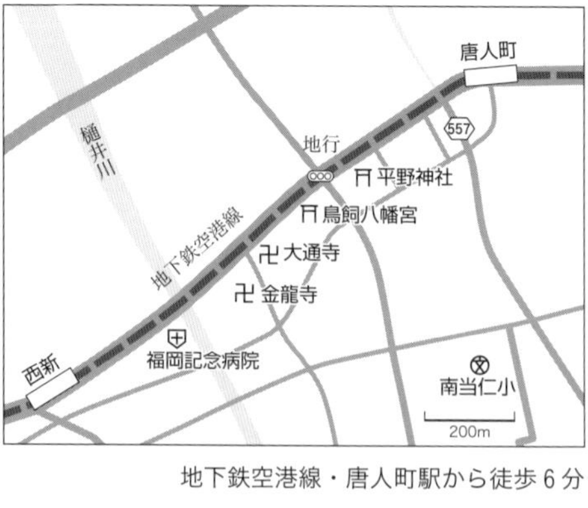

地下鉄空港線・唐人町駅から徒歩6分

鳥飼八幡宮（楼門）

その國臣が江戸藩邸に赴任した嘉永六年（一八五三）、アメリカのペリー艦隊が浦賀に来航する。國臣の父は福岡と江戸とを往復する役目も担っていた。父から幕府の情勢も得ていたが、実際に聞くと見るとでは異なる。ペリー来航に大混乱の江戸の武士、無為無策の幕府。大いに憤慨し、日本の対応に歯噛みした國臣だった。

國臣は、「日本は、このままでは、欧米の植民地になってしまう」と考えた。すでに、幕藩体制は制度疲弊を起こしている。そう見抜いた國臣は、「幕府滅亡・国家統一」を唱え、たった一人で、天下を動かそうと試みる。日本が統一国家とならなければ、欧米の侵略を受け滅んでしまう。その危機的状況を伝えるため、宣撫活動に入る。大胆にも、福岡藩主・黒田長溥に意見書を提出した。

しかし、無礼者として國臣は牢獄に投じられた。外部との通信を遮断するため、筆、硯、紙を取り上げられ言論を封殺される。しかしながら、紙縒り文字で、手紙、意見書を造るという超人的エネルギーを発露。その紙縒りの数は、およそ三万本にも及ぶという。

今回、鳥飼八幡宮宮司の山内圭司氏に、その國臣の情熱が詰まった紙縒り文字の書簡を見せていただいた。維新回天の大業に燃える、國臣の意志が詰まった書簡に感慨を深くした。

紙縒り文字の書簡（鳥飼八幡宮）

31

平野神社・國臣の歌碑
倒幕に踏み切らない薩摩藩を慨嘆

↓ 30 36

平野神社　福岡市中央区今川1-7-9

「我が胸の燃ゆる思いに比ぶれば烟（けむり）はうすし桜島山」

　これは、「おいどん」こと新海一八が、女に惚れたと告白した際、口にした歌だ。尾崎士郎の代表作『人生劇場』青春篇で、この朴訥な薩摩男児が恋心として唱えたことから、恋の歌として広まった。早稲田大学第二校歌の口上でも吟じられる。しかし、本来は、倒幕に踏み切れない薩摩藩を慨嘆した平野國臣の歌。

　その平野の思いを刻んだ歌碑は國臣を祀る平野神社にある。神社は、福岡市中央区今川一丁目、地行交差点に近い。歌碑は社殿脇にあるが、他の顕彰碑に埋もれた感がある。信号待ちの車中の人も、通行人も、関心を示さないのが残念。

　安政五年（一八五八）七月、薩摩藩主の島津斉彬が急死。同年十一月、西郷隆盛は勤皇僧月照と錦江湾に入水するが、現場に居合わせた平野の驚き、落胆はいかばかりだったろうか。

　斉彬没後の薩摩藩の実権は藩主を継いだ忠義の父・島津久光が握った。若き藩主・忠義の後見人として祖父の斉興までが登場する始末。斉興はお由羅との間に生まれた久光に家督を譲るとして藩を二分した「お由羅騒動」の渦中の人だった。

　久光は朝廷と幕府の融合を目指す「公武合体」派。國臣が唱える「幕府滅亡・国家統一」という考えとは、真っ向から対立する。それでも、倒幕には薩摩の力がなくては実現しない。久光を説得するため、再び、平野は薩摩入りをした。しかし、早々に追い返される。その悔しさを歌に詠んだのが冒頭の「我が胸の……」である。

　平野にとっての、もう一つの倒幕の目的は、平等社会の実現にあった。平野の父は福岡藩の武術師範だが、武士としての階級は低い。武道場では師弟関係にあっても、一歩、道場を出れば立場は逆転。どれほど武術

地下鉄空港線・唐人町駅から徒歩4分

Map → p.80

平野神社。右から拝殿，歌碑，平野國臣君追慕碑

明治通り沿いの歩道から見える鳥居

によって功績をあげようが、出世は不可能。これほど矛盾した世界はない。この現実から、朝廷の下、全ての人は平等であり、能力によって高い地位につける理想社会実現を目指すことになる。これが、平野の説いたもう一つのスローガン、「一君万民」である。

後年、この平野が説いた「一君万民」によって出世を遂げた人物がいる。金子堅太郎（一八五三〜一九四二）である。金子は、農商務大臣、枢密顧問官など明治新政府の要職を経た人物。伊藤（博文）の三羽烏と称され、大日本帝国憲法の草案作りにも加わった人だった。平野の家と同じく、福岡藩の下級武士の出身だった。しかし、維新後の「四民平等」によって、いかんなく、その能力を発揮した。

後年、金子は米国ハーバード大学に留学し、アメリカ大統領ルーズベルトと同窓生となった。これが機縁となり、日露戦争を勝利に導いた一人に数えられることになった。

金子堅太郎の撰文を刻む平野國臣君追慕碑裏面（平野神社）

32

能古島
イギリス艦隊停泊、大砲試射の標的に

能古島　福岡市西区能古島

↓22 23

博多湾の中心に位置する能古島(のこのしま)に行った。万葉の時代、日本防衛の最前線として能古島（昔は残島）には防人が配置された。幕末にも、福岡藩が台場を築いた。

能古渡船場のすぐ目の前には西鉄バスの停留所があり，バスを利用して観光できる

対岸の志賀島との間には、異国船の侵入を阻む防御網も敷設されていたという。

島に渡るには、姪浜からの渡船を利用する。渡船の船尾から入った車は、島に着くと船首からそのまま上陸できる便利な仕組み。姪浜港を七時四十五分発の船に乗るが、十分後には島に到着。この日の博多湾は波穏やか。まるで水平に移動しているかの感があった。

波止場からは西鉄バスで島の北部にまで行く。酷暑の中、冷房の効いた中型バスの車窓から呑気に博多湾の風景を眺めた。急な坂道、狭い道を中型バスはグングン登っていく。

十分ほどもバスは走っただろうか。終点の「のこのしまアイランドパーク」に到着。ここから道なりに進んで、島の東岸にあったという台場跡を探すことにした。その道すがら、『万葉集』に収められている防人の歌碑（也良崎万葉歌碑）に出会った。

姪浜渡船場から福岡市営渡船で10分

台場跡と思しきところ

「沖つ島　鴨とふ船の帰り来ば　也良の防人早く告げこそ」

六六三年、「白村江の戦い」で唐に惨敗した日本は、能古島の北端に防人を配置して唐の侵略に備えた。この歌は防人がどこに配置されたかを具体的に検証できる珍しい一首。同時に、古くから、この能古島が重要な防衛拠点であったことを再認識できる。

也良崎万葉歌碑

能古島の台場は万延元年（一八六〇）の夏頃、対岸の志賀島台場とともに完成した。博多湾に侵入する異国船を挟み撃ちするためという。この頃、隣国の清国（中国）からは、数百人の難民が長崎に逃れ来たとの記録もある。アヘン戦争、太平天国の乱と、戦禍を避けてのものとみられる。嘉永六年（一八五三）のペリー来航以来、対岸の火事として傍観できるほどの余裕はなく、異国との一戦は避けて通れない状況だった。

島の自然林、果樹園の間にある舗装道路を歩く。直射日光は樹木によってさえぎられるが、猛暑だけに、暑い。それでも、緩やかな下り坂だったことが幸いした。台場があったと思しき場所は夏草に覆われ、果樹を荒らす害獣防止の柵が設けられている。探してはみたが岸壁側に降りることはできず、残念ながら直接に台場跡は確認できなかった。そこで、島の大泊海水浴場の突堤から、それらしき場所をカメラの望遠レンズで確認するにとどまる。

博多港から出港する船、入港する船の行き交う様を見ながら、しばし、往時の雰囲気を想像してみた。異国船が侵入してきたら志賀島との間の防御網で防ぎ、互いの島の砲台とで挟み撃ちする。軍船や兵員を満載した小舟で異国船を取り囲む合戦模様だ。

次に、イギリスの軍艦が大砲試射の標的にしたという場所の確認に向かった。

イギリス艦隊入港で大騒ぎ

能古島にあったという台場跡から大泊海水浴場を経て、北浦海水浴場を目指す。その中間にある大瀬は、イギリス軍艦の大砲試射の標的だった。その場を掘り返すと、ボウリング大の大砲の球がいくつも出てきたという。残念ながら、ここも台場跡と同じく、夏草に覆われ、害獣除けの柵などで海岸線まで降りることはできなかった。

イギリスの軍艦が博多湾に入港したのは、慶応二年（一八六六）十二月の下旬のこと。三本柱の蒸気軍艦を筆頭に都合五隻の船が入港した。事前通知があったことから平穏のうちにイギリス艦隊を迎えた福岡藩だった。しかし、福岡、博多の町は大騒ぎ。イギリス人を歓待するための旅館を用意し、もてなしのお菓子を発注する。柳町の芸者衆を呼び集めるなど、大賑わい。

さらに、肉食を好むイギリス人のために糸島方面の農家に牛を供出させた。親牛六頭、子牛六頭が箱崎まで陸路を曳かれていった。親牛からは二升ばかりの牛乳が搾れたという。これにとどまらず、イギリス人自ら能古島に上陸して鹿狩りを行った。日本人は勢子（せこ）となって鹿を追い出し、イギリス人は二連装の鉄砲で六十頭余の鹿を仕留めた。

同月二十四日、イギリス艦隊は福岡藩主らに大砲の試射を披露した。福岡藩主の黒田長溥らはボタンのついた衣装に着替え、福岡藩軍船である大鵬丸船上から見学するという蘭癖（西洋趣味）ぶりだった。

能古島の大泊沖に停泊している三本柱の蒸気軍艦は六層構造。艦の片側に四十八挺の大砲があり、船首、船尾にも二挺。合計百挺の大砲を備える艦だった。海上の筏に的を据え、それを標的にして命中させる。続いて、島に百発程を撃ち込んだ。目標とする松の木二本が打ち砕かれたという。この砲弾が撃ち込まれた場所だが、現在の土手崎と思われる。後日、福岡藩の関係者が砲弾の掘り起こしをしたが、八貫目（約三〇キロ）の大きさだった。

イギリス艦隊が標的としたと思しき場所。対岸は福岡市街地

桟橋跡と思しきところ

翌日、イギリス兵三百人ほどが箱崎の福岡藩お茶屋近くで歩兵操典を披露した。福岡藩主の歓待に対する返礼なのか、軍事力の誇示なのかはわからない。いずれにしても、圧倒的な彼我の力の差をじかに見せつけられたのは間違いない。

このイギリス軍艦には中国人船員も搭乗しており、歩兵演習に加わった。ドラ、チャルメラの鳴り物入りで、前代未聞の賑やかさだったと伝わる。

上陸中、イギリス人船員たちはめくり札（トランプカード）、中国人船員たちもカードでの博奕（ばくち）に興じ、博多柳町の遊女買いにも出かけていたという。

同月二十七日、多数の活きた鶏、米二百俵をお土産に、イギリス艦隊は整然と出航していった。福博の街は、祭りの後状態だったことだろう。

33

玄界島
外国勢力が迫る中、流罪となった志士

斉田・堀の墓碑　福岡市西区玄界島1

↓ 35 36

勤皇の志士、斉田要七・堀六郎

現地を確認しなければわからない。そう思い、博多港第二埠頭から玄界島行き渡船「みどり丸」に乗船。この日、低気圧が通過したばかり。波静かな博多湾といえども窓ガラスは波しぶきに洗われ、右手の志賀島も霞んでいる。時折、ドスンと船底を叩く波。玄界島まで三十五分。船内は、生活物資を抱え、慣れた様子の人々で賑わっていた。

今回、福岡市西区の玄界島に向かったのは、『筑前の流人』（安川浄生著）に斉田要七、堀六郎の墓碑が遺されていることを目にしたからだった。ところが、福岡藩の記録集である『黒田家譜』によれば、斉田らは姫島（糸島市）に流され、同島で斬首と記されている。姫島では野村望東尼の史跡は目にした。しかし、斉田らに関するものは目にしていない。そこで、島に渡り、斉田要七、堀六郎の墓碑を確認したかったのだ。

斉田、堀の両名は福岡藩の下級武士。斉田は京都福岡藩邸に赴任中に、堀は脱藩して、元治元年（一八六四）の「禁門の変」に参戦。敗れて後、長州に落ちのび、筑前勤皇党の同志結集を図るため帰藩したところを捕まった。

そして、玄界島に流罪となり、慶応二年（一八六六）七月九日、島の北部、大浜で斬首された。

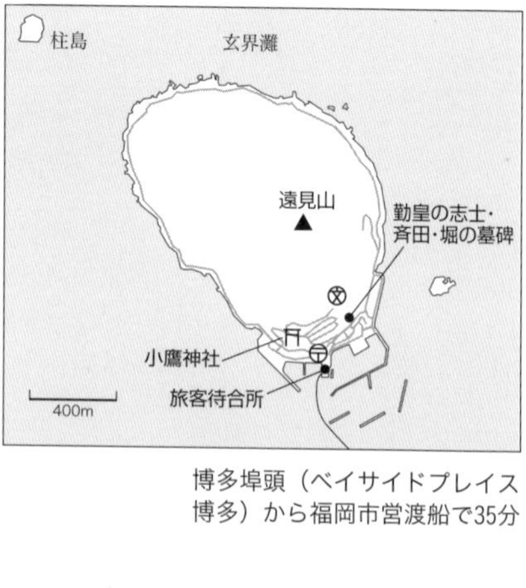

博多埠頭（ベイサイドプレイス博多）から福岡市営渡船で35分

玄界灘に浮かぶ玄界島

斉田、堀の墓碑は波止場近くにあるという。が、道に迷い、皆目見当がつかない。しばらく歩いているうち、親切な島民の方々が波止場に近い納骨堂にあると教えてくださる。行ってみると、それと気づかず、一度は通過した場所だった。

玄界島は博多湾口に浮かぶ周囲約四キロの島。玄界灘にも面しているため江戸時代から漁業が盛ん。「ガンギダン」と呼ばれる段々があるが、これは畑の名残。

玄界島は漁業のほか、絣などの織物も特産だった。斉田は島の人々に草木を原料とする染め、絞りの柄入れ技法を教えたという。そのこともあってか、大正元年(一九一二)九月に建てられた斉田、堀の墓碑には生花が供えられている。

たまたま、納骨堂を管理されているご婦人に出会い、斉田、堀のお位牌を拝ませていただいた。中央の仏像脇に置かれ、島の人々に敬われていることがわかる。ただ、なぜ、『黒田家譜』が姫島に流罪、斬首と記したかは不明。多くの志士が処断

納骨堂（左）の傍らに立つ斎田要七，堀六郎の墓碑

されたことによる手違いなのかもしれない。それとも、姫島への流罪と見せかけ、斉田、堀の両名を奪還しようと試みる人々の注目を誤魔化す策略だったのだろうか。今となっては、事実確認は難しい。

ちなみに、渡船の船名である「みどり丸」の由来は玄界島に残る百合若伝説からのもの。鷹の名前であり、島の小鷹神社の祭神でもある。

市営渡船「みどり丸」

小鷹神社の鳥居

外国勢力の波

弘化元年（一八四四）、オランダ国王が幕府に対し、開国を勧告。日本近海にはアメリカ、イギリス、ロシアなどの船が来航。日本は、開国か、攘夷かと追い詰められていた。

そんな国際緊張が増す頃、玄界島（福岡市西区）に薩摩藩士の工藤左門（井上出雲守）が流罪となった。他藩の者が筑前福岡藩領に流されるというのは珍しい。これは、嘉永三年（一八五〇）、薩摩藩の後継者争い、「お由羅騒動」に工藤が関わったからだ。第十一代福岡藩主の黒田長溥は薩摩島津家からの養嗣子。藩難を逃れた工藤を刺客から保護するため、流罪名目としたのだった。

幕末史では、嘉永六年（一八五三）のペリー来航が強調される。しかし、社会変動は玄界島でも起きていた。万延元年（一八六〇）一月、捕鯨船が捨てたクジラが漂流。外国の捕鯨船は鯨油を採ると、あとは海に放り投げてしまう。いわゆる「流れクジラ」だが、クジラ一頭で七つの漁村が潤うといわれた時代。玄界島では貴重な資源として漁師たちが争奪戦を繰り広げた。

慶応元年（一八六五）五月、玄界島に三本柱の蒸気船が現れた。島人が近寄り、どこの国かを尋ねた。言葉が通じず、国籍は不明。ただ、異国船が来航したとの記録が『見聞略記』にある。その際、漁網にギヤマン徳利（ガラスの酒瓶）がかかったとも。当時の漁師にとって初めて目にするもの。今でいう、ワインボトルと推察される。

外国勢力が肉薄する慶応二年（一八六六）七月九日、勤皇の志士、斉田要七、堀六郎は斬首された。島に遺る墓碑には、辞世の歌が刻まれているらしい。しかし、年月の経過で表面が劣化し、判読が困難。『筑前の流人』（安川浄生著）に記載されていたものを転記しておきたい。

「大浜に捨つる命は惜しまねど　心にかかるすめくにのこと」（斉田要七）

「国のためなすべき事も荒磯の　波にくだくる我思ひ哉」（堀六郎）

斉田は数えで二十五歳、堀は三十三歳という若さ。明治期、二人に正五位が贈位されたのが、せめてものの救い。

開国後の慶応四年（一八六八）五月、短筒（ピストル）所持のイギリス船乗員が玄界島に上陸。島役人に案内させて測量。遠眼鏡（望遠鏡）で福岡城下を確認し、綴本（ノート）に地形を書き込んでいったという。

斉田、堀の両名が存命であれば、目前に現れた異国人に、さぞかし歯噛みしたことだろう。

この斉田、堀が処刑された年の九月、姫島（糸島市）に配流されていた野村望東尼が高杉晋作の指示によって救出された。これは、二人の犠牲の上での快挙だった。

なお、斉田、堀の墓碑裏面には、修猷館館長を務めた尾崎臻（いたる）の名前を確認できる。

34

小呂島
非業の志士・中村円太の足跡を探して

小呂島　福岡市西区小呂島

↓6 19

姫島（糸島市）には野村望東尼の牢居跡が史跡として遺されていた。同じく、小呂島（おろのしま）に流罪となった筑前勤皇党の中村円太についても、何か跡があるのだろうか。非業の志士・中村円太の足跡を確認したいと思い、小呂島に渡った。

小呂島（福岡市西区）は、福岡市中心部から北西四七キロ、玄界灘に浮かぶ周囲約三・三キロの島。島に渡るには、姪浜渡船場からの定期便に頼るしかない。月曜、水曜、金曜は一日一便。火曜、木曜、土曜、日曜は一日二便。今は片道六十五分で到着するが、その昔は二時間を要した。櫓を漕ぐ時代であれば、優に十時間はかかったという。

中村円太が小呂島にいたのは、文久元年（一八六一）五月から二年四か月と伝わる。福岡藩の政変、いわゆる「辛酉（しんゆう）の獄」による流罪だった。島では、野村望東尼と同じく、狭い牢にいたという。通信手段としての硯、筆を取り上げられ、平野國臣のように、紙縒り文字一万一千本で自身の半生を『自笑録』に著した。

中村円太は、尊攘派公卿三条実美らの太宰府天満宮・延寿王院への移転や長州藩俗論党に命を狙われる高杉晋作を福岡藩に亡命させることに尽力した。生涯三度の脱藩のうち、一度は脱獄までしてのこと。その行動力、熱情は平野國臣に匹敵する。その中村円太は、小呂島で何を思い、考えていたのだろうか。

快晴の火曜日、午前九時。姪浜発の渡船を待つ。し

姪浜渡船場から福岡市営渡船で65分

小呂島遠景

市営渡船「ニューおろしま丸」

かし、三十分以上経っても出航案内がない。前日、海が荒れて欠航となり、小呂島からの船が入港していないという。一瞬、島に渡れるのか、日帰りは可能なのかと不安がよぎる。

渡船が到着し、ようやく出航。遅れを取り戻すかのように、「ニューおろしま」丸は快調に博多湾を進む。能古島を過ぎ、前方に玄界島が見えはじめた頃、外海の煽りを受け、船体は前後左右に揺れはじめた。玄界灘の機嫌は陸地と大違い。空の青さが深まり、雲の白さが際立つにつれ、予期しないうねりが船を襲う。手摺に捕まって通路を歩くと、ひざから下の感覚がない。気分が悪い。船の一階後方には婦女子優先のカーペット敷の席が設けてあるのも、「なるほど」と納得だった。

小呂島に送られる中村円太は、どんな状態だったのか。縄で縛られ、見張りつきだったのだろうか。あきらめにも似た気持ちだったのか、それとも、心に反発の塊を抱いていたのか。

間断の無いエンジン音、波の砕ける音、窓ガラスを撃つ飛沫の洗礼に少々飽きてきた頃、ようやくにして島に到着。透明度の高い海、紺碧(こんぺき)の空、輝く雲。はたして、中村円太に関する手掛かりは遺っているだろうか。

さてと、波止場に降り立った瞬間、足元がおぼつかない。

小呂島には中村円太の他、浦志摩守、

弾薬庫跡（通風孔）

島の路地

浅野慎平、権藤善八らが政治犯として流罪となったと伝わる。しかし、『黒田家譜』や他の文献に、中村らの処遇についての詳細は見当たらない。島の「配所」と呼ばれる所にいたということだけ。

史跡関係を確認するには、学校を訪ねるのが得策。波止場の案内所の方が小呂小中学校に行く近道を示してくれる。波止場から続く急な階段を登り、車一台が通行できる道路に出て、道なりに進む。波止場を眼下にする頃、汗がしたたる。しばし、足をとめ、絶景を楽しむ。

小呂小中学校の教頭先生が、島の状況について解説してくださる。流人墓はあるが、史跡はないようだ。「東洋のアリストテレス」と呼ばれた貝原益軒（一六三〇～一七一四）も小呂島に配流されていたという。第二代福岡藩主・黒田忠之の怒りをかったからという。居場所、在島期間も曖昧で、伝説に近い。史跡などは、旧陸海軍の砲台、弾薬庫、地下壕建設の際、破壊されたようだ。

姪浜に戻る便が出るまでの二時間余、歩いてまわる。島に食堂はない。畑の作物は雨水で育て、生活用水は淡水化装置で作る。自然と知恵とで共存共栄。

中村円太は、藩校修猷館の訓導に補されるほどの秀才。脱藩し、江戸の儒者・大橋訥庵（とつあん）に入門。万延元年

小呂小中学校への途中，波止場を眼下に望む

（一八六〇）、「桜田門外の変」に触発され帰藩。月形洗蔵と行動をともにするも、薩摩との連携を図ったことに加え、脱藩の罪で小呂島に流罪。

赦されて後、再び脱藩。しかし、京の都で捕まり、福岡に連れ戻され、投獄。元治元年（一八六四）、筑前勤皇党の仲間によって救出され脱獄。三度目の脱藩。長州に逃れた。

慶応元年（一八六五）一月、円太は薩長連携を図ると称して帰藩。石蔵卯平の家に逗留する。この頃、太宰府移転途中の三條実美らは宗像の赤間宿にいた。脱藩した円太の大胆不敵な行動に、筑前勤皇党は困惑。円太の脱獄を援けたことが藩の役人に知られてしまう。ここで、多くの同志に累が及ぶのを避けるため、やむなく、円太は仲間たちから自刃させられた。博多・奈良屋町の報光寺でのことと伝わる。

中村円太に関する史跡は確認できなかった。渡船の待合所で円太の履歴を読み返していた時、携帯電話に見知らぬ番号が表示された。小呂小中学校の教頭先生からだった。もしかして、道に迷い、遭難したのではないかと心配しての確認だった。

後日、せめて、中村円太が自決を強いられたという博多・奈良屋町の報光寺だけでも確認してみたいと思い、探し歩いた。すでに、寺は無く、跡を示す碑や記念碑、石柱が並んでいるだけだった。電柱看板がなければ報光寺跡は見落としてしまうような場所だったただけに、悲運の中村円太に対する思いが募った。

報光寺（大同庵跡）があったことを示す奈良屋町の電柱看板

Map → p.51

35

姫島・野村望東尼御堂

苛酷な冬を越し、救出される

野村望東尼御堂（獄舎跡）　糸島市志摩姫島833

↓27 33

「勤皇の目明し」こと高橋屋平右衛門は、慶応元年（一八六五）に姫島（糸島市）に流された。幕府お尋ねの勤皇僧月照を自宅に匿ったとしての罪だった。

『筑前の流人』（安川浄生著）によれば、同年の「乙丑の獄」によって平右衛門の他に海津亦八、待井安内、三坂小兵衛、戸田平之丞、野村望東尼も島送りとなった。

なかでも、高杉晋作を匿った野村望東尼は、老女でありながら牢居までが加わった。その牢は、文久元年（一八六一）の「辛酉の獄」で島流しとなった江上英（栄）之進（筑前勤皇党）がいた場所。望東尼は男性と同じ扱いだった。

かつての流刑地であった姫島を訪ねた。対岸の岐志漁港（糸島市志摩岐志）から渡船を利用する。およそ三・五キロの距離を十六分で結ぶが、その昔は、三十分以上も要したという。そう考えると、江戸時代、潮の流れや風向きで、どれほどの時間を要したかわからない。快晴ながら風の影響で波が立ち、船は飛沫をあげ、上下に踊った。

姫島は周囲三・八キロだが、一周できる道はない。居住区も限られている。姫島神社の一の鳥居から、民家と民家との狭い路地を進むと、あっけなく、野村望東尼の獄舎跡に到達した。少しばかりの高台に設けられた牢の前から、光り輝く海、対岸の唐津市（佐賀県）に連なる山々も望見できた。

望東尼の獄舎跡は、今も島の人々によって大切に守

岐志漁港から糸島市営渡船で16分

野村望東尼御堂（獄舎跡）

られている。「野邨(村)望東尼之旧趾」碑、胸像の他、望東尼を崇敬する人々の名前を刻む三枚の銅板がある。それには、伊藤博文、山縣有朋、廣田弘毅、緒方竹虎など、歴史に名を遺す人々の名前を多数認めた。

姫島には浜定番、岡定番という監視の役人が配置されていた。流人は小屋を住居とし、自給自足生活が基本。しかし、望東尼は六畳ほどの獄舎から出ることは許されない。望東尼が島に着いたのは旧暦の十一月。現代では真冬の十二月になる。冷気、隙間風にずいぶんと悩まされたことだろう。

それでも、望東尼は読経をし、志士たちを弔う般若心経の血書（血で経文を書く）をした。

「ながされし身こそ安けれ冬の夜の　あらしに出づるあまの釣り舟」

野村望東尼の史跡碑

折々、島での様子を歌に詠みもした。

慶応二年（一八六六）九月、高杉晋作と協議した藤四郎（ふじしろう）（福岡脱藩浪士）らによって望東尼は救出された。同年七月、やはり、「乙丑の獄」で罪人となった斉田要七、堀六郎が玄界島において斬首されたとの報が飛び込んできた。望東尼にも危険が迫るのではないかと懸念され、決死の救出劇が展開された。作戦成功、牢居で足の萎（な）えた望東尼は権藤幸助（勤皇の博多商人）が背負って逃げたという。その身は軽かったのではないだろうか。

36

櫻井神社
薩摩・対馬諸藩内訌の逃亡者を匿う

櫻井神社　糸島市志摩桜井4227

↓ 37 43

薩摩藩「お由羅騒動」

櫻井神社（糸島市）は、決して、交通至便の地ではない。公共交通機関としては、JR博多駅から地下鉄相互乗り入れの路線でJR筑肥線筑前前原駅まで行く。ここから櫻井神社までは、バスしかない。そのためか、参詣者はマイカー、レンタカーを利用する。しかし、せっかく糸島まで来たのだから、全国ブランドとなった糸島グルメを楽しみたいという欲望も見え隠れする。

櫻井神社の無料駐車場に車を停めると、なぜか、女性の姿が目に付く。櫻井神社は筑前国の鎮守の社で、縁結びの神様ではないはずだが……と訝る。しかし、これは、時代遅れ、芸能情報に疎いことの証である。女性たちは、人気ボーカルグループ「嵐」のメンバーである桜井翔にかけての参拝者なのだ。

もともと、櫻井神社には淀姫という予言者のような女性がいた。この女性を第二代福岡藩主・黒田忠之が篤く遇したことから、黒田家崇拝の社となった。社殿は寛永九年（一六三二）の創建。江戸時代、隣接する肥前（佐賀県）からも参詣者が訪れたと伝わる。

しかし、今回、この櫻井神社を訪れたのは、この社が幕末の諸々の事件に関係し、大宮司の浦志摩守毎鎮が福岡藩の内訌（内紛）である「乙丑の獄」で牢居（遠島の説も）となったからだった。諸々の事件というの

JR筑肥線・筑前前原駅（北口）から
昭和バス野北線・桜井バス停下車

も、薩摩藩の家督相続争いである「お由羅騒動」、対馬藩の内訌である「勝井騒動（甲子の変）」、平野國臣が決起した「生野の変」であり、そこから長州征伐までもが関係するという複雑なもの。幕末、諸藩において内訌は当たり前に起きていたが、それが、なぜ、筑前の櫻井神社につながるのかを確かめたかった。

まずは、薩摩藩の「お由羅騒動」だが、これは嘉永二年（一八四九）に起きた。第十代薩摩藩主の島津斉興は藩主の座を側室のお由羅との間に誕生した久光に譲りたかった。しかし、このことが次期藩主と期待されていた斉彬支持派と対立した。いわば、久光派、斉彬派が藩を二分して繰り広げた権力闘争だった。この争いで久光派の実力者たちは斉彬派の主だった者を処断した。この窮状を救って欲しいと、諏訪神社の神職・井上出雲守が福岡藩主の黒田長溥に訴え出た。黒田長溥が第八代薩摩藩主・島津重豪の子息であり、斉彬支持派であることを知っていたからだった。

黒田長溥は井上出雲守を庇護下におき、櫻井神社大宮司の浦肥後守毎賢に保護を命じた。

井上出雲守は工藤左門と名を変え潜伏。やはり、斉彬派の同志である木村仲之丞も黒田長溥の庇護を受け、北条右門と名を変え櫻井神社に匿われることに。この北条右門が平野國臣に尊皇思想、攘夷思想を説き、勤皇僧月照の薩摩落ち、西郷、月照の錦江湾入水事件にまでつながるのだから、人の出会いというものは不思議である。

櫻井神社・拝殿

内務省立社第一三号
村社櫻井神社 福岡縣糸島郡櫻井村鎮座
右縣社ニ列ス
大正十二年七月三十一日
内務大臣水野錬太郎

櫻井神社の社格の証明書

対馬藩内訌の逃亡者も匿う

櫻井神社に逃げ込んできたのは、薩摩藩の亡命者だけではなかった。対馬藩の内訌での逃亡者も逃げ込んできた。今も対馬小路という地名が福岡市博多区に残るように、博多には対馬藩の蔵屋敷があった。それだけに、福岡藩と対馬藩とは、浅からぬ関係があった。特に、対馬藩の御用商人を勤める廻船問屋の石蔵卯平は、その筆頭ともいうべき存在。

対馬藩の蔵屋敷は、飛び地である田代領（佐賀県鳥栖市）からの米を大坂に送るための蔵だった。しかし、後には、朝鮮通信使の江戸参府における連絡事務所的な役割を担っていた。福岡藩領の相島（あいのしま）（糟屋郡新宮町）に朝鮮通信使が寄港することから、その先導役としての対馬藩の存在は欠かせない。幕府に対し、藩の威信をかけた一大事業が朝鮮通信使の接待であっただけに、福岡藩としても対馬藩との関係は円滑に保っておきたかった。

対馬藩の内訌は薩摩藩と同じく、家督相続争いだった。対馬藩主の跡目争いだが、藩内が二派に分かれての権力闘争を繰り広げた。この内訌に、飛び地の田代代官の平田大江がからんだ。その平田配下の者たちが櫻井神社に逃げ込んできた。実力者であった平田大江だったが、敵対派閥に斬殺され、その翌日には平田の嫡男である平田主水が切腹を命じられるという、過酷な結果となった。詳細は不明ながら、石蔵卯平は遺された平田一族の救出に奔走したと伝わる。

さらには、文久三年（一八六三）の平野國臣が決起した「生野の変」での残党も、ここ櫻井神社に逃げ来たと伝わる。

今では、そんな渦中の社であったなど想像もつかない静かな境内だ。が、しかし、追っ手が来たならば、どこに匿ったのだろうかと想像を巡らす。櫻井神社には、幾度か足を運んだが、岩戸宮ではと狙いをつけた。岩戸宮は現在の拝殿の奥にあり、年に一度しか内部を公開しない。一度、その公開日に遭遇したが、大人二人が十分に身を潜めることができる広さだった。万が一の際、ここに逃亡者を隠し、開けてはならぬとして封じてしまえば良い。それでもと追っ手が迫れば、福

料金受取人払郵便

福岡中央局
承認

1901

差出有効期間
2022年 9 月10
日まで

●切手不要

郵便はがき

810-8790

255

福岡市中央区天神
5丁目5番8号 5D

図書出版 花乱社 行

通信欄

❖ 読者カード ❖

小社出版物をお買い上げいただき有難うございました。このカードを小社への通信や小社出版物のご注文（送料サービス）にご利用ください。ご記入いただいた個人情報は，ご注文書籍の発送，お支払いの確認などのご連絡及び小社の新刊案内をお送りするために利用し，その目的以外での利用はいたしません。

新刊案内を［希望する／希望しない］

ご住所　〒　　—　　　☎　（　　　）

お名前

（　　　歳）

本書を何でお知りになりましたか

お買い上げの書店名	維新秘話・福岡

■ご意見・ご感想をお願いします。著者宛のメッセージもどうぞ。

岡藩黒田家が永年にわたって崇拝する社を汚すのかと対抗すればすむ。

この櫻井神社のある糸島半島の西側には、福岡藩の流刑の島でもあった姫島がある。さらに、その先には、肥前領（佐賀県唐津市）でありながら対馬藩の飛び地である浜崎がある。慶応二年（一八六六）、野村望東尼が姫島から救出された。その背景には、玄界灘という海を通じて、江戸時代の人々が縦横無尽に行き来していたのではないだろうか。長州藩、対馬藩、福岡藩などという武士の封建制度など何の役にもたたない、掟にも似た廻船業者の強い結びつきがあったのではないだろうか。

櫻井神社・岩戸宮

この櫻井神社に身を寄せた人として、前述の薩摩藩の内訌である「お由羅騒動」での亡命者・工藤左門（井上出雲守）、北条右門（木村仲之丞）、葛城彦一（竹内伴右衛門）、洋中藻萍（岩崎千吉）がいる。彼らは福岡藩主の黒田長溥の庇護下におかれたが、安政五年（一八五八）の「安政の大獄」で幕吏に追われる身となった勤皇僧月照の薩摩落ちに、何らかの形で幇助（ほうじょ）している。

福岡脱藩浪士の平野國臣が月照とともに薩摩に向かうのも、平野と北条右門とが親しいからだったが、その紐帯（ちゅうたい）ともいうべき関係は何であったかを考えた時、平田篤胤の国学の流れが見えてくる。広くは知られていないが、平野は櫻井神社がある筑前福岡の平田学派への入門願書を持参した人でもあった。倒幕維新という大きな目標の陰には、国学思想の裏付けを持った志士たちの存在は大きい。それは武士だけではなく、商人階級にまで及んでいた。

なお、工藤左門、北条右門らの維新後を追ってみたが、国学の影響なのか、鹿児島の霧島神宮、照国神社などの神職として奉職している。

37

相島
薩摩藩士・葛城彦一が情報収集

相島　糟屋郡新宮町相島

↓
26
36

いわゆる「安政の大獄」で勤皇僧月照は幕吏に追われ、薩摩へと落ちていった。その月照を援(たす)けた人々の中に、筑前福岡へと亡命した薩摩藩士たちがいる。その一人である葛城彦一が滞在した糟屋郡新宮町の相島(あいのしま)に渡った。

相島へは、新宮港からの町営渡船「しんぐう」に乗る。二階デッキからは眺望が楽しめる新型双胴船だ。島まで約二十分。だが、天候や海の状態で時間は左右される。

晴天の土曜日、十一時三十分発の渡船に乗る。近年、相島は「猫の島」、「キャット・アイランド」として、世界中から観光客を集める。この日も、渡船の二階は外国人観光客で占められた。まさに、島の猫は「招き猫」である。

相島は周囲約六キロの小島。航空写真を見るとハートの形をしている。相島、ハート形、語呂合わせで「愛の島」として、格好のデート・スポットでもある。

出航して早々、渡船は前後にあおられ、嬌声があがる。晴れてはいても白波が立つほど風が強い。相島は新宮港から北西約七・五キロの位置。しかし、ここも波荒い玄界灘である。

相島名物の海鮮ちゃんぽん

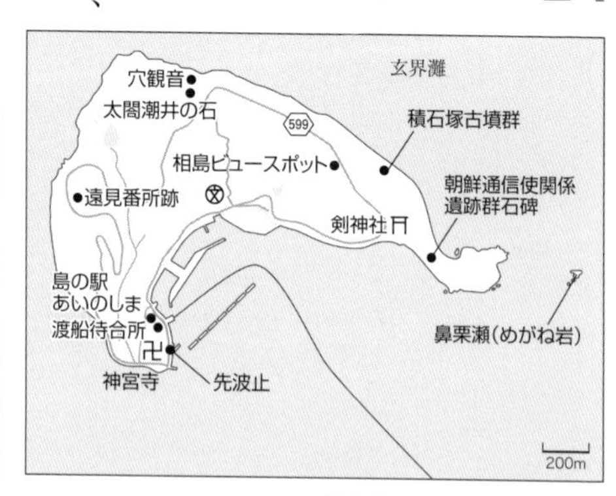

新宮港から町営渡船で20分

先波止。遠くにめがね岩が見える

ところが不思議に、島の湾内に入ると波も風も落ち着く。江戸時代、潮待ち、風待ちの港として、朝鮮通信使等が寄港するほどだった。

波止場では、灯籠の頭に鎮座した招き猫が迎えてくれる。その横には、「朝鮮通信使乃島」の碑も。二〇一七年、ユネスコの世界記憶遺産に朝鮮通信使資料が登録されたからだ。

町営渡船「しんぐう」

けれども、観光客のお目当ては猫。いたるところ、鷹揚に寝そべる猫をめがけて一目散。命からがら、薩摩から逃げてきた葛城からすれば、この光景を見たらば、どう思うだろうか。

嘉永三年（一八五〇）、薩摩藩では藩主の後継者争いである「お由羅騒動」が起きた。藩を二分する権力闘争の末、葛城は難を避け、筑前福岡へと逃亡。時の福

朝鮮通信使乃島碑

積石塚古墳群とめがね岩

岡藩主・黒田長溥は、薩摩島津家からの養嗣子。島津斉彬とは兄弟のようにして育った。その斉彬の配下である葛城を長溥は給付米までを与えて庇護した。嘉永三年六月のことと伝わる。

その葛城が相島に配流されたのは、安政六年（一八五九）四月のこと。これは、亡命薩摩藩士らが、勤皇僧月照を匿ったことに対する幕府の嫌疑を避けるためだった。とはいえ、約四年の滞在期間中、葛城は島で何をしていたのか。新たな事実確認のための、相島探索である。

以前、この相島へは朝鮮通信使史跡、安曇族の積石塚古墳群、秀吉の朝鮮出兵関連史跡の確認で訪れたことがある。その際、この島に葛城彦一が滞在していたことにまで話題が及ばなかった。土地勘はある。今回、異なる視点で幕末維新史を探ってみたい。

＊＊＊

相島では、まず、神宮寺を訪ねた。寺は、まるで島の歴史博物館。見学自由。本堂は展示物で溢れんばかり。

住職の中澤慶輝師は「相島歴史の会」の世話人でもある。『新宮町誌』をもとに、師から解説を受けた。

薩摩から筑前福岡への亡命といいながら、葛城彦一の行動は比較的自由。島では若宮神社の近くに居を構えていたという。同志で玄界島に配流となった工藤左門のところにも船で行き来し、野村望東尼の平尾山荘も訪れたというから、驚く。

馬関（山口県下関市）の豪商・白石正一郎には、暑気払いに酒を一樽送って欲しいとの手紙まで出していた。

文久元年（一八六一）八月、相島に一隻の火車船（蒸

遠見番所跡

気船）が入港してきた。イギリス船という。波止場は見物人でごった返したが、蘭学を学んだ葛城は「弁利は感心也」と冷静に蒸気船の利便性を記録する。

同年九月二十三日、再びイギリス船が入港する。今度はイギリス人女性が乗っていた。この女性が船酔いで体調がすぐれず、上陸させて欲しいという。島の庄屋（村役人）が先導し、六尺棒（長い警棒）を持った遠見番所の番人四人が警護して島を巡る。まるで、ピクニック。目が青く、鼻が高い異人。それも女性が加わっての一行を、珍しさから島の住人総出で取り囲んだ。

葛城は相島に配流される以前、福岡藩領内を転々とした。福岡藩主からの俸給米を受けながら住居を変える。そのたびに、名前も変える。もともと、薩摩加治木藩の家臣であった葛城だが、本名は竹内伴右衛門。内藤助右衛門、竹内助右衛門、竹内五百都、そして、葛城彦一となる。勤皇僧月照の薩摩落ちの時は、竹内五百都として大庭村乙王丸（現在の朝倉市）に住んでいた。月照には、名産のスイゼンジノリを供してもてなしている。

葛城が相島に四年近くも居座ったのは、情報収集に最適の場所だったからと推察する。島には、肥後屋、薩摩屋、豊後屋、肥前屋など、諸国の名を冠した廻船の定宿が三十軒弱もあった。どれほど多くの廻船（商船）が島に寄港していたかの証拠。同時に、居ながらにして各地の情勢分析が可能。

ちなみに、明治元年（一八六八）十月付の『黒田家譜』に、「會津（藩）降伏状、薩（摩）藩葛城彦一より借写す」との記述がある。会津藩降伏の内容を葛城が福岡に伝えたのだ。これは、葛城の情報収集能力の高さを示す、ほんの一端に過ぎない。この葛城も、国学の平田学派の人である。島崎藤村の『夜明け前』ではないが、筑前の夜明け前がここにもあったのだ。

38

宮地嶽神社
久留米藩勤皇党・川島澄之助が再興

宮地嶽神社　福津市宮司元町7-1

↓54 57

今や、全国的な観光スポットとなった「光の道」。ボーカルグループ「嵐」のテレビ・コマーシャルで、一躍人気になった宮地嶽神社（福津市）の参道だ。石段を昇りつめ、ふと、後ろを振り返ると、真直ぐ一本、道が続いている。運がよければ、沈みゆく夕陽の「光の道」を脳裏に焼き付けることができる。

参道の「光の道」

宮地嶽神社へは、JR鹿児島線・福間駅からが便利。駅前から西鉄バスに五分ほど揺られ、宮地嶽神社前で下車。車窓の景色に見とれるうちに到着してしまう。

この神社には日本一を誇る大注連縄があり、見どころは多彩。しかし、今回の目的は注連縄ではない。本殿右手、禊池の側に立つ川島澄之助の像だ。通常、銅像といえば、参拝者の目に届く場所にあるが、衣冠装束の川島の像は目立たない。像は実際の本人と変わらない大きさではと思う。

この川島澄之助だが、台座裏面の銅板にもあるように、旧久留米藩士の家に生まれた。その川島が、なぜ、宮地嶽神社の社司になり、銅像が立つまでに崇敬されるようになったのか。銅像は功労者の証といえるが、

JR鹿児島線・福間駅から西鉄バス宮地嶽神社前下車徒歩5分

拝殿の日本一の大注連縄

川島澄之助像

それにしては、広く知られていない。やはり、明治四年（一八七一）の「久留米藩難事件」に連座したからだろうか。追い詰められていたとはいえ、人を殺め、獄に投じられたことを悔いているのだろうか。

　久留米藩難事件の一般的な解釈として、政府に反感を抱く長州藩の大楽源太郎ら四人が久留米藩の勤皇党と反政府の蜂起を計画。久留米藩内部の政治抗争により、大楽らを勤皇党が謀殺した事件として伝わる。その謀殺に加担した五十名余の一員として、川島は士分剥奪、禁獄（禁固）七年を申し渡された。明治十年（一八七七）の「西南戦争」勃発で赦免され、政府軍の一員となり薩軍と戦ったと伝わる。

　以後、川島は自由民権運動に走り、久留米共勉社を創設した。大阪で開かれた自由民権の全国大会である愛国社再興大会にも出席したほどだった。しかし、時の福岡県令・渡辺清に見いだされ、官吏の道を歩む。大正元年（一九一二）、乞われて宮地嶽神社の社司に着任。六十四歳だった。

　宮地嶽神社は西南戦争の年に焼失。その後、再興されるが、現在のような姿になったのは、川島の多大なる尽力があったからだった。八十万円余の資金を集め、山を削り、遠く台湾にも資材を求め、昭和五年（一九三〇）に遷宮鎮座祭を挙行したのだった。いわば、川島は宮地嶽神社中興の祖と言ってもよい。

　その川島も、宮地嶽神社が「光の道」としてこれほど注目されることを想像していただろうか。しかし、参道の石段に立った時、もしかして……と思ってしまった。

39

五卿西遷之遺跡碑

筑前勤皇党、五卿移転を画策

五卿西遷之遺跡碑 宗像市赤間6−1

↓ 3 50

JR鹿児島線・教育大前駅を降りると、「旧唐津街道」、「赤間宿」と彫られた木柱が目に入る。緩やかな下り坂の両脇には、旧街道の面影が残る街並みが続く。往時は小倉、福岡間の飛脚の中継所、宿場町として随分とにぎやかな場所だったという。その旧街道沿いの法然寺(ほうねんじ)門前を過ぎて右手、県道29号線に面して「五卿西遷之遺跡」碑がある。この碑は、この赤間宿に尊攘派公卿の三条実美ら五卿が滞在したことを示すもの。

文久三年（一八六三）、「八月十八日の政変」で三條らは都落ちをし、長州に留まっていた。元治元年（一八六四）の「禁門の変」で幕府は、朝敵として長州藩を討伐しようとした。幕府に命じられた諸藩の軍は長州を取り囲んだ。

諸外国が日本に押し寄せる時、日本国内で内戦をする余裕はない。一致団結、国難に対処しなければならない。そう考えた筑前勤皇党は、幕府軍の解兵、五卿の福岡藩への移転を画策した。幕府に睨まれたくはない長州藩俗論党も、五卿には早く出て行って欲しかった。

ただ、長州藩俗論党と対峙する高杉晋作らは、五卿の福岡藩移転を拒絶した。高杉らにとって三條実美ら五卿は「勤皇」という象徴であり、掌中の玉であった。五卿を福岡藩に移すのであれば、その交渉役の福岡藩士を殺すとまで息巻いていた。その高杉を説得したのが、早川勇、月形洗蔵だった。

早川、月形は五卿護衛役の中岡慎太郎を西郷隆盛に

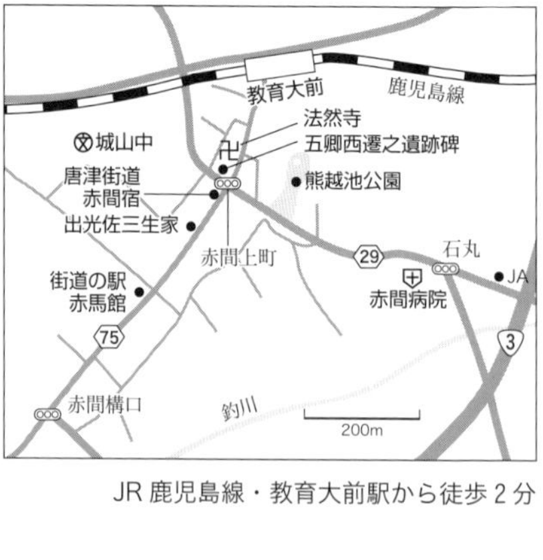

教育大前
鹿児島線
法然寺
五卿西遷之遺跡碑
城山中
唐津街道
赤間宿
熊越池公園
出光佐三生家
赤間上町
29
石丸
JA
街道の駅
赤馬館
赤間病院
75
3
赤間構口
釣川
200m

JR鹿児島線・教育大前駅から徒歩2分

五卿西遷之遺跡碑

県道29号線に面して立つ碑

面会させ、西郷と高杉とを密かに引き合わせ、五卿の移転、薩長筑同盟、倒幕の密議を開いた。この会談は、ある意味、薩長同盟の萌芽と言っても過言ではない。西郷、高杉の会談は元治元年十二月十一日、馬関（山口県下関市）の対帆楼でのことと伝わる。

慶応元年（一八六五）一月十八日、三條たち五卿は赤間宿の福岡藩の御茶屋に到着した。しかし、ここで三條たちは思わぬ苦難を強いられる。福岡藩の政権は幕府に恭順を示す佐幕派が握っていた。御茶屋の部屋には鍵をかけられ、竹矢来（脱走できないよう竹を斜めに粗く組んだ柵のようなもの）が組まれ、まるで罪人扱い。従来「公家衆」と呼ばれていた五卿は「五人の輩」と呼ばれ、供される食器も賓客用の白木ではなく、旅人用のものだった。

「四書五経を読みて国に易なし」という言葉をもじり、「司書五卿をよびて国に益なし」と加藤司書ら筑前勤皇党を揶揄（やゆ）する落首さえ流行するほどだった。

この事態を知った西郷隆盛は福岡藩重臣に直談判し、ようやく五卿の待遇は改善された。五卿を福岡藩へ迎える交渉をした早川、月形も、この間、生きた心地がしなかっただろう。五卿が太宰府天満宮・延寿王院に向かったのは、同年二月十二日のことだった。

なお、御茶屋があった場所は、現在の宗像市立城山中学校グラウンドになる。

40

街道の駅 赤馬館
早川勇、五卿の書が多数遺る

街道の駅 赤馬館 宗像市赤間4－1－8

話には聞いていたが、これほど多くの墨書が遺っているとは想像もできなかった。尊攘派公卿の三條実美をはじめとする五卿が詠んだ和歌、早川勇の書簡に書。なかでも、西郷隆盛を称える畳一枚ほどもある早川の書は、重厚な中に西郷に対する崇敬すら感じる。

これらの書が展示されているのは旧唐津街道赤間宿の「赤馬館（あかまかん）」である。ＪＲ鹿児島線・教育大前駅から旧街道を道なりに進む。県道29号線を超えた先も旧街道だが、風情のある街並みが続く。今では、小説『海賊とよばれた男』で有名になった出光佐三（いでみつさぞう）の生家があることで知られる。その出光の生家跡を過ぎた右手に「赤馬館」はある。

赤間なのに赤い馬の「赤馬館」と示されていることに不思議を感じる。これは『日本書紀』、『古事記』に登場する神武天皇がこの地を訪ねた際、赤い馬に乗った神様が出迎えに現れたという伝説に基づく。世界遺産に登録された宗像大社にも近い赤間地区ならではの話に、興味をそそられる。

この「赤馬館」に多くの書が遺ることを知らせてくれたのは、伊豆幸次氏だった。伊豆氏は唐津街道赤間宿観光ボランティアガイドをされている。福津市の東郷神社の祭礼で知り合ったが、「読売新聞」福岡県版に「維新秘話福岡」の連載を始めて間もなく、「赤馬館」に五卿、早川勇などの書が遺っていると電話をいただいた。

赤間に五卿の書が多く遺るのは、地元の人々が五卿を歓迎した証である。慶応元年（一八六五）一月十八日、赤間に到着した五卿だが、福岡藩保守派の扱いは罪人同様。しかし、雅な都人が赤間宿を訪れるのは初めて。攘夷も佐幕も、政治的な事など庶民には理解が及ばない。福岡藩保守派の意向とは裏腹に、人々はこの機会

↓ 39 40

JR鹿児島線・教育大前駅から徒歩8分

Map → p.88

赤馬館と伊豆幸次氏

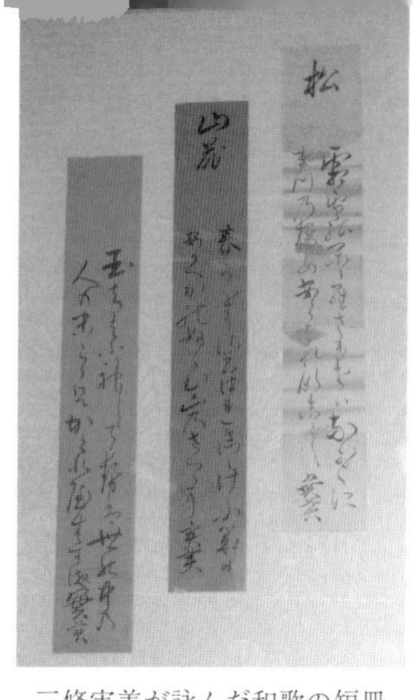
三條実美が詠んだ和歌の短冊

に家宝を得ようと五卿を供応し、お礼に墨書をいただいたのだった。それが、「赤馬館」に遺る和歌の短冊や色紙になる。

展示品の西郷隆盛を称える早川勇の書には、読み下しの解説文が付いていた。

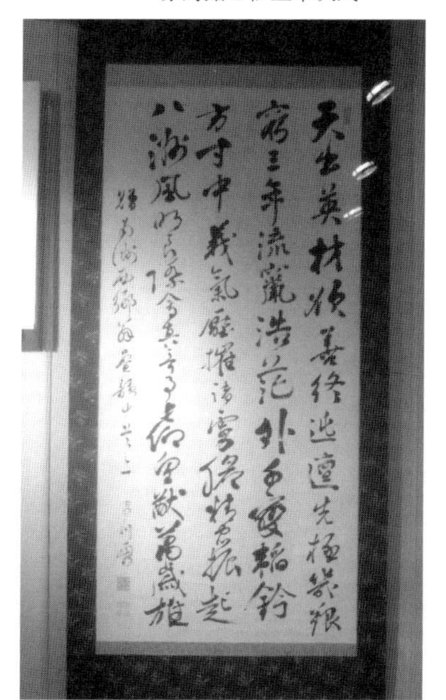
西郷隆盛を称える早川勇の書

「天は英傑を世に出して、立派に終わりをまっとうさせたいと思い、先ずは、英傑にゆきなやむ困難をもたらして艱難辛苦させることを切望するものです」

早川の西郷観、人間関係がうかがえる。

早川は西郷だけではなく高杉にも漢詩を捧げており、この西郷への漢詩と高杉への漢詩は対をなすものという。文久三年（一八六三）の「八月十八日の政変」以来、仇敵の薩摩と長州との間を取り持ったのが筑前勤皇党だった。なかでも、早川の西郷、高杉という両雄からの信頼の篤さを窺い知ることのできる漢詩ではないかと思う。

また、「薩長同盟は坂本龍馬の功とされるが、その下地を作った加藤司書、月形洗蔵、早川勇ら筑前勤皇党、その働きが大きかった」の文には、大きく頷いた。

41

早川勇顕彰碑
国事奔走中に我が子を失う

早川勇顕彰碑　宗像市吉留3519-1　吉武地区コミュニティ・センター敷地内

↓3 27

今や、人々から仰ぎ見られる早川勇だが、その人生は納得のいくものだったのだろうか。早川の像を前にして考えた。

早川勇の像は宗像市の吉留、吉武地区コミュニティ・センターの一画にある。ＪＲ鹿児島線・教育大前駅からはバス便もある。しかし、幕末の移動手段が徒歩中心であることを考え、現地まで歩く。旧唐津街道から三條実美ら五卿が滞在したことを示す「五卿西遷遺跡」を右手に見て、県道29号線沿いを左折。時折、小雪が舞う。早川勇、高杉晋作、月形洗蔵らも、寒さを堪えて歩いたのだろうか。三十分以上歩いた頃、酒造場「カメノオ」の赤レンガの煙突が見えてきて、ようやく到着。

早川勇は天保三年（一八三二）、遠賀郡遠賀町の虫生津（むしょうづ）に生まれた。生家は苗字帯刀を許された庄屋。幼少時、月形洗蔵の伯父・月形春耕の私塾に通ったことが縁で福岡の月形塾にも通う。ここで、月形洗蔵、医師の鷹取養巴といった筑前勤皇党の面々と同門となるが、武士と同じ扱いを受けた。

早川は、乞われて宗像の吉武、吉留一帯の医者になるが、医業の傍ら藩命として五卿の太宰府移転、薩長

酒造場「カメノオ」の煙突

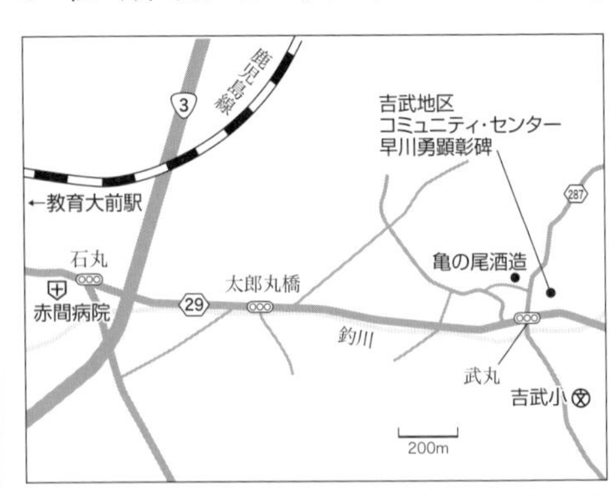

JR 鹿児島線・教育大前駅から徒歩35分，
または西鉄バス吉留停下車徒歩２分

和解など、重要な交渉役を任される。他藩からも信任が篤かったからだ。

一般に、薩長同盟は坂本龍馬の業績といわれる。しかし、それ以前の筑前勤皇党の薩長和解交渉があってこその結果である。早川や月形らは、中岡慎太郎、西郷隆盛、高杉晋作らと濃密な人間関係を築き、薩摩を口説き、長州をなだめた。皇国の危機には薩長の和解が絶対条件と説き続けた。

そんな日本の一大事の中、早川は長男の富士之助を喪った。早川が国事に奔走する中、妻のミネ子は生後半年の我が子の最期を看取り、葬儀を出した。このことを知った高杉は、早川に悔やみを述べながら、男泣きに泣いたと伝わる。

「わが背子を旅にやるだに哀しきを　子にさへ永の別れせしやと」

野村望東尼は早川の妻に哀悼の歌を贈った。望東尼も四人の子供を幼くして亡くした。それだけに、ミネ子の気持ちが痛いほどわかる。

後に、早川は「玉露童子墓」として富士之助の墓を建て、側面に望東尼の歌を刻んで供養した。玉露とは、朝露の如くはかない生命。藩命とはいえ、嫡男の最期を看取ることができなかったことへのせめてもの償いである。佇立（ちょりつ）する早川勇の像に憐憫（れんびん）の情を抱いた。

早川は、維新後、新政府の官吏に迎えられた。毎月の給料日には俸給袋を卓に置き、学資や生活費に困窮する書生たちに分配するのが常だった。その早川は明治三十二年（一八九九）二月十一日、一介の草莽（そうもう）として静かにこと切れた。

早川勇顕彰碑。裏面に「明治百年記念　昭和四十三年　内閣総理大臣　佐藤栄作書」と刻まれる

42

新撰組・立川主税の生地

土方とともに五稜郭へ

宗像市　宗像市鐘崎

↓59 61

平成二十二年（二〇一〇）四月、東京都日野市の一帯に遺る史跡を巡った。ここは、新撰組の故郷とも呼ばれる。新撰組といえば、近藤勇（いさみ）、土方歳三（ひじかた）らの名前を即座に思い浮かべるが、その土方の資料館を訪ねた折、土方の末期を伝えに来た者がいたという。それも、資料館の解説では福岡県出身者という。

福岡県出身者が、なぜ、新撰組に。さらに、なぜ、土方とともに箱館（函館）五稜郭の戦いに参戦し、その末期を伝えにきたのか。長い間、この土方と行動をともにした福岡県出身者が気になっていたが、ようやくにしてその者の名前、出身地が判明し、宗像市鐘崎（かねざき）に向かった。

ＪＲ鹿児島線・東郷駅から鐘崎行きの西鉄バスに乗る。およそ三十分、田園地帯、住宅地、緩やかな丘陵を越えて鐘崎に到着した。鐘崎を訪ねたのは、およそ半世紀ぶりのことだった。当時はさみしい漁村で、韓国からの不法入国者を監視する場所もあった。浜辺には漁船が並び、ワカメが海風に揺られていたことを記憶する。しかし、そんな記憶の中の風景はどこにもなく、護岸工事が施された立派な漁港になっていた。

それはそれとして、新撰組に入った立川主税（ちから）の生誕地を探す。立川は天保六年（一八三五）鐘崎に生まれた。慶応三年（一八六七）十月頃、新撰組に入隊したという。その入隊にいたる経緯は不明。ただ、福岡藩が佐賀藩と隔年で長崎港警備についていたことから、長崎

JR 鹿児島線・東郷駅から西鉄バス鐘崎車庫下車

警備の水夫として長崎に赴き、そこで何らかの接触があって新撰組に入ったのだろうと伝わる。封建的身分制度の時代、士分以外の者については員数にも加えられない。ゆえに、詳細は容易にわからない。

立川は慶応四年（一八六八）一月の鳥羽伏見の戦いに参戦。同年三月には甲州鎮撫(ちんぶ)隊に参加したという。その後、同年八月には会津戦争に参戦。明治元年（一八六八）十月には仙台から蝦夷地に渡り、土方歳三（陸軍奉行並）付きになる。明治二年（一八六九）五月十一日、土方が戦死。官軍に降伏し、秋田、東京と護送され、東京の福岡藩邸で五十日間の禁固となった。郷里の福岡に護送され赦免。明治五年（一八七二）、立川は現在の東京都日野市の土方の実家を訪ね、土方の最期を報告する。この時の事が、土方資料館で耳にした福岡県出身者の説明につながる。

鐘崎漁港

漁港近くの通り

立川主税という名前も、いつ、どのようにして名乗り始めたのか、まったく、わからないという。土方の実家を訪ねた立川は、春日居村（現在の山梨県山梨郡春日居町）の地蔵院住職を務め、生涯、土方歳三の冥福を祈る生活を送り、明治三十六年（一九〇三）一月二十二日、六十九歳で亡くなった。

何が立川を衝き動かしたのか。なぜ、土方歳三に恩義を感じるのか。鐘崎からの玄界灘を見ながら、しばし、考えにふけったのだった。

43

筑前大島 名士が止宿した沖吉屋、河野屋敷

大島 宗像市大島

↓ 35 37

廻船問屋・沖吉屋

平野國臣が普請方（ふしんかた）として赴任した宗像市の筑前大島に渡った。今では、ユネスコの世界文化遺産に登録された宗像大社の中津宮、沖津宮遥拝所がある島として知られる。

大島行きのフェリーは宗像市神湊（こうのみなと）から出ている。午前九時二十五分発、市営渡船「おおしま」に乗る。業務用車両、サイクリング自転車までが積み込まれる。船内を見回すと旅客機のシートに似た座席、ベッド、車いす専用スペースも設けてある。島の住民や観光客にも配慮された造り。この日、天気晴朗、加えて珍しくベタ凪状態。揺れをまったく感じることなく二十五分で大島に到着した。

まず、平野國臣が止宿したという「沖吉屋」を探す。ここには、日本地図を作製した伊能忠敬、国学者の鈴木重胤（しげたね）、馬関（山口県下関市）の豪商・白石正一郎も泊まったと伝わる。

さらに、薩摩島津家の家督争い「お由羅騒動」で福岡藩に亡命してきた薩摩藩士の北条右門、平野の竹馬の友

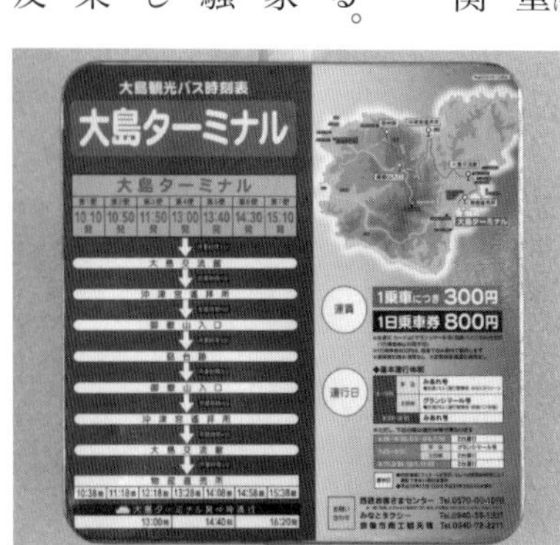

大島ターミナルのバス案内

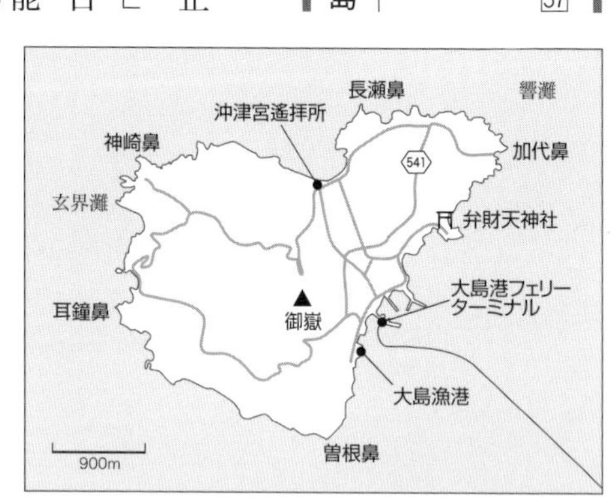

宗像市神湊港から宗像市営渡船で25分

・藤四郎、西郷隆盛という錚々(そうそう)たる名前も。一説では、沖吉屋の主人・佐藤大蔵道守は西郷隆盛の旅費の用立てもしたという。

沖吉屋は廻船問屋を営む島の名家。裏庭には船を横付けできる石垣があったという。江戸時代、千石船も入港したという大島だけに、沖吉屋の繁栄ぶりは相当なものであったことがわかる。

沖吉屋跡と井戸

市営渡船「おおしま」(大島港)

沖吉屋は旧大島村役場前にあったという。大島も港湾整備で埋め立てが進み、対象物を発見することは容易でない。沖吉屋があったと思しき場所を探し回るが、わからない。路地から路地を歩き回っている時、ふと、それらしき石垣と石段が目にとまった。

沖吉屋には井戸があったという。廻船問屋にとって真水の供給は必須。その井戸も遺っていた。フェンスで囲った私有地にあったが、屋号を記した看板もあった。ここに、あの平野、西郷、北条が来たのか。ここで、平野と北条が国の行く末を熱く議論していたのかと想像する。暑さも忘れる感動の瞬間だった。

年譜を確認すると平野國臣が大島に赴任したのは、嘉永四年(一八五一)の春。約一年の滞在とのこと。時折、沖ノ島にも渡ったという。潮風で傷んだ中津宮、遥拝所、沖津宮の営繕に励んだのだろう。

沖吉屋から続くゆるい坂道を登り切

沖津宮遥拝所

ったところで、澄み切った海が目に飛び込んできた。その左手には沖津宮遥拝所。参拝の後、再び大島港まで戻る。

次に「河野屋敷」を探すことに。野村望東尼が長州に逃避する際、滞在した場所の確認に向かう。

中津宮・河野家と野村望東尼

野村望東尼が姫島（糸島市）から長州へと逃避する際、立ち寄ったのが筑前大島の河野屋敷。ここは、中津宮の神職・河野石見守道徳の家だった。フェリー船上からも見える中津宮の鳥居の横にあるという。

実は、私は七年ほど前、沖ノ島に上陸する機会があり、その前に中津宮を参拝。鳥居の前で記念撮影をしたにもかかわらず、不覚にも河野屋敷の存在はまったく記憶にない。

中津宮は大島港から波止場に沿って歩くこと三分ほどのところ。鳥居の左に黒瓦の趣のある建物がそれになる。けれども、玄関の敷台前は夏草に覆われ、住人の気配はまったくない。ここは望東尼が立ち寄った場所などと案内板でもあればと思った。姫島のように、史跡として整備されているならば、維新に関する場所とわかるのだが……。なんとも悔やまれた。

望東尼が姫島から救出されたのは慶応二年（一八六六）九月十六日のこと。機転の利く藤四郎の策略が上手に運び、望東尼を乗せた船は一気に大島を目指した。

大島はかつて福岡藩の流人の島だった。島の加代（かしろ）地区に望東尼の孫である野村助作、筑前勤皇党の喜多村重四郎、澄川洗蔵、桑野半兵衛らが流されていた。河野屋敷で望東尼を休息させている間、藤四郎は仲間たちの救出作戦を指揮した。残念ながら、この時、助作は福岡城下の牢の中にいて、助作の救出はかなわなかった。

河野屋敷について、何か情報はないかと中津宮の社務所を訪ねた。しかし、詳しくはわからないとのこと。河野家は後に越智姓であると再び告げると、宗像大社の祖霊社に移られたという。すぐさま、大島発午後一時のフェリーで神湊に引き返した。

中津宮から大島港が見える

中津宮

中津宮の神職・河野石見守道徳の妻峰子は望東尼とは旧知の仲だった。望東尼は姫島からの逃避行以前にも大島を訪ね、峰子と親交を深めている。望東尼は形見として峰子に短冊と琴の爪を渡したと伝わる。二度と福岡への帰藩はかなわないと覚悟したからだろう。

神湊からは西鉄バスに乗る。宗像大社前で降り、早速、祖霊社を訪ねた。

身元も不確かな者にあれこれ答えられないことは承知。応対に出られたご婦人に尋ねてみた。「代が変わり、詳しくはわかりません」とのこと。

途切れることなく参拝者が訪れる宗像大社。明治維新一五〇年の今年、福岡県も幕末維新史に関心が高まっていればと、無念を抱いて帰路についた。

その後、この望東尼が形見として遺した短冊と琴の爪に関して、街道の駅「赤馬館」で早川勇の書などがあると電話をくださった伊豆幸次さんから連絡があった。大事に金庫に保管されているらしいとのこと。安堵した。

44

伊藤常足翁旧宅・古物神社

変革の根底にあった伝統と学識

↓ 36 41

古物神社　鞍手郡鞍手町古門1237

幕末維新史を調べるにあたり、『明治維新人名辞典』は欠かせない。あいうえお順に人物が羅列されているので、人物関係を調べるには必須の辞典だ。そのページをめくっている時、伊藤常足（つねたり）という名前が目に留まった。神官であり、儒学、国学に造詣（ぞうけい）が深い人物だが、なぜ、維新史に名前を遺しているのだろうか。

こういう疑問が起こった時、まず、関連する史跡に足を運んでみる。ＪＲ鹿児島線・遠賀川駅前から直方行きの西鉄バスに乗る。途中、「虫生津（むしょうづ）」のバス停が目に入る。とっさにカメラを取り出し、バス停を撮影する。あの「薩長和解」を成し遂げた早川勇（養敬）の生まれ故郷だからだ。ここで早川が生まれ、育った場所なのかと、往時を偲んでみる。十五分程でバスは古門（ふるもん）口（ぐち）のバス停に到着。ここからは地図を片手に伊藤常足が神官を務めていた古（ふる）物（もの）神社を目指す。伊藤の旧宅はその隣にある。

伊藤は安永三年（一七七五）生まれ。鞍手郡鞍手町に今も現存する古物神社の神官を務めた。亀井南冥に儒学、青柳種信に国学を学んだという。伊藤の最大の功績は、天保十二年（一八四一）に『太宰管内志』八十二巻、嘉永二年（一八四九）には『百社起源』二十冊などを書き上げ福岡藩主に献上したことにある。これは、筑前福岡藩の歴

旧宅前の看板

鹿児島線　遠賀川
遠賀川
東水巻
筑豊線
遠賀町
中間
虫生津バス停
白水橋バス停
古門口バス停
八剣神社
月形潔生誕記念碑
浮州池
中間市
98
筑前垣生
古物
古物神社
伊藤常足翁旧宅
55
鞍手町
900m

JR 鹿児島線・遠賀川駅から
西鉄バス古門口下車徒歩10分

史として、実に称賛に値する。

文政十三年（一八三〇）には、福岡藩主も崇敬する櫻井神社（糸島市）の浦毎保（つねやす）宮司の要請を受け、文庫を整え、学館を設けて教授となって後進を育成した。幕末、日本に押し寄せる欧米諸外国の圧力に対し、従前の藩という意識ではなく、日本という国を強く認識するには、皇典ともよばれる歴史書、和歌を学ばなければならない。自己変革を含む世の変革を成し遂げるには、伝統を破壊せず、新風を吹き込まなければならない。その日本という国の揺るぎない伝統を確立するためにも、伊藤常足の学識は革命者たる志士たちに必須の学問だった。

平面的な地図からは見えてこない風景を楽しみながら、ゆるい坂道を登っていく。遠賀川の流域と思しき方向に目を転じると、田園地帯を眼下に望むことができる。古代から、登り窯があったとの看板を目にするが、昔から地形を利用した豊かな地であったことを知る。やがて右手に古物神社の参道が目に入り、境内に続く石段を登ってみた。書を読み、思索に耽るに最適な桃源郷のような場所だと感じた。

封建的身分制度を変革し、適材適所の人材を配置しなければ、外国勢力を前に立ち向かえない。そのための精神的支柱となる国柄を体現する理論を編纂。伊藤常足が維新の人名辞典に記録されるのは、そういう背景があるのではと、境内からの風景を眺め考えた。

伊藤常足翁旧宅跡

古物神社から望む田園風景

45

月形潔生誕記念之碑
「乙丑の獄」で謹慎、北海道開墾の神に

月形潔生誕記念之碑
中間市中底井野482-1 八剱神社境内

↓ 6 41

“北海道生みの親、開墾の神”と崇められる月形潔（きよし）の胸像が、中間市中底井野公民館（八剣（やつるぎ）神社）にある。平成二十八年（二〇一六）六月に建てられた「月形潔生誕記念之碑」だが、なぜ、福岡県出身の月形が北海道と関係があるのか、不思議を感じる。

月形潔は明治十四年（一八八一）、北海道の樺戸（かばと）集治監（刑務所）の典獄（刑務所長）に就任した。送り込まれる囚人たちは、原野の開墾、産業振興へと使役された。その多くは、各地で起きた武士の反乱、自由民権運動での政治犯だった。過酷な北の大地での労働に耐えきれず、脱走する者。さらには、もとは武士だけに斬りあいに長け、看守のサーベルを奪って襲撃する者。実に、始末に困る者ばかり。

そんな囚人に対し、集治監は社会復帰を促す更生施設として、月形は親身に接した。自らも、福岡藩の内紛である慶応元年（一八六五）の「乙丑の獄」で謹慎処分を受けた。それだけに、囚徒の置かれた立場が身に染みていたからだ。この月形の地元への産業開発が評価され、「月形町」という地名が今も北海道に遺る。

月形という苗字からわかるように、やはり、「乙丑の獄」で斬首となった月形洗蔵とは従兄弟になる。潔の父・春耕（健）は、天保十四年（一八四三）、遠賀郡中底井野村（現在の中間市）に私塾「迎旭堂（げいきょくどう）」を開いた。春耕の長兄は、洗蔵の父・深蔵になる。

この迎旭堂に通ってきたのが、早川勇（養敬）だった。春耕は早くから早川の才能を見抜き、深蔵が福岡城下で開く「月形塾」に送り出す。ここで早川は洗蔵、鷹取養巴など、筑前勤皇党の面々と交わり、倒幕維新の道を突き進むことに。

慶応三年（一八六七）、大政奉還により、「乙丑の獄」で獄中生活を送っていた者は、赦免、復権となる。

JR鹿児島線・遠賀川駅から
西鉄バス白水橋下車徒歩13分

Map ➔ p.120

月形潔は福岡県官吏、司法省、内務省官吏を経て、樺戸集治監の典獄（てんごく）となった。これが、潔を北海道生みの親、開墾の神として崇める機縁となったのだった。

この典獄の月形を側面から支えたのが、筑前秋月藩士であった海賀（かいが）直常だ。海賀の兄・宮門は早くから尊皇運動に身を投じ、文久元年（一八六一）の寺田屋騒動に関係し、薩摩への護送途中、日向細島（ほそしま）（現在の宮崎県日向市）で斬殺された。

さらに、この樺戸監獄の剣道師範に迎えられたのが永倉新八。あの泣く子も黙る新撰組の二番隊長である。永倉は西南戦争にも抜刀隊で従軍。維新の道は、人それぞれ。考えるばかり。

なお、月形潔は明治十八年（一八八五）には樺戸集治監の典獄を辞し帰郷。以後、九州鉄道会社設立に奔走し、地元の殖産興業にも貢献し、明治二十七年、四十八年の生涯を閉じた。

碑文

月形潔生誕記念之碑

中底井野公民館に立つ郷土の偉人を紹介する看板（部分）

46

黒崎宿・岡田宮
三條実美が再起を願った

岡田宮　北九州市八幡西区岡田町1-1

↓
47
50

北九州市の黒崎といえば、近代的な工場が立並ぶ街という印象がある。そのためか、この街に維新に関する史跡が遺されていることなど、思いも至らない。

しかし、黒崎は長崎街道「黒崎宿」として、江戸時代は重要な宿場町だった。長崎出島のオランダ人も江戸参府で通過した場所。親切なことに、歩道には街道ルートを示すプレートがはめ込まれている。商店街の西郷隆盛、坂本龍馬らを描いたイラスト看板も楽しい。

今回、黒崎の岡田宮を訪ねた。ここは、唐津街道赤間宿の「赤馬館」でも紹介されている幕末維新の史跡だ。

JR鹿児島線・黒崎駅に降り立つ。左手に皿倉山(標高六二二メートル)を望み、駅前からは放射線状に街路が延びる。その中の新天街通りを直進することおよそ十分。岡田宮の参道に突き当たる。やや傾斜のある石段を上ると、神門右手に尊攘派公卿三條実美が詠んだという歌碑があった。

「玉ちはふ神し照らせば世の中の　人のまごころかくれやはする」

元治二年(一八六五)一月十七日早朝、三條実美が岡田宮を参拝した折に奉納した歌と伝わる。

大意としては、「霊力を

岡田宮神門の額

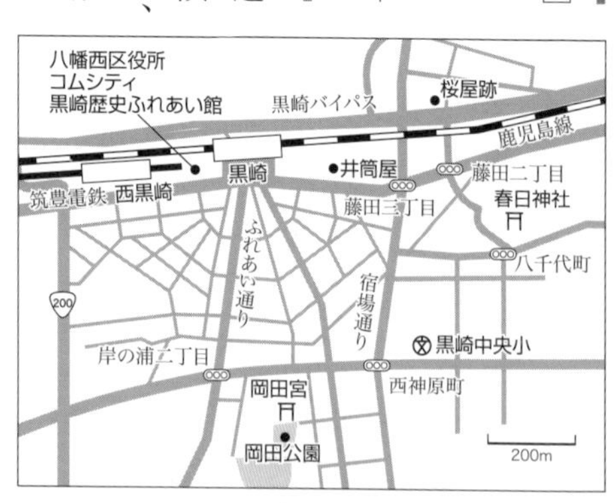

JR鹿児島線・黒崎駅から徒歩10分

振るって加護してくれる神が光を照らしてくれるならば、世の中の人の真心が隠れるだろうか、いや隠れはしない」。（北九州市立自然史・歴史博物館学芸員　守友隆氏の解釈）

文久三年（一八六三）の「八月十八日の政変」で尊攘派公卿三條実美らは京の都を追放され、長州へと落ちていった。倒幕を目指す義挙、復権を企図した「禁門の変」にも失敗。逆に「朝敵」の烙印を押された。

岡田宮

三條実美歌碑

それでも、福岡藩筑前勤皇党の仲介で、三條らは太宰府天満宮に移転しての再起を図った。その旅の途中で立ち寄ったのが岡田宮だ。

「岡田宮略記」によれば、この神社の創建は古く、神武天皇の時代にまで遡ることができる。神武天皇が東征の旅の途中に立ち寄ったのが機縁。三條実美としても、神武天皇にならい、東征し、倒幕という野望があったのではないか。

とはいえ、身辺に危機が迫る長州に残るのも、未知の太宰府に進むのも、不安との葛藤でしかない。苦渋の選択をした三條たち五卿だった。古人は願い事を和歌に織り込んで祈願したという。祭神である神武天皇の加護をいただきたいと三條実美は願った。まさに再起を願っての「神頼み」。

現代、岡田宮の境内からは、工場の巨大な煙突が吐き出す煙が見える。この空の下、三條実美らを庇護した、人のまごころが隠れている黒崎だった。

↓
30
46

47

黒崎宿・春日神社 手裏剣秘術伝承を口実に密会

春日神社 北九州市八幡西区藤田1－10－44

手裏剣（しゅりけん）といえば、忍者が使う平べったい十字型、ギザギザの刃がついた形を思い浮かべる。しかし、釘のような、細長い棒のようなものも手裏剣の部類に入る。要は、掌に納まる飛び道具が手裏剣になるが、この手裏剣秘術伝承を口実に、福岡藩の筑前勤皇党は密会を繰り返していたという。

この福岡藩の手裏剣は豊臣秀吉の九州平定の時代にまで遡る。天正十五年（一五八七）、黒田官兵衛は豊前中津城主になる。しかし、この時、黒田家に従わない豊前の宇都宮氏を謀略によって滅ぼした。慶長五年（一六〇〇）、関ケ原の戦いの後、黒田家は筑前領主になる。福岡城を築いたものの、城下では頻繁に火事が起きる。領民は「豊前宇都宮氏を謀略で滅ぼした祟り（たた）だ」と囁く。この時代、火事は魔物の仕業と信じられていた。

そこで、黒田家は「鎮火祭火魔封」という祭礼を始めた。実態は、宇都宮氏の怨霊封じだが、祟りを恐れる黒田家と笑われないよう、黒田家の繁栄を願う火魔封じとした。

この祭礼で使用するのが、火魔を退治する「火打釘」と呼ばれる棒状の手裏剣だ。火魔と呼ばれる鬼の面を標的に手裏剣を打ち込む。しかし、この頃、徳川幕府は手裏剣技を好ましからざる武術としていた。そのため、秘事として行われ、開催場所の通知も暗号が使用される。

この内緒事を上手に利用したのが筑前勤皇党の面々だった。幕府

的に当たった火打釘

JR 鹿児島線・黒崎駅から徒歩９分

Map → p.104

の公儀（取締機構）にも、福岡藩の佐幕派にも秘密だった。極秘の招集通知には、建部（たてべ）武彦、黒田一葦（いちい）ら筑前勤皇党の名前が確認できるという。

　鳥飼八幡宮（福岡市中央区）の森では筑前勤皇党の密会があったと伝わる。「鎮火祭火魔封」伝承を口実にしていたのだろう。

　祭礼では、武術に優れた者が手裏剣を投げた。『幕末動乱に生きる二つの人生』（安川浄生著）では、平野國臣が藤四郎に贈った仕込み杖、かんざしに仕立てた手裏剣の写真が掲載されている。平野國臣の父は福岡藩の武術師範であり、その門弟の一人が藤四郎。手裏剣が実戦にも利用されていたことがわかる。

　この手裏剣秘儀は筑前勤皇党の尾崎臻（いたる）から、前田勇へと伝わり、現在は寺坂進氏によって継承されている。

春日神社

春日神社一の鳥居

例年四月中旬頃、この手裏剣秘儀「鎮火祭火魔封」が、旧長崎街道黒崎宿沿いの春日神社で行われる。この社は「黒田大明神」とも呼ばれ、黒田家を祭神とする。古くからの家臣団・黒田二十四騎にも関係が深く、市指定有形文化財「絹本著色黒田二十四騎画像　二十四幅」（福岡藩御用絵師・尾形洞霄（どうしょう）画）を所蔵している。火魔に見立てた鬼の面に向けて手裏剣を撃ち込むが、福岡藩にこのような武術があったとは、知らなかった。

　それにしても、筑前勤皇党の隠密行動に手裏剣秘術。感嘆するしかない。

48

加藤司書の腰板
福岡大空襲を逃れ発見される

黒崎歴史ふれあい館　北九州市八幡西区黒崎3-15-3 コムシティ1F

↓ 14 15

「いったい、これは、何だろう」

細長い、台形型の変色した板が展示されている。長さは、三〇センチあるかないか。緑色の台紙の上に載っているが、下の解説書きをよく読むと、「加藤司書自刃の節、着用の腰板」とある。

まさか、と思った。

加藤司書は慶応元年（一八六五）十月二十五日、福岡藩の内訌（内紛）である「乙丑の獄」で切腹を命じられ、果てた。その遺骸は、菩提寺であり先祖が開いた節信院（福岡市博多区）に葬られた。

そして、大正四年（一九一五）、寺の改装にあたり墓地の改葬をしたところ、甕棺の中から司書切腹時の袷（あわせ）がそのままで出現したのだった。これには、改葬に立ち会った者も驚いただろうが、司書の最期を知る福岡、博多の衆も驚いた。この大正四年という時期、世界は第一次世界大戦の最中であり、中国大陸では安定政権を求めての革命闘争が繰り広げられていた頃のことである。

福岡、博多の衆は、「さすが、皇御国（すめらみくに）の武士は違う」と興奮の面持ちで節信院に集まった。世界の不安定を解消してくれる崇敬の対象として司書の袷などを拝した。なかには、この奇跡にあやかろうと「病気治し」で参拝する者までが現れる人気ぶりだった。しかし、昭和二十年（一九四五）六月十九日、福岡大空襲で加藤司書の袷などは灰燼に帰してしまった。わずかに、その奇跡は写真で確認するしかない。

ところが、この加藤司書の袷などが甕棺から見つかったと聞いて、槙乃戸がやってきた。槙乃戸とは、加藤司書お抱えの相撲取りだった。江戸時代、各藩の大名らは相撲取りを抱えていたが、いわば、相撲取りのスポンサー的な存在だった。その槙乃戸がお世話にな

JR鹿児島線・黒崎駅から徒歩2分

Map → p.104

加藤司書自刃の節，着用の腰板

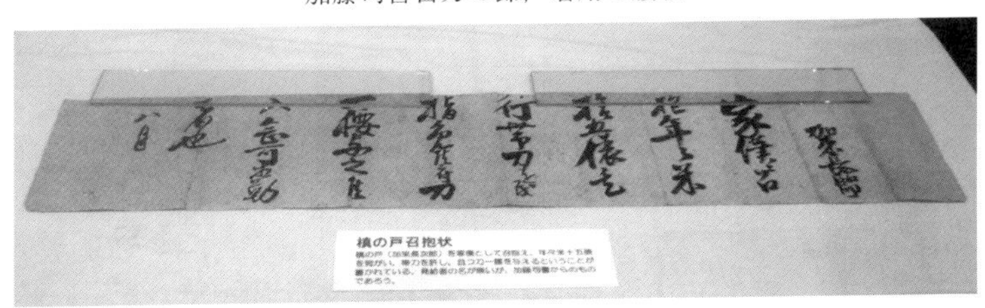

加藤司書からのものとされる「槙乃戸召抱状」。加来長次郎（槙乃戸）を家僕として召抱え，年々米十五俵を宛てがい，帯刀を許し，刀一腰を与えるということが書かれている（説明書きより）

った殿様の遺品として切腹時の腰板をいただいて帰った。それが、ＪＲ鹿児島線黒崎駅に隣接する八幡西区役所（通称コムシティ）一階の「黒崎歴史ふれあい館」に展示されている腰板だった。

ここは、黒崎の町の歴史や、長崎街道・黒崎宿の旅籠「桜屋」の看板なども展示されている。槙乃戸の化粧まわし、免許状、加藤司書お抱えを示す書状も見ることができる。

福博の町を一夜にして焼き尽くしたアメリカ軍の空襲で加藤司書に関する物は何一つ残っていないと思われていた。しかし、奇跡は一度ならず、二度も続いた。

現在、自治体の行政区は福岡市と北九州市とで分けられている。しかし、もともと黒崎は福岡藩領だった。長崎街道・黒崎宿であり、諸国（藩）の便船も黒崎へと着岸していた。奇跡ともいえる司書の腰板を目にしたことから、黒崎の歴史を再検証しなければと思ったのだった。

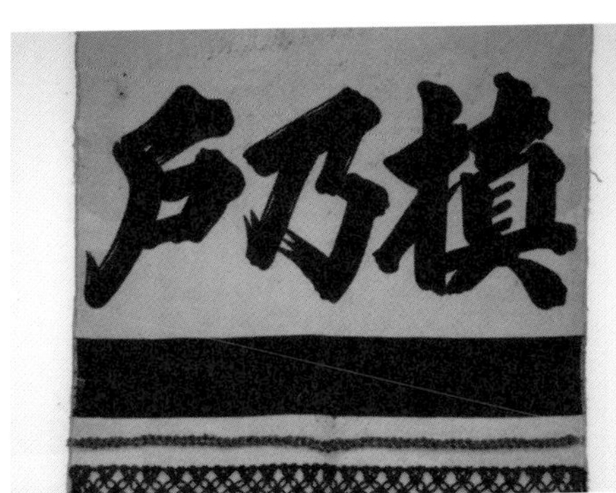

槙乃戸の化粧まわし

49

黒崎宿・桜屋跡

三條実美、薩摩藩定宿主人と歌の交換

桜屋跡　北九州市八幡西区田町2-5

↓ 46 47

文化五年（一八〇八）、オランダ船に化けたイギリスのフェートン号が長崎港に侵入。人質にとった出島のオランダ商館員を水、食料と交換して立ち去った。この頃、欧州はフランス革命の影響で政治体制が混乱。イギリスは、オランダの対日独占貿易の利権獲得に走った。

このフェートン号事件が起きた同年、長崎街道黒崎宿に「桜屋」という旅館ができた。別名「さつま屋」とも呼ばれ、その名の通り、薩摩藩の定宿として知られる。幕末には長州、土佐の勤皇の志士たちも宿泊したという。街道筋の旅館は、情報収集の拠点でもあったが、薩摩藩の定宿「桜屋」が、情勢分析の重要な位置を占めていたのは間違いない。

北九州市の黒崎に遺る「桜屋跡」を訪ねた。跡を示す石碑がマンション入り口脇にある。長崎街道という街道があったことから繁盛したが、鉄道が延びることで桜屋も廃業してしまった。桜屋跡の側をJR鹿児島線が走っているとは、皮肉なものである。

もう一つ、線路に沿い、踏切脇に歌碑を見つけた。元治二年（一八六五）一月十五日、尊攘派公卿の三條実美らは筑前福岡の黒崎湊に上陸した。三條は、湊に近い桜屋を訪ね主人・古海東四郎（明治期以降は宇都宮姓を名乗る）と歌の交換をした。

桜屋跡碑

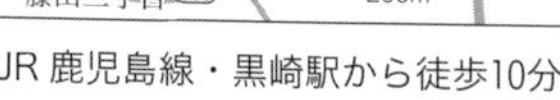

JR 鹿児島線・黒崎駅から徒歩10分

線路沿いに立つ三條実美の歌碑。左は東久世通禧歌碑

三條実美の歌碑

「さかまほし大内山の鶯の　こころつくしにもらす初音を」

桜屋主人の古海は筑前福岡に一歩を印した三條の心情を尋ねた。

「九重の春にもたれるうくひすは世のことをのみなけきこそなれ」

朝廷に仕えられない身としては、ただ、世の中を嘆いて見ているしかないと三條は返した。

三條実美が筑前福岡に足を踏み入れた時、中岡慎太郎（変名は大山彦太郎道正）、土方久元など、土佐藩をはじめとする多くの従者がいた。しかし、その実、三條は不安で仕方がなかったのだろう。この三條の心を読み解いた桜屋主人の古海は、三條を励ますため、宿から近い岡田宮参拝を勧めたのだった。

長崎出島のオランダ商館医であるジーボルトは、文政九年（一八二六）一月十五日、江戸参府で黒崎宿を通過した。桜屋についての記録を『江戸参府紀行』に求めたが「黒崎（Kurosaki）」という地名のみ。素っ気ないなぁと思うが、現代の桜屋跡を偲んだ歌碑周辺は工事用の柵で囲まれ、雑草に覆われている。角度を変え、種々、カメラのファインダーを覗くが、碑に彫り込まれた文字を明確に捉えることはできなかった。

往時の桜屋を知りたいと思い、JR黒崎駅に隣接する八幡西区役所一階「黒崎歴史ふれあい館」の展示品を見学に向かった。ここには、桜屋に掲げられていた看板や、資料が展示されているが、パネル写真を見ると、なかなか風格のある宿。しかし、隠し部屋までをも備えており、情報拠点だけではない裏の桜屋を見た思いだった。

50

五卿上陸地碑

筑前勤皇党の薩長和解を象徴

↓ 46 62

五卿上陸地碑　北九州市八幡西区舟町

はたして、本当に、こんな埋め立て地に史跡碑があるのだろうか。そう訝りながら産業道路を歩いた。江戸時代、長崎街道黒崎宿には、黒崎湊と呼ばれる港があった。そこに、尊攘派公卿の三條実美らが上陸。その地点を示す石碑が遺されているという。

福岡藩の筑前勤皇党は敵対する薩摩、長州の和解を仲介した。その結果、五卿は太宰府天満宮に移転することになる。いわば、「五卿上陸地」碑は、「薩長和解」を象徴する史跡といえる。

黒崎湊の開発が始まったのは寛文十一年（一六七一）からと伝わる。第三代福岡藩主の黒田光之（一六二八～一七〇七）が幕府に築港を申請し許可された。海運の隆盛とともに黒崎湊は繁栄し、長崎街道黒崎宿も人や物資の往来が増加。福岡藩主の参勤交代にも利用され、九州諸藩も利用する重要な港となった。

しかし、現在の黒崎湊は埋め立てが進み、往時を偲ぶことはできない。工場や倉庫が並び、時折、資材を積んだ大型トラックが地響きをたてて走り去る。後には、モウモウと舞い上がる砂ぼこり。右手に黒崎城跡を見ながら、見落とさないように慎重に歩く。碑の所在地は北九州市八幡西区舟町だが、地名に舟の名はあっても海は見えない。薩摩藩定宿であった「桜屋跡」から歩いて十分余り、グレーの工場壁面に埋没した風景にポツンと立つ碑を見つけた。

慶応元年（一八六五）一月十五日、三条実美らは黒崎湊に上陸した。石碑正面には「史蹟五卿上陸地」、昭和十三年（一九三八）三月に建てられたと彫り込まれている。碑の後ろにある案内看板には、西へ一〇〇メートルほどの場所と記される。しかし、今は工場の敷地となっていて、立ち入りは難しい。

薩長和解の会談場所は筑前勤皇党が設けた。馬関

JR 鹿児島線・黒崎駅から徒歩20分

Map → p.104

五卿上陸地碑

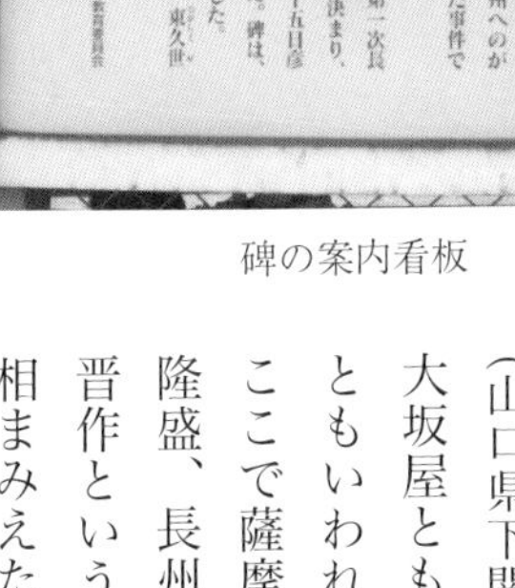

碑の案内看板

（山口県下関市）の大坂屋とも対帆楼ともいわれるが、ここで薩摩の西郷隆盛、長州の高杉晋作という両雄が相まみえた。

桜屋跡から旧黒崎城址が見える

「薩摩の芋ほり男か……」
「いかにも、薩摩の芋ほり男に間違いございもはん」
西郷に「芋ほり男（田舎者、ハズレくじを引いた奴）」と言い放つ高杉。それを何事も無かったように、笑って受け流す西郷。元治元年（一八六四）十二月十一日のことと伝わる。
『黒田家譜』によれば、この薩長和解成立後、月形洗蔵、早川勇は一五〇両という大金を高杉晋作に贈った。軍資金に困窮していた高杉は大いに感謝したという。
軍資金を得た高杉は功山寺で決起し、「これより長州男児の肝っ玉をお目にかけます」との名セリフを吐いた。時期尚早として高杉の決起に渋る者が多数の中、身分階級を問わない草莽の志士が高杉に従ったのである。
まさか、こんな殺風景な中に、歴史の足跡があるとは、誰も思いもよらないだろう。碑を前に、ふと、さまざまな場面が浮かんでは消えていった。

筑後

藩の成立と幕末・維新❖概要

久留米藩

元和六年（一六二〇）、筑後国三十三万石の領主であった田中家が後継者に恵まれず途絶した。翌年、丹波国福知山八万石の大名だった有馬豊氏が筑後国の北半分二十一万石の領主となり、ここに久留米藩ができた。
領主としての有馬家にとって、八万石から二十一万石へと加増となったので、出世といえ

写真：遍照院・高山彦九郎霊廟前

ば出世に違いない。しかし、豊氏は検地を行わず、内部的に石高を三十二万石とした。これは、藩主にとっては大幅な増収になるが、領民にとっては大増税だった。さらに、物成(ものなり)法という作柄状況によって年貢が決められていたが、土免(つちめん)法という土壌の良し悪しで年貢を決めることに移行した。暴れ川「筑紫次郎」の異名を持つ九州一の大河筑後川を擁する久留米藩の領民にとって、洪水や干ばつで作物の収穫は大きく変動する。物成法であろうが、土免法であろうが、領民にとって重税であることに変わりはない。このことは、久留米藩が早い時期から財政において苦慮するもとになるが、それは大坂の米の仲買人との間で訴訟にまで発展した事実に見て取れる。

弘化三年（一八四六）、藩の財政を倹約令によって改革しようとした第十代藩主の有馬頼永(よりとお)が病没した。後を継いだのが、頼永の弟の頼咸(よりしげ)だったが、幕府は将軍家の精姫との婚儀を進めるようにと頼咸に命じてきた。この将軍家との縁戚関係構築は、佐幕派の藩の重臣としては政略的に歓迎すべきことだった。しかしながら、その婚儀には莫大な費用を必要とした。久留米藩では、幕府に費用を負担させるべきとの意見が出るほどだったが、嘉永二年（一八四九）に婚儀はまとまり、藩は五万六三七八両という途方もない負担を強いられることとなった。これらの支出負担は、さらなる領民への酷税となった。倹約令によって財政再建を図った先代の頼永の意向に反するとして、藩内の意見が対立するのは当然の成り行きだった。

第十代藩主の有馬頼永が勧める藩政改革を支持したのは、後年、尊皇攘夷運動に身を投じる真木和泉(まきいずみ)だった。真木は天保学連という改革派の一員だったが、改革派の人物が佐幕派重臣との間で刃傷沙汰を起こし、派内でも内部対立が生じた。このことから、藩政を乱したと

久留米城の石垣

水田天満宮

して嘉永五年（一八五二）、真木は実弟（大鳥居理兵衛）が宮司を務める水田天満宮での蟄居謹慎を申し渡されることになる。これが「嘉永の大獄」と呼ばれる、改革派の弾圧事件である。

この頃、日本を取り巻く環境は激変し、諸外国が日本近海に押し寄せてくる時期でもあった。実際、真木が蟄居謹慎処分となった翌年には、浦賀沖にアメリカのペリー艦隊が来航している。およそ十年に及ぶ蟄居謹慎の期間中、真木は近在の青少年に対し、学問、武術の教育を行いながら、多くの意見書を執筆している。それだけにとどまらず、真木の薫陶に触れたいとして密かに平野國臣、清川（河）八郎、横井小楠らが、真木のもとを訪ねている。真木は天下の情勢分析に努めていたが、ついに脱藩して尊皇攘夷運動に身を投げ出すことになる。この件は、多くの史書に詳しい。

藩政改革（財政再建）は、経費を倹約することだけではなく、殖産興業、人材の登用という方法もあった。久留米藩においては、なんといっても久留米絣を広めた井上伝という女性の存在を抜きには語れない。今も、絣の代名詞として久留米絣の認知度は高い。実用性だけではなく、そのデザイン性が高く評価された。この久留米絣の生産性向上に寄与したのが、「からくり儀右衛門」こと田中久重だった。田中は井上伝が編み出すさまざまなデザインの久留米絣の機械織りの実用化に成功した人である。

田中久重は、万年時計やからくり人形を考案したが、その天才ともいうべき能力

高良大社境内の展望台より，筑後平野を望む

田中久重生誕地

を評価され、佐賀藩の招聘を受け、安政二年（一八五五）に開設された長崎海軍伝習所で学んでいる。海軍伝習所といえば、主に航海術を教える学校と思うが、欧州における考えは、修理ドックや改修施設を併設するのが海軍の基本構想となっている。田中は、この海軍伝習所に設けられた工場で機械の仕組みを基本から学んだ。久留米藩は一介の町人であった田中を身分に関係なく登用した。これが後に、久留米藩の海軍創設に大きな威力を発揮することになる。

戊辰（ぼしん）戦争後の久留米藩では、かつての天保学連と呼ばれた尊皇攘夷派の主だったものが藩政の中心に座ることになる。しかしながら、明治新政府における政権中枢は薩摩、長州、土佐、肥前という藩によって占められた。このことに反発する勢力が、久留米藩を中心に、維新のやり直し、改革を主張するようになる。いわゆる不平士族の集結地が久留米藩だった。そこに、新政府に反発を抱く長州藩の大楽（だいらく）源太郎らが亡命してきたことから、久留米藩難事件が起きた。

久留米藩士が目標とした維新とは何であったのか。このことは後の自由民権運動、福島県安積（あさか）の開墾につながり、福岡日日新聞社の菊竹淳（すなお）（六鼓（ろっこ））の言論が主張することになる。

西鉄柳川駅

柳川のクリーク

柳川藩

柳川藩といえば、「敗者復活」という言葉を思い出させる。天正十五年（一五八七）、九州を平定した豊臣秀吉によって立花宗茂（むねしげ）は筑後柳川の十三万二千石の領主に封じられた。しかし、慶長五年（一六〇〇）、関ケ原の戦いでは豊臣方に加担したことから、勝者である徳川家康から領地を没収された。

慶長六年（一六〇一）、田中吉政（よしまさ）は関ケ原の戦功により筑後三十二万五千石の領主となった。田中吉政は現在の柳川の城下町を築いたことでも知られる。ところが、元和六年（一六二〇）、田中家は後継者を得ることができずに断絶。筑後の国は有馬家（久留米藩）、立花家（柳川藩）によって分割統治されることになった。ここで、関ケ原における敗者であった立花家は、十万九千石余の領主として旧地に返り咲いたのだった。

嘉永六年（一八五三）、アメリカのペリー艦隊が浦賀沖に来航したことで柳川藩も時代の波に翻弄される。幕府は、江戸の海防に徳島、熊本、福井、長州、高松、姫路、そして、柳川藩に海防の普請を命じた。これは、田中吉政の頃から、柳川藩が干拓事業、つまり台場造りの技術を継承していたからに他ならない。

しかし、柳川藩には、大藩に肩を並べるだけの資金的余裕が無かった。そこで、隣藩である肥後熊本藩に借財の申し込みをして急場を凌いだ。不遇の時代の立花家

福厳寺・楼門

福厳寺の立花壱岐の墓

を加藤清正が支援していたこと、柳川藩の家老である立花家と肥後熊本藩家老の長岡家とが縁戚関係にあったことが幸いした。

　この肥後熊本藩に借財の直接交渉をしたのが、後の家老となる立花壱岐(いき)だ。安政三年（一八五六）のことである。この立花壱岐は、この後の柳川藩の命運を左右するほどの大車輪の働きをした。藩の財政健全化に向け、一万両を大坂の豪商である鴻池(こうのいけ)、加島屋から借り受け、これを元手に藩札十万両を発行。藩の特産物である菜種、茶、和紙、生糸、ろうそく原料の櫨(はぜ)、そして、石炭を長崎に持ち込み販売した。この石炭鉱山は後に〝三井のドル箱〟と呼ばれる三井三池炭鉱になり、日本の産業革命を大きく前進させたことは周知の事実だ。柳川藩は、これら産品の販売によって正貨（日本全国に通用する通貨）を得たのだった。今に伝わる「鼎足(ていそく)運転の法」によって、資金を十四万両に増やし、経費削減で藩の財政を建て直したのである。

　この財政再建の背景には、隣藩の肥後熊本藩の思想家・横井小楠(しょうなん)の存在が大きい。横井といえば、破綻寸前の越前福井藩の財政再建を指揮したことで知られる。柳川藩においても立花壱岐を介して財政再建に大きな影響を及ぼした。

　ただ、柳川藩は横井小楠の指導を受けるだけでなく、藩校伝習館での藩士教育を怠らなかった。これには、明の儒学者である朱舜水(しゅしゅんすい)が長崎に亡命し、その生活支援を柳川藩の安東省菴(せいあん)が行ったことが大きい。万治三年（一六六〇）の頃のことである。後に、この朱舜水は水戸藩の徳川光圀の招聘(しょうへい)を受け、『大日本史』編纂においての中心となった。この水戸黄門こと水戸光圀の事業は、日本のナショナリズム

長谷健，檀一雄の墓も福厳寺にある

柳川は文化人を多く生み，現代，観光でも人気。名物はウナギのセイロ蒸

の根幹をなす水戸学へと発展し、諸国の志士の尊皇攘夷思想の柱となった。柳川藩においては、この他、本居宣長（もとおりのりなが）、平田篤胤（あつたね）の国学思想の下地もあり、久留米藩の真木和泉と親交を図る者もいたが、藩全体からいえば、穏健な学風だった。

それでも、元治元年（一八六四）の「禁門の変」での長州征伐では、幕府の命令に従い出兵した。出兵は大きな財政負担になるが、肥後熊本藩との関係からしても看過できないのが実情だった。これは、慶応二年（一八六六）の長州征伐（第二次）においても同じだった。鎮西探題を自認する小倉藩と肥後熊本藩との浅からぬ関係から、柳川藩も武士の体面を保たなければならなかった。

激動の柳川藩において、立花壱岐という家老の存在抜きには語れない。横井小楠の実学の実践ができるだけでなく、時代の先読みもできる人だった。厳格な身分制度の江戸時代、高い身分にある人はその封建制維持を求めた。しかし、立花壱岐はその逆をいった。士農工商という身分制度の廃止、能力主義を主張したからだった。

この壱岐の卓見は、隣藩の久留米藩で起きた明治四年（一八七一）の久留米藩難事件（明四事件とも）の柳川藩への波及をも抑えた。この久留米藩難事件は、明治新政府に対する武士の反乱として起きた騒動だったが、久留米藩に同調することで有為の柳川藩士らが自滅する道を閉ざした。その象徴的な出来事が、柳川城の自焼だった。

福岡藩は慶応元年（一八六五）の「乙丑の獄」で有為の人材を失った。久留米藩

初代藩主・立花宗茂らを祀る
三柱神社に立つ北原白秋の詩碑

は明治四年の久留米藩難事件で実力派の人材を失った。それに比し、柳川藩は窮余（きゅうよ）の策とはいえ、城を焼くことで反政府勢力を鎮火させ、逆に、新政府、民間に人材を送り込むことができた。この事実は、立花壱岐の頭の中に、常に有事に備えるという考えがあったことの証だが、柳川藩の維新史から、学ぶ事々は多い。

51

水天宮・真木和泉の銅像
行動する思想家、「禁門の変」で決起

水天宮　久留米市瀬下町265−1

↓54 56

「おそれ入谷の鬼子母神、情け有馬の水天宮」

これは、地口という江戸庶民の言葉遊びとして伝わるもの。第九代久留米藩主の有馬頼徳が江戸藩邸に水天宮を祀り、その参拝を江戸っ子にも許したことから親しまれた証だ。現代に至るも、東京の水天宮は安産の神様として賑わっている。

その水天宮の全国総本宮は久留米市の筑後川河畔に鎮座する。本来は水難除けの社だが、休日ともなると、境内は安産祈願、初宮参りの人々で賑わう。しかし、第二十二代宮司を務めた真木和泉の銅像周辺は閑散としている。真木は維新史に欠かせない志士だが、人々の関心が向かないことが残念で仕方ない。

真木は、元治元年（一八六四）七月十九日の「禁門の変」で決起した。長州藩の久坂玄瑞、来島又兵衛との軍議の末の行動だったが、敗れてのち、同志十六名とともに自刃した。その際、自身の髪一束を京都・天王山の土中に埋め、辞世の歌を詠んだ。

「大山の峰の岩根に埋めにけり　わが年月の大和魂」

外国勢力の駆逐を主張する長州と行動をともにしたことから、真木は頑迷な攘夷論者と思われがち。しか

JR鹿児島線・久留米駅から徒歩10分

水天宮の鳥居（東郷平八郎の揮毫）

水天宮境内の真木和泉の銅像

し、「安政の大獄」の頃に著した『経緯愚説』には新国家の枠組みが示され、外国事情にも精通していたことがわかる。それには、「言路を開く事」、「旧弊を破る事」などが記され、明治政府の基本方針である「五箇条の御誓文」の原型であったことが読みとれる。

さらに、嘉永六年（一八五三）のペリー来航、ロシアのプチャーチン来航に際しては『異聞漫録』を著し、押し寄せる海外勢力との外交の在り方にまで言及している。神官であることから国学、神道、和歌に通じるのは当然としても、儒学、漢詩にも詳しく、西洋の学問である蘭学にまで及んでいる。

この蘭学については、水天宮境内の「工藤謙同先生碑」に工藤が真木に蘭学を教えたと記されている。真木が国防開国論者の佐久間象山（しょうざん）を朝廷に推薦した背景には、ジーボルトの弟子であった工藤との出会いがあったと考えられる。

これら真木和泉の背景を知ると、「禁門の変」での決起は幕府の失政を糾弾し、天下に喚起を促す「義挙」ではなかったかと思える。真木の銅像を見上げながら、行動する思想家として再評価すべきだと考えた。

ちなみに、真木の実弟・氏就は太宰府天満宮の社家（文人）小野加賀家に養子に行き、小野加賀として三條実美ら五卿滞在に関わり、維新後は馬場蒼心と名を変え、新政府と旧福岡藩との仲介役を果たしている。

工藤謙同先生碑

52

久留米城跡・篠山神社

名君・有馬頼永の早世を悼む

↓ 51 56

篠山神社　久留米市篠山町444

久留米城跡に足を踏み入れた時、世が世であれば殿様になるべき人の名前を思い出した。日本中央競馬会理事長を務め、重賞レース「有馬記念」の由来ともなった有馬頼寧。映画「兵隊やくざ」の原作である『貴三郎一代』の著者・有馬頼義の二人。「有馬記念」は今に至るも人気のレースであり、「兵隊やくざ」は勝新太郎、田村高広の名演技によってシリーズ化された。明治維新という時代の変革がなければ、有馬頼寧は十四代、有馬頼義は十五代の久留米藩主を継承していたはず。

この久留米城跡には、篠山神社がある。祭神は歴代の久留米藩主だが、十四代当主の有馬頼寧も祀られている。これら祭神の中でも、第十代の有馬頼永は名君の誉れ高い藩主として知られる。尊皇の志が篤く、筑後川に船を浮かべ南朝の忠臣・菊池武光を偲ぶほどだった。薩摩藩主・島津斉彬、土佐藩主・山内豊信（容堂）ら、雄藩名君との交遊もあった。

弘化元年（一八四四）、オランダ国王の開国勧告において、頼永は海外の情報収集のための「長崎聞役」を設け、藩士に西洋砲術の習得、西洋の大砲鋳造に着手させた。

さらに、頼永は藩の財政危機においては倹約を実行し、領民への負担を求めず、自ら率先して藩全体での節約に心がけた。その藩政改革において頼永の目に留まったのが、真木和泉だった。真木は頼永に四部五十六カ条からなる意見書を提出。頼永は真木の意欲を頼もしく思ったことだろう。

しかし、残念なことに、この頼永は二十五歳という若さで亡くなる。薩摩島津家から迎えた夫人との間に子供がなく、頼永の弟・頼咸へと藩政は引き継がれた。この藩主の急逝は、改革派内の分裂を生じさせ、藩政

JR鹿児島線・久留米駅から徒歩15分

Map → p.142

城跡の石垣より，筑後川を望む

久留米城跡に移築された東郷平八郎書斎

篠山神社

を批判したとして改革派は弾圧された。これが嘉永五年（一八五二）五月に起きた久留米藩の「嘉永大獄」である。

この「嘉永大獄」に連座し、真木和泉も処罰の対象となった。水天宮宮司の職を解かれ、実弟の大鳥居理兵衛の養子先である水田天満宮（筑後市水田）山梔窩に幽閉を命じられた。

藩主は頼咸になったが、幕府は頼咸の正室に徳川家の女性をと求めてきた。将軍家から正室を迎えることとなり、久留米藩は江戸藩邸の新築、調度品の準備に追われた。これは、久留米藩にとって大きな財政負担となった。この国家危急の時、幕府は体制維持が優先で、国の統治機構として崩壊していたことが見えてくる。

城跡から悠々と流れる筑後川を望み、〝ブリヂストンの企業城下町〟と称される市街地を見下ろし考えた。日本を見据えた有馬頼永という藩主が長命であったならば、久留米藩は維新において、どれほどの人材を送り出しただろうか。

53

田中久重生誕地碑

「東洋のエジソン」長崎海軍伝習所にて学ぶ

11 61

田中久重生誕地碑　久留米市通町113－16

日本の技術革新の始まりはここだったのかと、田中久重（ひさしげ）の生誕地碑を見上げた。久留米市の西鉄久留米駅に近い住宅街の一画。西鉄天神大牟田線の高架側に碑はあった。「東洋のエジソン」とも「からくり儀右衛門」とも呼ばれたが、時代が久重を必要とし、久重も時代に応えた。

嘉永六年（一八五三）、ペリーの浦賀来航を機に、幕府は海軍の創設と造船の必要性に迫られた。安政二年（一八五五）、長崎に海軍伝習所が設けられたが、この伝習所開設にはオランダの全面協力があった。

伝習所には幕府関係者の他に、福岡藩、佐賀藩、薩摩藩などが藩士を送り込んできた。その中に、佐賀藩伝習生として久重も加わった。久重をスカウトしたのは、佐賀藩の医師・佐野常民（つねたみ）だった。佐野は後に、日本赤十字社を創設したことで歴史に名を残す。

長崎海軍伝習所には造船、修理のための鉄工所も併設された。海軍伝習所という名称から、海軍士官、水兵を養成する学校と思ってしまう。しかし、造船、機関修理などが一貫して行えてこそ海軍。長崎海軍伝習所でも鉄工所が設けられ、長崎製鉄所と呼ばれた。この鉄工所建設では、オランダ人のヘンデレキ・ハルデス（一八一五～七一）がレンガの製造から運営に至るまで全てを指揮した。平地の少ない長崎だけに、海を埋め立てて鉄工所は建設されたが、そのレベルは欧州と変わらなかった。いわば、伝習生は世界最先端の技術を、基礎の基礎から学ぶことができたのだった。

西鉄久留米駅から徒歩４分

高架沿いにある田中久重生誕地跡

　この鉄工所では、薩摩藩の蒸気船「雲行丸」の蒸気漏れを修復し、安政五年（一八五八）には機関部を損傷したロシアの「アスコルド号」の修理も行った。翌年にはオランダ国王から幕府に献上された「観光丸」のボイラー交換を行った。修理や部品加工に必要な蒸気ハンマー、鍛冶場、鋳物場、旋盤細工所なども備えられており、オランダ人技術者と日本人伝習生とが一緒になって作業にあたった。一連の修理作業を通じ、伝習生の技術力が格段に向上したのは間違いない。

　田中久重は、佐賀藩で鉄製のアームストロング砲を完成させたと伝わる。長崎港警備を受け持っていた佐賀藩は、出島のオランダ商館医ファン・デン・ブルックから鋳造の技術を伝授されていた。鉄材はオランダから購入できる。佐賀藩が精度の高い大砲を生産できたのは、地の利、設備、そして長崎海軍伝習所で技術を習得した田中久重を擁した結果である。

　ちなみに、この田中久重生誕地跡の近くに五穀（ごこく）神社がある。幼少の久重も遊んだ場所ではと想像をたくましくするが、ここに久重の胸像、発明品の数々を解説する案内板もある。東芝創業者・田中久重の躍動感が伝わってきそうだ。

田中久重（右）と井上伝の胸像（五穀神社）

54

遍照院
維新史に刻まれる久留米藩の事件

↓ 31 38

遍照院　久留米市寺町56

高山彦九郎の墓

久留米市寺町の遍照院を訪れた。ここに「寛政の三奇人」の一人、高山彦九郎の墓があるからだ。墓前に備え付けの記名帳を見ると、群馬県太田市など、関東一円からの来訪者の名がある。彦九郎は上野国新田（現在の群馬県太田市）出身。寛政五年（一七九三）、この久留米の地で亡くなった。しかし、没後二二〇年余が経過しても彦九郎を慕う方がいることに驚く。

反面、現代日本での評価は京都・三条大橋での「土下座」像の人と語られる。皇居を望拝しているのだが、彦九郎の生涯を思うと、誤解も甚だしい。彦九郎も無念ではなかろうか。

彦九郎は天皇親政、王政復古という尊皇論を説いて全国を遊歴した。乱世には、武者修行として天下を周遊し、読書にも勝る識者との交わりをすべきという考えからだった。彦九郎とともに「奇人」と呼ばれた林子平は海防論、蒲生君平は尊皇論と海防論を説いた。いずれにしても、この「寛政の三奇人」は幕府から忌避される存在であった。

しかし、この彦九郎の奇人ぶりは、全国遊説だけでなく、「狂」という言葉を遺して自刃したことにある。天皇親政に向けて自身の努力が足りなかった。ゆえに、天から見放されても仕方がないとの自責の念だった。

この彦九郎の勤皇思想を継いだのが真木和泉。天保十三年（一八四二）には、彦九郎没後五十年祭を執り行った。さらに、真木の盟友である筑前福岡の平野國臣は、彦九郎の墓前に灯籠を寄進した。安政五年（一八五八）に立てられたという灯籠を確認すると、苔に覆われた下に「平野次郎」（平野の本名）の文字を認める

西鉄天神大牟田線・櫛原駅から徒歩６分

Map ➔ p.146

高山彦九郎墓所

ことができる。

彦九郎が自決したのは、遍照院の近く、知人の森嘉膳の家だった。現在も、その跡地は史跡として大事に遺されている。しかし、なぜ、久留米の地を選んだのか。

その鍵は『靖献遺言』という幕末志士の聖典にあると考える。山崎闇斎を始祖とする朱子学一門を崎門学派と呼ぶ。その一門の浅見絅斎が著したのが『靖献遺言』だ。幕府を刺激しないよう、中国の実在の人物をモデルにし、異民族支配に抗う忠臣の生涯を描いた一書。

高山彦九郎胸像

この久留米の地には、崎門学派の門人として森嘉膳に彦九郎を紹介した権藤達樹、真木和泉の儒学の師・宮原桑州らがいた。彦九郎は、久留米の同門ならば、自身の意思を確実に引き継いでくれる。そんな思いを抱いていたのではないだろうか。

維新後、皇族をはじめとして多くの人が彦九郎の墓参に訪れている。その彦九郎の墓所の後ろには、謀殺された大楽源太郎（長州藩）らの「耿介四士之墓」が、大楽らを斬殺した川島、松村、柳瀬の墓と並んでいる。明治四年（一八七一）の「久留米藩難事件」での犠牲者だ。ひっそりと、隠れるように立っている墓碑だが、明治維新とは何であったかを考える上で、こちらにも関心を向けていただきたい。

耿介四士之墓

遍照院は、高山彦九郎の墓があることで知られるが、ここには長州藩の大楽源太郎ら四人の「耿介四士之墓」もある。墓碑の前には看板もあるが、誰も関心を示さない。

維新後、各地で新政府への不満から反乱事件が起きた。明治七年（一八七四）佐賀の乱、明治九年（一八七六）神風連の乱、萩の乱、秋月の乱。明治十年（一八七七）の西南戦争である。

しかし、これら反乱事件の始まりは、明治四年（一八七一）の「久留米藩難事件」、もしくは「明四事件」と呼ばれるものだ。この事件の背景は、新政府の中心を成す長州藩がからんでいるだけに、あまり表にでてこない。むしろ、久留米藩の内部抗争事件のように処理された。

明治二年（一八六九）の十二月、長州藩で「藩兵脱退騒動」が起きる。これは、幕府軍の討伐に参加した長州の農民、商人からなる兵隊たちの部隊を解散する際に起きた。長州藩は士族中心の藩兵を「ご親兵」として朝廷に献上したが、残りの農商兵は用済みとした。ここで、不満が爆発して一触即発となり、長州藩はこれを反政府的行動として農商兵を討伐した。命懸けの戦争から帰還した果てに、農商兵は用済みとして身内から殺されたのだ。

この時、大楽源太郎らは既知の久留米藩に逃げ込んだ。ここで、久留米藩の藩政を牛耳る勤皇党の

高野産八幡宮

Map ➔ p.152

大楽源太郎が殺害された地。高野産八幡宮横の筑後川河川敷

耿介四士之墓（遍照院）

左から柳瀬三郎，松村雄之進，川島澄之助の墓

人々が大楽らを匿った。さらに、藩主の有馬頼咸との謁見までさせている。

しかし、大楽らが久留米に逃げ込んだことから、久留米藩も反政府的として討伐の対象となった。かつて、太宰府天満宮の延寿王院に滞在した五卿の一人、四条隆謌（たかうた）を巡察使として政府は送り込み、大楽らの探索を久留米藩に命じた。ここで、久留米藩、藩主に累が及ぶことを懸念した川島澄之助、松村雄之進、柳瀬三郎らが、大楽ら四名を殺害、自死させたのだった。明治四年三月十六日のことである。その殺害、自死となった大楽源太郎、山縣源吾、小野清太郎、中村要助の墓が「耿介四士之墓」である。

この事件では、久留米藩勤皇党関係者五十名余が処罰の対象となった。斬首となった小河真文（おがわまふみ）を筆頭に、三條実美ら五卿の側近として活躍し久留米藩大参事であった水野正名、真木和泉の甥である大鳥居信任も含まれていた。あの宮地嶽神社中興の祖として禊池（みそぎいけ）側に銅像として立つ川島澄之助もである。

やはり、この事件で処罰を受けた一人である松村雄之進は、明治十三年（一八八〇）三月、福島県安積（あさか）原野開拓のために移住した。久留米開墾社の代表として開拓に力を尽くした一人だが、同志殺害の悔悟（かいご）からか、今も松村らの墓は「耿介四士之墓」の隣にある。泉下で彼らは何を語らっているのだろうか。

55

五卿が登った高良山
倒幕の戦いに備え、拠点を確認か

高良山　久留米市御井町

↓3 50

「菜の花の遥かに黄なり筑後川　漱石」

久留米市の高良山（三一二・三メートル）山頂で夏目漱石の句碑に出会った。楕円の自然石に刻まれた俳句の通り、眼下には筑紫次郎こと筑後川。菜の花の季節であれば、さぞ、見事な景観が広がることだろうと想像する。この時、急な山道を登りながら、漱石は何を考えたのだろうか。移ろいやすい人の世は棲みにくいとでも、思ったのか。

高良山を訪ねようと思ったのは、慶応三年（一八六七）三月、東久世通禧、四條隆謌、壬生基修らが高良山に登ったとの記録を目にしたからだ。彼らの目的は、何だったのだろうか。その謎の一端でも知りたいと思い、神社にも詳しい橘一徳氏（陽明学専門家）に案内をお願いした。

東久世たちは、文久三年（一八六三）の「八月十八日の政変」で長州へと都落ちした。さらに、慶応元年（一八六五）二月には太宰府天満宮・延寿王院に移った。三條以下五卿の滞在は三年ほどだったが、幽閉に近い扱いと思っていた。ところが、意に反し、頻繁に各地を巡っている。その一つが、高良山だった。

高良山中腹には高良玉垂命、八幡大神、住吉大神を祭神とする高良大社がある。筑後一宮、九州総社と呼ばれ、高い社格を誇る。

南北朝時代の正平十四年（一三五九）、この筑後地方では筑後川合戦があった。南朝方の懐良親王を擁する

西鉄久留米駅から西鉄バス御井町下車徒歩30分。またはJR久大線・久留米大学前駅からタクシーで15分

高良山から筑後平野を望む

高良山山頂の夏目漱石句碑

菊池武光と足利方の少弐（しょうに）頼尚の熾烈な戦いだった。高良山には別所城こと毘沙門嶽城があり、ここは懐良親王の本城だった。城跡からの雄大な眺めに声を失う。

城跡からは、幕府天領があった大分県日田市方面を望み、眼下には筑後川に沿って久留米城、真木和泉が宮司を務めた水天宮がある。幕府軍勢が日田方面、有明海方面から襲来しても防御できる。仮に籠城するにしても、もともと高良山は山城。中腹の高良大社は菊の御紋をいただく社だけに弓引くことはできない。

慶応元年（一八六五）五月、筑前勤皇党主導で薩長和解の議がまとまり、同月末には坂本龍馬が太宰府を訪れ五卿と面談をした。東久世らが高良山に登った年の一月、五卿の官位復活、京への帰洛が内定していた。

東久世らは高良山に登るだけではなく、長崎街道、肥後薩摩方面の街道、宿場を巡覧していた。これは、倒幕の戦いに備え、防御と援軍誘導の拠点を確認していたのではないかと考える。

五卿たちは延寿王院でも軍事訓練に励んでいたが、高良山からの地形を目にした時、政権奪取の意欲の強さを再認識したのだった。

奥宮の鳥居

56

水田天満宮・山梔窩
真木和泉、蟄居中多くの門弟を育てる

水田天満宮　筑後市水田62－1

↓3 51

一瞬、場違いなところに来たのでは……と思った。筑後市の水田(みずた)天満宮を訪ねると、若い女性が際立つ。ここには全国でも珍しい恋愛成就の神様「恋木(こいのき)神社」があるからだ。拝殿前の「水田天満宮・ようこそ勤王の志士　明治維新発祥の里へ」と記された標柱があることで、やはり、維新関連の史跡なのだと安堵する。

嘉永五年（一八五二）、真木和泉は久留米藩の「嘉永の大獄」に連座し、水田天満宮での蟄居を命じられる。真木の実弟・大鳥居理兵衛が宮司を務めていたことから、真木は実弟の監視下での生活を余儀なくされる。

その真木の滞在は、およそ十年の長期にわたった。水田天満宮側(そば)に平屋の藁葺き住居「山梔窩(さんしか)」を構えた。山梔窩は別名「くちなしのや」と呼ばれ、口を慎むという真木の意思が込められている。四畳半と三畳ほどの二室きりだが、ここで、真木は多くの門弟を育てた。近在の青少年に対し、学問を授け、撃剣、相撲という身体の鍛錬も義務付けた。「山梔窩塾規」を定め、塾生の生活態度、塾内の立ち居振る舞いにまで注意を払った。塾生は、庄屋、村役人、神職の子弟であり、武士階級ではない。しかし、武士同様の教育を受けた彼らは、のちに維新運動に身を投じる。

山梔窩に集まったのは、青少年だけではない。真木の実弟で太宰府天満宮の社家に養子に行った小野加賀の子息・小野隆助、福岡藩の平野國臣、出羽（現在の山形県）の清川(河)八郎、熊本藩の宮部鼎蔵(みやべていぞう)という勤皇の

JR鹿児島線・羽犬塚駅から徒歩20分，または西鉄バス水田天満宮恋木神社前下車

水田天満宮側の山梔窩

境内の和魂漢才碑

水田天満宮

志士たちもいた。真木の広い学識と思想に惹かれたからだが、とりわけ、平野國臣は蟄居中の真木の手足となり、国内外の情勢を伝える役目を果たした。

嘉永六年（一八五三）、ペリーが浦賀に来航。幕府は安政元年（一八五四）に日米和親条約、安政五年（一八五八）に日米修好通商条約を締結。無為無策の幕府の対応に憤り、真木は失政を糺すとして行動に移った。

文久二年（一八六二）二月、真木は久留米藩を脱藩。門弟たちを従え薩摩へと向かう。薩摩藩との共闘を考えたが、島津斉彬亡き後の薩摩藩は混乱していた。

京都では、薩摩藩の内紛である「伏見寺田屋騒動」に遭遇。計画は頓挫し、真木たちは久留米に送還された。

真木に先行して上京した大鳥居理兵衛も捕まり、送還途中に自決した。実兄や門弟に累が及ばないようにとの配慮と思える。水田天満宮は真木の蟄居先として注目が集まる。しかし、真木を支え犠牲となった理兵衛にも思いを寄せて欲しい。境内の華やかな雰囲気を見ながら思うのだった。

57

柳川城址
明治五年自焼、武士の世の終わりを告げる

↓58 63

柳川城址　柳川市本城町82－2（所在施設：柳川市立柳城中学校）

そもそも、明治維新とは何かを考える時、柳川城址ほど象徴的な場所はない。史跡を示す碑、石垣はあるものの、古木に礎石らしきものがあるだけ。案内看板がなければ、公園と見間違う。本当に、ここに柳川藩を代表する城があったのだろうか。

明治五年（一八七二）一月十八日、柳川城は焼失した。三潴県（維新後の筑後地方を管轄した県）の県令（県知事）らが着任する前日の災禍だった。城址の看板には、「失火」によるものと記されている。

しかし、今では、柳川藩家老・立花壱岐が意図的に火を放ったと伝わる。封建制度の時代、城は藩主と家臣との歴史、結びつきを表す重要なもの。その城を自焼させたというからには、壱岐には、何らかの目論見があったはずだ。

城址のベンチで立花壱岐の評伝『柳川城炎上』（河村哲夫著）をめくってみた。

「この人は磊落で、実に傑出した人物である」

熊本藩の徳富熊太郎が壱岐を評した言葉があった。度量が大きく、小さなことにこだわらない。それでいて、先見の明があると高い評価をくだしている。

さらに、「世界の情勢を知らずして、一国の政治はできない」との熊本の思想家・横井小楠の舌剣に壱岐は激しく反応したという。武士の時代は終わり、四民平等社会が到来すると壱岐は見抜いていたようだ。

城を自焼するということは、封建的身分制度に固執

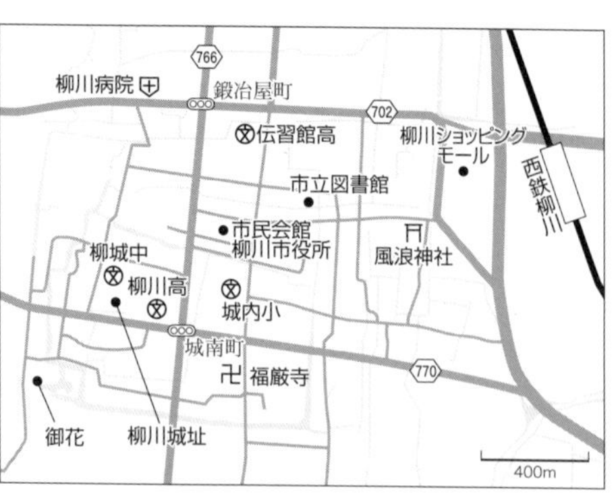

西鉄柳川駅から西鉄バス柳川高校前下車

案内看板

柳川城址

する武士階級の不満を一掃する目的があった。これは、新しい社会体制構築を自覚させることにつながる。明治時代、筑後柳川は自由民権運動が盛んだったが、壱岐の狙いが当たったのか。それとも、従来の米の石高による年貢という制度から、新政府が進める土地所有に対する税金という制度に、見落としがあることを見抜いていたのだろうか。

現代、北原白秋の故郷、ウナギのセイロ蒸、川下りと、柳川は国内外の人気の場所だ。週末ともなれば、張り巡らされたクリークは観光客を満載したドンコ船で埋め尽くされる。船頭の棹さばき、民謡、語りとともに、ゆっくりと時間だけが過ぎていく。旧藩主・立花公の屋敷である「御花」の門前も観光バス、タクシーで混雑する。武士の時代には到底想像もできない光景。

明治維新とは何か。次世代にその意義をつなぐ総括の年にあたり、壱岐の思想と行動は注目に値する。

なお、『柳川藩立花家中列伝』の著者である原達郎氏に立花壱岐の墓がある福厳寺（ふくごんじ）に案内していただいた。藩の家老であったとは思えないほど簡素。妻の登茂子とともに眠っていた。

58

彰義隊・上原仙之助の故郷
上野戦争後、榎本艦隊に合流

↓ 57 59

柳川市

テレビの影響は大きい。そう思ったのは、上野寛永寺（東京都台東区）の第三霊園を訪れた時だった。平成二十年（二〇〇八）、ＮＨＫ大河ドラマは「篤姫」だったが、それに感化された女性たちが、篤姫の霊廟前に群がっていた。東京大学赤門に似た紅殻の門構えがあり、扉は閉まったままなので篤姫の墓を見ることはできない。それにもかかわらず、女性たちからは歴史の人物に直接触れたかのような興奮が感じられた。上野の山で、往時を偲べるものといえば、寺院と墓群、年輪を重ねた樹木くらいしかない。その中でも、徳川家の霊廟が居並ぶ様は圧巻で、瞬時に江戸時代にタイムスリップする。

この上野の山と、遠く離れた九州・福岡とは無縁のものと思っていた。ところが、旧幕府軍の「彰義隊」に上原仙之助という柳川藩士が加わっていたことを知って感嘆の声をあげた。上原の実兄は旗本の木下家に養子に行き、木下福次郎と名乗っていた。兄も彰義隊に身を投じた。幕府崩壊後、江戸市中では、白昼でも商家に強盗が押し入るなど、秩序が著しく乱れていた。慶応四年（一八六八）二月、その江戸の治安維持のための彰義隊が編成された。

その江戸に官軍兵士が入ってきた。当然、彰義隊と官軍とはいがみ合う。将軍様のおひざ下を自認する江戸の庶民は、崩壊したとはいえ、徳川将軍家を贔屓にする。吉原の女性たちまでが義経袴を身に着けた粋な彰義隊士を情夫に持ちたがる。反して、官軍は筒袖姿の農兵であり、芋侍、田舎侍と江戸庶民から揶揄された。

上野寛永寺の山主は皇族である輪王寺宮（北白川宮能久）である。宮を戴き、彰義隊は官軍との徹底抗戦を主張した。それを、長州藩の大村益次郎がアームストロング砲で粉砕してしまったのである。

西鉄柳川駅下車

Map → p.156

柳川のクリークで川下り

寛永寺・篤姫の霊廟門

柳川藩主立花邸「御花」

上野の山の戦い後、上原は剃髪して医者に変装。品川沖に停泊していた旧幕府軍の榎本艦隊に合流し蝦夷地（北海道）へ渡った。彰義隊の指揮官として戦ったが、官軍の近代兵器にかなわず、降伏。謹慎、赦免後は鷹羽玄道と名を変え、東京で鍼医者となった。上原は明治四十四年（一九一一）まで存命だったが、新政府の世の中をどのように見ていたのだろうか。

五月十五日に始まった上野の山の戦いだが、皇族の輪王寺宮（北白川宮能久）は錦の御旗に弓引いた賊扱いとなった。これは、輪王寺宮の取り巻きが官軍との交渉を無断で拒否したことにあったが、これは、実に気の毒な結果となった。

その輪王寺宮に殉じた形の上原仙之助だが、実兄が養子とはいえ、旗本に取り立てられたことを名誉に思っていたのか。まさか、あの強大な権力を誇る幕府が簡単に崩壊するとは、思いも至らなかったのだろう。維新史では「彰義隊」と一括りにするが、個々に遡れば、上原のような人物がいたことに驚きを隠せない。

59 医師・高松凌雲生誕地

パリから帰国後、五稜郭で治療

高松凌雲生誕地　小郡市古飯789

↓ 42 58

「博愛の医師」とも、「赤十字精神の医師」とも呼ばれる高松凌雲（りょううん）の生誕地を確認したいと思った。西鉄天神福岡駅から急行電車等を乗り継いで三十分余、西鉄小郡駅に降り立った。ここから徒歩で高松凌雲の生誕地までは、電車一駅分はある。しかし、電車やバス、ましてや自家用車もない時代の人と同じ感覚で風景を見てみたいと思った。

とはいえ、不覚にも道を見失い、小郡市の総合保健福祉センター「あすてらす」にたどり着いた。しかし、このことが功を奏した。この「あすてらす」に、高松凌雲に関する資料が展示され、パンフレットまでもが用意されていたのだ。ここから、凌雲の生誕地までは、迷うことなく行きついた。

生誕地の高松家は、刈り入れ前の青々とした稲田が広がる筑後平野の一画にあった。側には、長崎街道から分かれ、薩摩へと続く薩摩街道が延びている。凌雲が生まれたのは天保七年（一八三六）の頃であり、西郷隆盛ら薩摩の要人たちも高松家を目にしたはずだ。

凌雲は高松興吉の三男として誕生し、久留米藩士族の養子となるも出奔。そこから、兄を頼って江戸に出て医学を学ぶ。しかし、本格的な医学修業は大坂の緒方洪庵（こうあん）の適塾（てきじゅく）に入ってからになる。雄とした筑後平野を飛び出て、もっと広い世界を見たいと思ったのだろう。その凌雲はフランスのパリで先進的な医学を学ぶことになる。凌雲自身、想像すらできなかっただろう。

西鉄端間駅から徒歩30分

すべては、幕府の奥詰め医師を命じられたことが機縁だった。

しかし、パリの施療院「オテル・デュー（神の館）」での医学修業も慶応四年（一八六八）の鳥羽伏見の戦いで中断。急ぎ帰国の途についたものの、すでに幕府は崩壊し、新政府の世になっていた。幕府に対する恩義から、榎本武揚（えのもとたけあき）とともに北海道箱館（函館）の五稜郭に立てこもり、新政府軍と戦った。近代兵器を駆使する敵を前に、旧幕府軍兵士の受けた傷は想像以上に酷なものだった。

高松凌雲生誕地碑（左側）

最寄りのバス停。コミュニティバスがあすてらす前から出ている

凌雲は傷病兵を治療する病院を任されていたが、この時、敵方である新政府軍兵士の治療も行った。このことが、凌雲を博愛の医師、赤十字精神の医師とも呼ぶ由縁となった。傷病兵に敵味方はない。この凌雲の強い信念は、パリの施療院「オテル・デュー（神の館）」で得たものだろう。

敗者となった凌雲は、厳しい謹慎生活を強いられた。赦免後は新政府の出仕を断り、貧民の治療にあたるなどして社会奉仕を続けた。敵味方の分け隔てなく凌雲が治療にあたったことが功を奏し、榎本武揚は新政府で外交官としての道を歩むことができた。

凌雲の生誕地碑を確認した後、コミュニティバスの到着時間まで、高松家側の諏訪神社境内で凌雲の生涯を振り返った。筑後平野から飛び出し、広い世界を見たい。それが凌雲の本音だったのでは、と思い至った。

60

薩摩街道松崎宿・油屋
西郷隆盛が宿泊したと伝わる

油屋　小郡市松崎786－1

↓ 8 56

薩摩藩関係者が多数往来

篤姫こと天璋院篤姫が輿入れの際に通過したという薩摩街道松崎宿を訪ねた。松崎宿（小郡市）に行くには、西鉄天神福岡駅から急行で小郡駅まで行く。ここでワンマン運転のレールバスである甘木鉄道に乗り換え二駅目の松崎駅で降車。西鉄天神福岡駅から、およそ一時間ほどだった。

松崎駅からは、薩摩街道に進む路面標示がついているので、それに従う。歩くこと五分ほどで、旧街道に面した旅籠「油屋（あぶらや）」が目に入る。

この「油屋」には西郷隆盛が宿泊したという伝承が残っている。しかし、それがいつのことで、どういった用件であったかなどは、古老の口伝でしか残っていない。さらに、エピソードとして、「油屋」の階段を西郷が上っている時、西郷の愛犬も勝手に階段をあがってきたという。西郷は、「オマエも客と思っているのか」と鷹揚に構え、周囲もその西郷の言葉に大笑いしたという。そういった伝承を裏付けるように、西郷が使用したという朱塗りの大きな盃五客分がガラスケースに展示されていた。

街道に面した「油屋」の二階濡れ縁からは藪が目につく。これは、手入れの行き届かない竹藪と思ってしまうが、そうではない。松崎宿には本陣跡もあるが、緊急時、その本陣を砦として利用するための防衛のためだった。「大名旅行」という別称があるように、参勤交代は優雅な旅行と思ってしまう。しかし、武士が危機に備えたことがうかがい知れる場所でもあった。

危機に備えるといえば、この松崎宿に薩摩藩第十二代藩主の島津忠義が宿泊中、大事件の急報が飛び込ん

甘木鉄道松崎駅から徒歩５分

Map ➔ p.160

できた。万延元年（一八六〇）三月三日の「桜田門外の変」である。幕府の大老・井伊直弼が暗殺されたのだが、その襲撃犯の中心は水戸藩士だった。しかし、そのうちの一人は薩摩藩士だったことから、江戸に向かっていた一行は藩主の急病を理由に薩摩へと急反転したのだった。

文久二年（一八六二）八月二十一日、薩摩藩とイギリスとの直接対決のきっかけとなる「生麦事件」が起きた。これは、幕政改革で江戸に向かった島津久光（島津忠義の父）の行列をイギリス人たちが横切ったことによるもの。この島津久光が江戸へと向かう際、七百名近くの薩摩藩関係者が松崎宿に宿泊したこともわかっている。その分宿手配で宿場が大変だったのは容易に想像がつく。

「油屋」外観

「薩摩屋」跡地の松崎郵便局

また、この薩摩街道松崎宿を南に下ると左手に松崎郵便局がある。ここは以前、「薩摩屋」と呼ばれる薩摩藩の定宿があった。これも伝承ながら、嘉永六年（一八五三）、この「薩摩屋」に輿入れで江戸に向かう篤姫が宿泊したという。

「薩摩街道」と名がつくだけに、薩摩藩関係者の名前が多数確認できる松崎宿だが、吉田松陰の名前も見える。今では、往時を偲ぶものは「油屋」、本陣跡の藪だけだが、それでも想像を掻き立てられる場所だ。

大庄屋樋口家に残る真木和泉の書簡

薩摩街道・松崎宿の旅籠「油屋」を訪ねると同時に、『小郡市史』を確認してみた。そこには旅籠の油屋に関する記述もあり、保存に至る経緯も記されていた。さらに、「松崎宿」周辺の記録についても紹介があった。

その中で目を引いたのが「樋口家文書」だった。その樋口家文書に真木和泉の書簡三通が含まれていたからだ。樋口家は旧御原(みはら)郡井上村（現在の小郡市井上）にあった大庄屋である。真木和泉の娘・小棹が嫁いだのが樋口家の親族の一人である樋口胖四郎だ。真木家の系図にも小棹の名前のそばに「樋口胖四郎室」との記載を見ることができる。

その書簡だが、天保十五年（一八四四）、真木和泉が江戸に向かった様子を樋口謙太に宛てたもの。真木和泉が江戸に向かったのは水戸学を学ぶためだったが、会沢正志斉(せいしさい)に会った時のことだ。

そして、万延元年（一八六〇）十月十六日付の書簡では、福岡脱藩浪士の平野國臣を宜しくお願いしたい、と記されている。この年の三月、江戸では大老・井伊直弼が水戸藩士、薩摩藩士らに襲撃され、暗殺されたばかりである。一説では、平野はこの井伊直弼襲撃について事前に情報を入手していたと言われる。この頃、平野は他藩と内通しているのではとの嫌疑から、自身の出身藩である福岡藩の捕吏に追わる身であった。

最後の書簡は、文久三年（一八六三）九月十五日付である。尊攘派公卿である三條実美らが公武合体派に京の都を追われた「八月十八日の政変」直後である。今は長州に三條公らと留まっているが、汚名を雪(そそ)ぎたいと真木和泉が企図していることが読みとれる。この策謀が後の「蛤御門(はまぐりごもん)の変」こと「禁門の変」である。

真木和泉が書簡を寄せた樋口家は大庄屋という立場から、久留米藩から献金を求められた。寛政八年（一七九六）、講談所こと「明善堂」という学問所設立のために金三百両、代銀十八貫目を献金しているが、その資金力には驚くばかりだ。真木和泉が活動家として全国を遊歴することができたのも、このような有力者が背後に控えていたからだったと知る。

桜馬場（甘木方向）

松崎駅から路面標示をたどる

松崎城跡案内看板

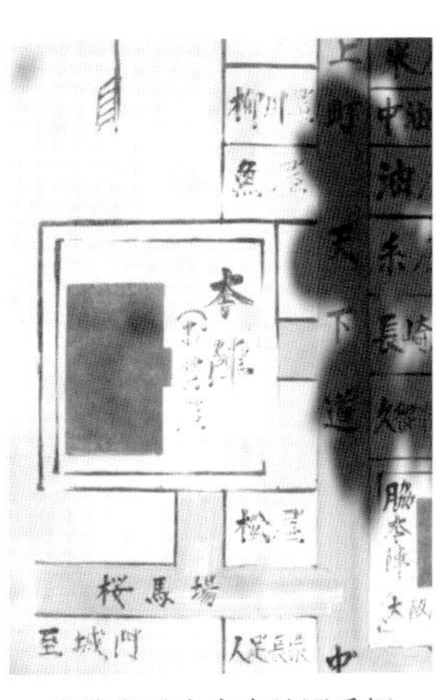

本陣を示す案内地図看板

嘉永五年（一八五二）、真木和泉は久留米藩の「嘉永の大獄」で幽閉。実弟の水田天満宮宮司である大鳥居理兵衛のもとで謹慎を求められた。地図を確認すると、この水田天満宮は薩摩街道・羽犬塚宿に近い。謹慎中の真木のもとを肥後熊本藩の横井小楠、庄内の清川（河）八郎、平野國臣らが訪ね来たのも納得のいくものだった。

安政五年（一八五八）、いわゆる「安政の大獄」で追われる身となった勤皇僧月照だが、なんとか薩摩に落ち延びることができた。この背後には、樋口謙太のような支援者が複数、薩摩街道沿いに存在していたことが見えてくる。樋口謙太の名前を目にし、もう一度、資料を読み返さねば……。

61

新撰組・篠原泰之進の生地

二転三転、波乱に富んだ生涯

篠原泰之進の生家跡　うきは市浮羽町高見五－二－六（個人宅）

↓ 42 53

　幕末、京の都で「泣く子も黙る」と恐れられたのが新撰組だった。特に、近藤勇、土方歳三が新撰組の権力を掌握してからというもの、その規律の厳しさは内外を圧倒していた。いわば、近藤らは恐怖政治によって存在感を示していたことになる。その新撰組内部において、近藤らと正面から対立したのが、伊東甲子太郎（かしたろう）を領袖と仰ぐ高台寺党（こうだいじ）だった。今回、その新撰組高台寺党に属した篠原泰之進（しのはらたいのしん）の故郷、うきは市の実家を訪ねた。

　記録には、うきは市浮羽町高見五―二―六と詳細な番地までもが記されている。筑後川流域は田畑が広がり、その中に住宅が点在する。特定の目標物がない中、杉山満丸氏（小説家の夢野久作の直孫）のナビによって、車はピタリと篠原泰之進の故地に停まった。

　さらに、車を停めた場所の横には、篠原が立てたという両親の墓碑まであった。この地域の特色として、一族の墓所は邸の敷地内に設けるという。ちょうど、夕刻の時間だったことから、篠原一族の墓碑群は残照を浴び、刻まれた文字もはっきり見て取れた。

　もともと、隠れ苗字を持つ石工であった篠原家だが、明治の時代、泰之進が久留米藩の士分として取り立てられたことで、墓石にも篠原という苗字をしっかり刻むことができた。これは、一族としては成功者の証であり、誇らしいことではないか。

　篠原泰之進は文政十一年（一八二八）十月十日、石工であった父・元助の長男として誕生した。もう一つの元助の隠し苗字は秦（はた）であるが、篠原は一時、秦茂親と名乗ったこともある。身分は石工とはいえ、先祖が帰農したことによるものと思われる。

　篠原は幼い頃から家業には目もくれず、剣術や柔術などの武芸に励んだ。久留米藩士の従僕となり、つい

には従者として江戸に向かった。江戸での篠原は武術のみならず、水戸学という勤皇思想の根本も学んだ。このことが伊東甲子太郎と意気投合する機縁となり、その後は伊東が新撰組に入れば篠原も従うというまでになった。しかし、新撰組に入った篠原だったが、近藤勇らとの権力闘争事件である慶応三年（一八六七）の「油小路（あぶらのこうじ）事件」に巻き込まれた。しかし、乱闘の末、逃げ切ることができた。

篠原泰之進の両親の墓

　京の薩摩藩邸に逃げ込んだ篠原は、以後、官軍の赤報（せきほう）隊に身を投じ、倒幕戦争に従軍する。しかし、岩倉具視の寝返りから赤報隊は偽官軍呼ばわりされ、相良（さがら）総三ら八人は斬首、篠原は牢に放り込まれるという事態にも遭遇した。

　維新後の篠原は新政府の官僚となるが、ここでも明治四年（一八七一）の久留米藩難事件に関与した嫌疑を受け免官。疑惑が晴れて復職したものの、嫌気がさしたのか民間人になった。後年はキリスト教に帰依し、穏やかな晩年を過ごしたという。

　篠原の両親の墓碑を目にし、しばし、篠原の波乱に富んだ生涯を思い返していた。

　後日、篠原の墓があるという青山霊園（東京都港区）を訪ねた。篠原家の墓碑にはクリスチャンを証する十字が刻まれていた。ふと、左手を見て驚いた。あの田中久重の墓があったのだ。

豊前

小倉藩の成立と幕末・維新❖概要

豊前小倉藩の成立を語るには、やはり、慶長五年（一六〇〇）の関ケ原の戦いは避けて通れない。関ケ原の戦い以前、この豊前を治めていたのは毛利勝信だった。しかし、西軍に加担したことから徳川家康に領地を没収され、その後を継いだのが細川忠興（ただおき）だった。ところが、寛永九年（一六三二）、肥後熊本を治めていた加藤家が改易となり、細川氏が豊前から肥後熊本へと領地替えとなった。その空白は播磨国明石の小笠原忠真（ただざね）が埋めることになり、十五万石が安堵され、豊前の領主となった。

この豊前を統治する小笠原家と徳川家とは縁戚関係（譜代）であり、徳川幕府とすれば、

写真：英彦山大神宮下鳥居

小倉藩に九州全域を監督する鎮西探題の役目を期待していた。事実、密貿易取締りのため、小倉藩に対して幕府から一万石の特別給付が下されていた。

この特別待遇を受ける小倉藩だったが、それは豊前国の置かれた地勢上の関係が大きい。小倉藩の目前には馬関海峡（関門海峡）があり、西南雄藩は大坂との通商において馬関海峡を通過する。その動向を監視するに適した地が豊前である。地図を見てもわかるが、小倉藩領の田野浦（現在の北九州市門司区）は、海峡を通過する諸藩の船舶を監視する場としては最適である。

さらに、小倉城下の常盤橋（ときわ）は、長崎街道、長崎街道から分岐する唐津街道、秋月街道など、九州各地を結ぶ街道の基点である。いわば、九州全域の通商の要が小倉藩に集中しており、自然、諸藩の動静を観察できる要衝でもあった。外様大名を厳格に監視したい幕府にとって、豊前小倉に小笠原家を配置することは、願ったりかなったりだった。

しかし、嘉永六年（一八五三）、江戸城に近い浦賀沖にアメリカのペリー艦隊が来航する。この天下の一大事から小倉藩は海峡を挟んだ長州藩と対峙することになる。朝廷の勅令による攘夷か、徳川幕府を介して朝廷の意向を補佐するのかの対立である。いわば、勤皇派と佐幕派との対立だが、当然、鎮西探題を自認する小倉藩としては徳川幕府を介しての佐幕派だった。

ここで振り返らなければならないのは、徳川幕府の国替えである。天下の趨勢（すうせい）が決着し、福岡藩のように褒賞として筑前国を安堵される場合もあれば、西軍に加担したことで領地を没収、もしくは大幅に削減された領主がいた。その後も、改易という手法で、筑後一国の領

小倉城天守閣

小倉・常盤橋碑

主である田中家、肥後一国の領主である加藤家が廃絶となり、パズルゲームのように、国替えが行われた。結果、小笠原家が豊前国の領主となったのだが、馬関海峡（関門海峡）の両岸を小笠原家に統治させなかったことが徳川幕府にとって大きな禍根となった。

文久三年（一八六三）、長州藩は朝廷の攘夷決行に従い、馬関海峡を通過する外国船を砲撃した。この時、長州藩は小倉藩に対し、田野浦に台場（砲台）を築きたいと、租借（そしゃく）を申し入れた。小倉藩は幕府の意向を窺っていたが、業を煮やした長州藩が田野浦に上陸し、勝手な振舞いを始めた。平時においては、特段の対立もなかった両藩だったが、慶応二年（一八六六）の幕府による第二次長州征討においては長州藩と小倉藩との全面戦争となった。ここで、長州藩に小倉城を攻め落とされることを潔しとしない小倉藩の重臣たちの合意で城を自焼。その後の小倉藩は敗走に次ぐ敗走を重ね、香春（かわら）（現在の田川郡）まで主力部隊を撤退させて長州藩との戦いを繰り広げた。この小倉藩の対応を、時代の趨勢を読み切れなかったと判断するのか、徳川家に対する忠義と見るのか、判断を下すことは難しい。

さらに、小倉藩の背後には英彦山がある。ここは、九州の諸藩に属さない独立国の様相を呈していた。ゆえに、鎮西探題を自認する小倉藩の干渉も受けないという場所だった。その英彦山に長州藩が接触し、事情に応じて小倉城を攻めとるという謀略をはたらきかけた。英彦山の先には幕府の天領日田があり、幕府譜代の小倉藩と日田とを遮断する位置にあった。英彦山の山主は尊皇攘夷派公卿の代表・三條実

「田之浦番所の鼻」看板は
町内会の地図の右側にある

田之浦より，関門海峡を望む

美とは縁戚関係にあり、いわば、小倉藩は背後に〝後門の狼(おおかみ)〟を据えているようなものだった。

幕末維新史を勝ち組、負け組で大別すれば、小倉藩は負け組である。ゆえに、その詳細は後世に正確に伝わっているとはいいがたい。一時期、香春に藩庁を置いた旧小倉藩だったが、豊前の豊津に移転し、ここに豊津藩を開いた。幕府に対し、義を貫いた結果だが、その境遇が似ているからか、維新後、会津藩の子弟を豊津藩の藩校育徳館に受け入れている。この義理堅さは、注目しても良いのではと考える。

さらに、明治期、新政府に対する武士の反乱が各地で勃発した。豊津藩にも新政府に対する反乱分子が存在し、「秋月の乱」では旧秋月藩士に同調する豊津藩士がいた。しかし、この反政府の決起には加担せず、人材の損失を防いだ。この英断も含め、豊津藩の歴史の再検証が必要と考える。

62

九州の玄関口小倉・常盤橋

薩摩藩下陣で西郷と中岡が密議

常盤橋 北九州市小倉北区室町2丁目

10 49

西郷隆盛、土佐の中岡慎太郎が密議を交わした場所を探しに、北九州市小倉北区の「常盤橋」を訪ねた。現在の常盤橋は平成七年（一九九五）に復元されたもの。小倉北区京町と室町との間を流れる紫川に架かっている。文政九年（一八二六）一月、長崎出島のオランダ商館医ジーボルトも江戸参府の折に「橋を渡った」と記している。

江戸時代、常盤橋は九州各地に延びる街道の要衝だった。門司に向かう「門司往還」、中津や宇佐に向かう「中津街道」、筑豊の香春や筑後の秋月、久留米に向かう「秋月街道」、長崎に続く「長崎街道」。さらに、長崎街道から分かれて唐津に向かう「唐津街道」につながる。いわば、豊前小倉は九州の玄関口であり、常盤橋は江戸の日本橋に匹敵する基点だった。

参勤交代での諸大名は、荒れる玄界灘より、安全な陸路を選択した。そのため、常盤橋の東西には幕府関係者の「大坂屋」、福岡藩の「鍋屋」、小倉藩の「御客館」、薩摩藩、熊本藩の「村屋」など、多くの宿屋が軒を連ねていた。江戸時代の絵図を見ても、常盤橋周辺には廻船の帆柱が林立し、その繁栄ぶりが窺える。

薩摩藩本陣の「村屋」は常盤橋西側にあった。現在の小倉北区室町三のあたりになる。西郷と中岡が会談したのは薩摩藩の下陣という。そうであれば、本陣の「村屋」の近辺なのではと見当をつけて歩いた。

三條実美ら五卿の随員として長州にいた中岡慎太郎

JR鹿児島線・小倉駅から徒歩10分

常盤橋

室町・長崎街道

は、西郷が信に足る人物か否かを見極めたかった。中岡は福岡藩の早川勇の下僕と偽り、元治元年（一八六四）十二月四日、西郷との密談に漕ぎつけた。

この会談は、いわば福岡藩筑前勤皇党が主導する薩摩と長州との和解、いわゆる「薩長和解」交渉の一つである。さらに、薩摩、長州、筑前福岡の同盟関係の打診でもあった。

復元された常盤橋の袂（たもと）には、往時の位置関係がわかる看板がある。そこには長崎街道に面し、多くの旅館が立ち並んでいたことが一目瞭然。「村屋」がどこにあったかも示されている。長崎街道のルートに沿って、注意深く、周辺の路地一本一本、標柱の一つ一つまで確認しつつ進んだ。

今から四十年ほど前、この室町界隈を歩いたことがある。木造とはいえ商店が軒を連ね、人の往来で賑わい、その間隙を縫って車が進んでいた。その時は、まさか、ここが歴史の大きな転換点の場であったことなど、まったく、想像もつかなかった。

しかし、現代、再開発によって室町周辺は大きく様変わりし、残念ながら、下陣については確認できなかった。

けれども、薩長筑同盟にかける志士たちの、熱い息吹だけは十二分に吸い込むことはできたのだった。

63

小倉城
第二次長州征討時、自焼し徹底抗戦

↓ 64 65

小倉城　北九州市小倉北区城内2－1 勝山公園内

国内外からの観光客に人気がある北九州市小倉北区の小倉城を訪ねた。現在の小倉城は昭和三十四年（一九五九）に再建され、今も小倉のシンボルとして親しまれる。

この小倉城は、慶応二年（一八六六）八月一日に焼け落ちた。豊長戦争とも四境戦争ともいわれる第二次長州征討の折、長州藩に降伏することを潔しとしない小倉藩家老・小宮民部が火を放ったと伝わる。

慶長七年（一六〇二）、細川忠興が豊前の領主となった。しかし、肥後熊本の加藤家が改易になったことから細川家は肥後熊本に国替えとなった。

寛永九年（一六三二）、播磨国明石から小笠原忠真が初代藩主として小倉城に入城。以来、徳川幕府の親藩として小倉藩は周辺の外様大名を監視する立場にあった。石高とは別に小倉御城米と称する密貿易取締り費用も与えられた。さほど、幕府が名代としての期待を小倉藩にかけていたことになる。

しかし、元治元年（一八六四）八月、四国艦隊と長州藩との砲撃戦前、長州藩兵は小倉藩領・門司の田野浦に上陸。農民、漁民の家々は宿舎として接収。小倉藩の藩札（注意書き）を海に投げ捨てるなど、横暴な振る舞いを続けた。このことは、直接に幕府を愚弄する行為である。小倉藩としても、長州再征で長州藩を討伐しなければメンツがたたない。

だが、長州藩は馬関海峡（関門海峡）の潮の流れを利用し、緩急ある攻撃を仕掛けてくる。そこに坂本龍馬までもが海戦を指揮。この背景には、慶応二年（一八六六）一月に坂本が仲介した「薩長同盟」が成立していたからだ。坂本は、長崎の隠れキリシタンを扇動してまで倒幕を試みたほどだが、倒幕の前哨戦として、喜々としてこの小倉藩との戦いに臨んだことだろう。

JR鹿児島線・小倉駅から徒歩15分

Map → p.172

小倉城

現在は大型商業施設が建ち並ぶ

長く泰平の世が続いたこともあり、小倉藩には十分な兵員、近代兵器の備えがなかった。急遽、兵員補充のために農民が集められた。武具は自前ながら、苗字帯刀を許したことから農民たちは競って募集に応じた。しかし、実戦経験に乏しい農兵は捨て身の長州藩勢を前に逃げ惑うばかり。

幕府軍として参戦した肥後熊本藩、筑後柳川藩なども苦戦を強いられた。熊本藩兵は討ち死にした味方の首を長持ちに詰め、熊本に帰藩したという。

それでも、小倉藩家老の島村志津摩は香春（筑豊）まで小倉藩勢を後退させ、地の利を生かし、徹底抗戦の末に長州藩との和議に持ち込んだ。

優雅な現代の小倉城を見上げ、ふと、「夏草や兵どもが夢のあと」という芭蕉の句が口をついた。

明治以降も小倉城のあった場所は、政府軍の主要部隊が駐屯し、九州各地での武士の反乱を鎮圧する拠点となった。

小倉城のお堀側，リバーウォークの横にひっそりと立つ乃木希典居宅址碑。説明文には「乃木さんが歩兵第十四聯隊長心得として明治八年十二月十九日着任以来同十年二月十三日西南の役に出動するまで居住した跡を示すものである」とある

64

田野浦
四国艦隊が長州藩の台場を砲撃

田野浦臨海公園 北九州市門司区新開13

↓ 23 63

関門海峡を挟んで長州藩と対峙

元治元年（一八六四）八月、イギリス、オランダ、フランス、アメリカの四国艦隊が長州藩の台場を砲撃した。その四国艦隊が集結した北九州市門司区の田野浦に出かけた。関門海峡を挟んで長州藩（現在の山口県）と対峙した場所だが、その距離感を自身の目で確かめたかった。

田野浦に行くため、ＪＲ鹿児島線・門司港駅で降りる。ホームに立った瞬間、青函連絡船の乗換駅であったＪＲ東北線・青森駅（青森県）での光景が思い浮かんだ。鉄道と港が一体となった場所は、どこか雰囲気が似ている。

近年、この門司港駅周辺は「門司港レトロ」と称して観光地に変身している。門司港駅の駅舎自体がレトロな建物として有名だが、駅前広場には「バナナの叩き売り発祥の地」碑、「旧大連航路上屋」を

「バナナの叩き売り発祥の地」碑

JR 鹿児島線・門司港駅から西鉄バス田野浦下車。または門司港レトロ観光線・関門海峡めかり駅から徒歩30分

門司港風景

示す看板が目に入る。どこからか、名物の「焼きカレー」のスパイシーな匂いも漂ってきた。まさに、ここは、九州とアジアとを結ぶ玄関口なのだ。海外渡航は船が中心の時代、台湾、大連など、世界各地を結んでいたのが門司港だった。

目的地は田野浦だが、素通りするのはもったいない。門司港駅も魅力的だが、それだけではなく、周辺の洋館風の事務所群にも目を見張る。かつて、門司港がどれほどの繁栄ぶりだったかを堪能する。

門司港駅前から田野浦行きの西鉄バスに乗る。およそ十五分で終点の田野浦に到着。周囲を見回すと、小高い山が海にまで迫り、関門海峡を通過する船を監視するに適した要衝であることがわかる。しかし、現代、海は埋め立てられ、片側三車線の産業道路を大型トラックが爆走する。カラフルなコンテナ、大型重機用のタイヤを積んだ車両が我が物顔で走り去る。

海峡を左手に見ながら埋め立て地を進む。コンテナが積み上げられた岸壁から、海峡を望んでみた。ここに、四国艦隊の戦艦や補給船など十八隻余が停泊していたのかと想像する。対岸の長州藩下関前田台場跡と思しき

田野浦の案内看板

場所を見ると、ビルや倉庫、海浜を走る車までもが望見できる。直線距離でおよそ二・五キロの近さ。岸壁から釣り糸を垂れる釣り師に混じり、しばし、海峡を進む貨物船の様子を眺める。船が通過するたび、岸壁に大きな波が打ち寄せ、飛沫が上がる。船はまるで、流れの早い大河を進んでいるかのよう。

　長州藩が外国船に攘夷として砲撃したことへの報復が四国艦隊集結の大義名分。

　しかし、なぜ、被害を被っていないイギリスが九隻もの戦艦を送り込んだのだろうか。豊前小倉藩領の田野浦を香港のような租借地にしたい。イギリスには、そんな野望があったのか。それとも、日本経済の首根っこである馬関海峡（関門海峡）を制圧することで、日本の完全なる植民地化を図ろうとしたのだろうか。疑問は膨らむばかり。

四日間にわたる戦い

　文久三年（一八六三）五月、長州藩は「攘夷」と称して馬関海峡を通過する外国船への砲撃を始めた。この報復が、翌年八月のイギリス、オランダ、フランス、アメリカからなる四国艦隊の長州藩砲台への砲撃だった。

　この四国艦隊と長州藩との戦いを当時の落書（らくがき）はこう記している。

「神国の光もつよき輝元を
くもらす御代のむさしきたなし」

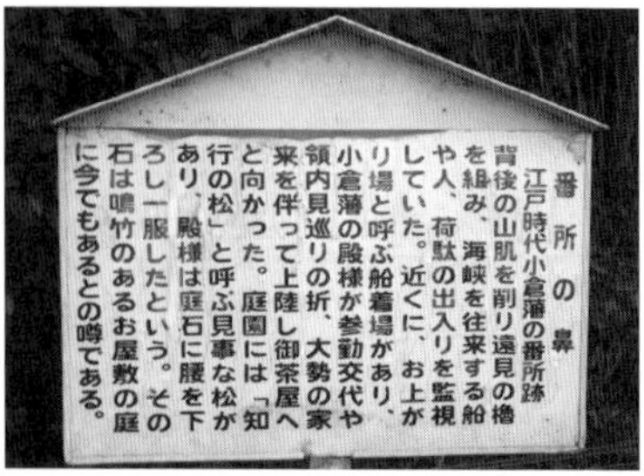

　朝廷の威光を背景にした長州藩（毛利輝元）と四国艦隊との決戦の様を、巌流島での佐々木小次郎、宮本武蔵との決闘になぞらえてのもの。それほど、世間の耳目が集まる一戦だった。

　この戦闘状況については、イギリスの通訳官であるアーネスト・サトウが『一外交官の見た明治維新』に記すだけでなく、馬関海峡を経由して大坂に米や特産物を運ぶ廻船問屋も記録するほどだった。

　しかし、四日間にわたる戦いは、四国艦隊の完勝だった。長州藩の前田砲台、壇之浦砲台はことごとく四

番所の鼻の看板

田野浦埠頭から関門海峡を望む。左手奥は関門大橋

国艦隊の砲撃で壊滅。四国艦隊は続いて海兵隊員を上陸させ、長州藩の大砲を戦利品として持ち去り、弾薬は廃棄、長州藩兵を内陸へと追い詰めた。この時、長州藩は弾薬庫を爆破させるなどして対抗したが、彼我の差は想像以上に大きかった。

　実は、この戦闘期間中、イギリスに雇われていた二人の日本人が長州藩の捕虜となった。この捕虜の供述で、幕府、薩摩藩がイギリスに資金提供をし、イギリスは傭兵部隊として長州藩を攻撃したと判明。

　長州藩の暴走を抑えたい幕府と薩摩。海峡を制圧して交易の拡大を図りたいイギリス。それぞれの思惑が錯綜する戦いでもあった。さらに、イギリスは金儲けのためならいずれにも簡単に転ぶ。その事実を知って、長州藩は憤慨もし、落胆もしたことだろう。

　結局、急ぎイギリスから帰国した井上馨、伊藤博文の仲介によって長州藩はイギリスと和議の交渉を始めた。長州藩代表は、高杉晋作が家老の宍戸刑馬と偽って対応。和議といいながら、その実、イギリスを上手に丸め込んでの倒幕の密議であったとも伝わる。

　この頃、アメリカは南北戦争の最中であり、北軍は我が物顔で太平洋を遊弋する南軍のアラバマ号を追跡するのに翻弄されていた。アメリカが主力艦隊を投じていたら、この長州藩と四国艦隊との戦いはどのような結末を迎えただろうか。

　なお、この戦闘後、神国だ、ご託宣だと言い募った割に完敗した長州には、日本国の恥との批判が向けられた。

65

甲塚墓地
翻弄された運命が眠る

甲塚墓地　京都郡みやこ町豊津甲塚墓地

↓ 10 63

会津・郡長正の墓碑

幕末維新史において会津藩を意識するようになったのは、山川健次郎を知ってからだった。山川健次郎は明治専門学校（現在の九州工業大学）、九州帝国大学総長を歴任した人物だが、その出自は会津藩の白虎隊士だった。山川を介して、九州と東北との距離感が、ぐっと、縮まった感がある。そんな時、明治初頭、旧会津藩から豊津藩（現在の京都郡みやこ町）の藩校育徳館（いくとくかん）に留学してきた郡長正（こおりながまさ）という少年の存在を知った。

郡長正は安政三年（一八五六）、会津藩家老・萱野（かやの）権兵衛の次男として誕生した。しかし、文久三年（一八六三）の「八月十八日の政変」、元治元年（一八六四）の「禁門の変」において、朝敵として扱われた長州藩の会津藩に対する怨念は深かった。慶応四年（一八六八）から始まった鳥羽伏見の戦い、会津戦争は、会津藩を完膚なきまでに叩きのめした。一五〇年を経過した現代においても、会津藩の屈辱の思いは続いている。

かつて十八万石を有した会津藩（福島県）も、わずか三万石の斗南藩（青森県）に領地替えを求められ、苦しみの中にあった。それでも、将来を見据えて家臣の中から有望な若者に勉学の道を開いた。それが、冒頭の山川健次郎であり、郡長正だった。

明治三年（一八七〇）、郡長正は同郷の仲間六人とと

平成筑豊鉄道田川線・新豊津駅から徒歩15分

もに、豊津藩の藩校育徳館に入学した。育徳館は旧小倉藩の藩校の系譜に連なるが、幕末の長州藩との戦争によって小倉藩は城を自焼し、敗退を重ね、豊津に藩庁を開いたのが始まりだった。いわば、屈辱的な扱いを受けた旧会津藩と豊津藩の立場は似通ったものだった。

甲塚墓地の郡長正の墓

育徳館は皇典、漢籍、洋学という三学併用の新しい教育機関だった。オランダ人のカステールを招いての洋学授業は、当時としては画期的だった。しかし、遠く故郷を離れ、十五歳の少年たちにとっての環境変化は心身ともに疲弊する。つい愚痴の一つも言いたくなる。望郷の思いから郡は母に宛てた手紙に寮での食事の不平を綴った。ところが、逆に母からは叱責の返信が届く。それを戒めとして持っていた郡だったが、仲間に読まれ、からかわれてしまった。これを恥じ、明治四年（一八七一）の五月一日、郡長正は寮の自室で自決して果てた。

どうしても、この郡長正の墓参をしたいと思い、郡が眠る甲塚墓地を訪ねた。平成筑豊鉄道・新豊津駅を降りると、無人の駅前に面した道路に甲塚墓地に至る看板標識が立っている。駅から一・二キロほどの場所にあり、のんびりと墓地までの道を歩いた。

墓地は少し小高い場所にあるが、標識が設けてあり、即座にわかった。

墓碑の側には、みやこ町教育委員会の看板が二枚設置してあった。会津の方角に向けて立つ郡長正の墓に手を合わせる。維新史において、この悲劇は忘れてはならない大事な歴史と思った瞬間だった。

平成筑豊鉄道・新豊津駅

豊前

秋月藩士の墓碑

日本史年表の明治九年（一八七六）の項目には、「熊本神風連の乱」、「萩の乱」、「秋月の乱」と、神官や武士の反乱についての記述がある。その中の「秋月の乱」は筑前福岡藩の支藩である秋月藩士たちが、熊本や萩と連携する形で起こした乱だった。明治四年（一八七一）、久留米藩難事件前、長州から久留米に逃れ来た大楽源太郎も、密かに秋月党の領袖・宮崎車之助を訪ねて時勢を語り合ったという。

その秋月の乱における秋月藩士の墓所も、甲塚墓地にある。それにしても、あの秋月（朝倉市）から、この豊津まで、旧秋月藩士たちが辿った道のりは大変だったろうと想像する。十月二十六日に秋月を出発した二五〇名余の部隊は、およそ三日を要して豊津に至った。現代のように、電車、バスなどはなく、全行程、歩きである。それも武器弾薬を担いでの行軍である。豊津に行けば、旧豊津藩の同志たちが迎えてくれるとの期待もあっただろう。しかし、萩の前原一誠との合流を阻むかのように乃木希典少佐が率いる小倉鎮台の第三、第四大隊が出動した。加えて、頼みとした旧豊津藩士までもが鎮台兵に加担しての戦闘になった。

甲塚墓地のゆるい坂道を登り切った墓地入り口に「秋月藩士の墓」との標柱がある。その方向を見ると、二基の墓碑があり、その脇にはみやこ町教育委員会による案内看板もあった。まだ供えられて日が浅い生花もあり、これは秋月の方の参拝があったからなのだろうか。

甲塚墓地の案内看板

新政府に対する不満として大きな問題としては、地租改正が大きい。従来の年貢から土地所有を基本にした現金による納税となった。その制度には、天候不順による収穫の出来不出来などは考慮されない。繰り返される洪水被害による減免措置など見向きもされない。加えて秩禄処分という、旧武士階級にとっての収入も見込めない。不満のはけ口が、政権を奪取した新政府

甲塚墓地の秋月藩士の墓

甲塚墓地の秋月藩士の墓の案内看板

に向かうのは、自然の流れだった。

豊津での戦闘に敗退した秋月党だが、領袖の宮崎車之助らは秋月に帰り着き、万策これまでと十一月一日、同志らと自決して果てた。実弟の今村百八郎はなおも抵抗を続けたが、十一月二十四日に捕縛された。

甲塚墓地に眠る秋月藩士の墓碑を拝しながら、維新の目的、目標は何だったのかを考えた。武士の反乱と歴史年表に記されてはいても、今に至るも、そこから何ら事実は見えてこない。

なお、維新のもう一つの大きな目標である欧米列強との不平等条約改正問題について、明治十二年（一八七九）十二月九日、「福岡県豊前國六郡の条約改正建言書」が、有栖川宮熾仁（たるひと）親王宛てに提出された。そこには、欧米との関税権恢復を求める文言が入っている。このことは、武士が中心とはいえ、豊前の人々が維新とは何であったのかを究めていた証拠ではと考える。

武士の反乱として一括りにせず、個々の分析が必須なのではと考える。

桜の馬場（朝倉市秋月）

秋月博物館 **Map → p.38**

66

英彦山と筑前勤皇党
自主独立の霊山

英彦山神宮 田川郡添田町英彦山1

↓ 3 64

英彦山（ひこさん）（田川郡添田町）といえば、修験道の山として知られる。標高一一九九メートル、大分県とも境を接し、まるで天界から下界を睥睨（へいげい）するかの感がある。その英彦山に伝わる幕末維新の話を確認したいと思い、出かけた。

ところが、平成二十九年（二〇一七）七月の九州北部豪雨で英彦山へのアクセスは極端に不便になった。そこで、杉山満丸氏（小説家の夢野久作の直孫）の車に同乗し、案内してもらった。ナビの道案内に従うものの、豪雨被害によって道が寸断され、迂回を幾度も強いられた。さらに、豪雨復興のダンプカーとひっきりなしにすれ違う。静かな山里という雰囲気はない。

それでも、ナビの指示のお陰で、英彦山の奉幣殿（ほうへいでん）脇に車が出て、安堵した。杉林の急坂を転げ落ちたらどうしようという恐怖も忘れ、境内から四方に広がるパノラマを楽しんだ。

この英彦山の修験者と太宰府天満宮の後ろに控える宝満山の修験者とは密な関係があると聞いていた。しかし、まさか、英彦山座主教有（ざすきょうゆう）（高千穂教有）が尊皇攘夷派公卿の代表である三條実美と親戚であるとは、思いも至らなかった。三條ら五卿が太宰府天満宮・延寿王院に滞在したのも、なにやら、宝満山と関係があるのではないかと思った。修験者は身軽に峰々を飛び回る。常人には到底理解が及ばない。もしかして、英彦山と宝満山とで、尊皇倒幕に向けて、緊密な連絡網が出来上がっていたのでは

JR 日田彦山線・添田駅から添田町バス彦山線・銅の鳥居下車（本数は少ない）

ないかと訝る。

さらに、英彦山は小倉藩にも福岡藩にも属さない自主独立の山だった。鎮西探題（九州域内を監視）を自認する小倉藩と幕府天領の日田（大分県日田市）との中間に位置し、幕府の情報を収集し、遮断するには最適の位置関係にある。

この英彦山が、朝廷の勅願所として「異国降伏」の攘夷祈願の勅命を受けたことから、悲劇は始まった。馬関海峡（関門海峡）を通過する外国船に砲撃を加え、攘夷を決行した長州藩と結びつき、小倉藩を攻撃するのではとの嫌疑を受けた。多くの英彦山の僧侶が小倉藩の牢獄に放り込まれた。拷問、病気などで十一人もの英彦山の僧侶が犠牲となり、今も、境内の一画に勤皇義僧として墓碑が遺されている。

英彦山神宮奉幣殿

参道の石段

現代、英彦山は山登りを楽しむ方々で賑わう。しかし、かつて福岡藩の筑前勤皇党の藤四郎、筑紫衛らに加え、廣瀬淡窓が開いた日田咸宜園の門人である長三洲らも集う勤皇の山であったことを知る人は、どれほどいるだろうか。

明治時代の初め、神仏分離によって英彦山は神道の社になった。義僧として祀られる僧侶たちは、このことをどのように思っているだろうか。

快晴の空の下、何事もなかったかのように長閑に広がる風景の中、往時を想像してみた。

【初出】
「読売新聞」連載「維新秘話福岡」
二〇一七年六月一日～二〇一八年十二月十五日

◆「維新秘話・福岡」関連略年表

和暦	西暦	出来事
	663	白村江の戦い、日本軍惨敗。能古島に防人を配置する。
慶長5年	1600	関ヶ原の戦い。黒田長政が筑前に、細川忠興が豊前に入部。
〃7年	1602	細川忠興、小倉城入城。
〃8年	1603	江戸幕府成立。長崎奉行設置。
寛永9年	1632	黒田騒動。栗山大膳が藩主を幕府に訴える。
		小笠原忠真、小倉城入城。
		櫻井神社創建。
〃18年	1641	福岡藩、幕府から長崎警備御番を命ぜられる。
寛文11年	1671	黒田光之、幕府から黒崎湊開発の許可を得る。
元禄元年	1688	『黒田家譜』成る。
安永3年	1775	伊藤常足誕生。
天明4年	1784	福岡藩、東学問所（修猷館）・西学問所（甘棠館）開校。
〃5年	1785	秋月藩、長崎港警備に赴く。
寛政5年	1793	高山彦九郎、久留米にて自決。
〃8年	1797	久留米藩、樋口家に学問所（明善堂）設立の献金を求める。
文化5年	1808	フェートン号事件。秋月藩、長崎港警備を継続。
〃7年	1810	秋月城下、目鏡橋が完成。
文政8年	1825	柳川藩、藩校伝習館開校。
〃9年	1826	1月、ジーボルトが江戸参府にて小倉を通過。
		福岡藩、金子才吉誕生。
〃11年	1828	福岡藩、月形洗蔵誕生。
		久留米藩、篠原泰之進誕生。
		3月29日、福岡藩、平野國臣誕生。
〃13年	1830	伊藤常足、櫻井神社（糸島市）に私塾、文庫を開く。
天保6年	1835	新撰組隊士・立川主税、鐘崎浦に誕生。
〃8年	1837	大塩平八郎の乱。
〃12年	1841	伊藤常足、『太宰管内志』八十二巻を藩主に献上。
〃14年	1843	月形春耕、中底井野村（中間市）に迎旭堂を開く。
弘化元年	1844	オランダ国王、幕府に開国を勧告。
〃4年	1847	福岡藩、中洲に精錬所を設置。

年号	西暦	事項
嘉永2年	1849	伊藤常足、『百社起源』二十冊を藩主に献上。
〃3年	1850	薩摩藩の家督争い、お由羅騒動。 6月、お由羅騒動での葛城彦一ら福岡藩に亡命。
〃4年	1851	春、平野國臣、筑前大島に営繕係として赴任。
〃5年	1852	5月、嘉永の大獄。久留米藩の内訌、真木和泉幽閉。
〃6年	1853	ペリー、浦賀に来航。 プチャーチン、長崎に来航。
安政元年	1854	篤姫（天璋院）、輿入れで江戸へ。 薩摩藩、洋式軍艦「昇平丸」建造。 日米和親条約締結。
〃2年	1855	10月、長崎海軍伝習所開設、金子才吉ら入学。
〃3年	1856	郡長正、会津藩家老・萱野権兵衛の次男として誕生。
安政4年	1857	正月、梅田雲浜、博多に来る。
〃5年	1858	日米修好通商条約締結。 安政の大獄。勤皇僧月照は西下。 7月、島津斉彬死去。 10月、長崎海軍伝習所教官カッテンディーケ、福岡を訪問。 11月16日、西郷・月照の薩摩錦江湾での入水。
〃6年	1859	4月、葛城彦一、相島に配流。 9月14日、梅田雲浜獄死。 柳川藩、立花壱岐に藩政改革を委任。
〃7年〔万延元年〕	1860	1月、玄界島に異国船が捨てた流れクジラ漂着。 3月3日、桜田門外の変。大老・井伊直弼暗殺される。 月形洗蔵、福岡藩庁に藩政改革の建白書提出。 夏、福岡藩は志賀島、能古島などに台場工事開始。
文久元年	1861	伏見、寺田屋騒動。 福岡藩の政変、辛酉の獄。 2月、中村円太、小呂島に遠島。
〃2年	1862	2月、真木和泉、久留米藩を脱藩して薩摩へ。 8月、イギリス船が相島に入港。 8月21日、生麦事件。イギリス人ら薩摩藩士に殺害される。 9月、イギリス船が相島に入港し女性を含む乗員が上陸。 福沢諭吉、遣欧使節に参加。 対馬藩と長州藩、対長同盟。
〃3年	1863	4月、福岡藩、須崎台場工事開始

元治元年	1864	(10月に完成)。 5月10日、攘夷決行期限、長州藩、外国船に砲撃。 6月、福岡藩、志賀島、能古島間に防御網を敷設開始。 8月17日、大和挙兵天誅組の変。 8月18日、八月十八日の政変。尊攘派の追放。 10月12日、生野の変。 7月19日、禁門の変。 7月23日、第一次長州征伐。後に解兵（中止）。 8月5日、四国艦隊、長州砲撃。 11月、高杉晋作、福岡藩に亡命、平尾山荘に潜伏。 11月21日頃、高杉晋作、長州帰藩へ(途中、博多に戻る)。 11月23日頃、高杉晋作、再び長州帰藩。 11月25日頃、高杉晋作、長州馬関に帰着。 12月4日、西郷隆盛・中岡慎太郎、小倉で極秘会談。 12月12日（11日とも)、西郷・高杉会談。薩長和解。

〃 2年	1865	12月16日、高杉決起。 1月15日、三條実美ら五卿、黒崎湊上陸。 1月17日、三條実美、黒崎の岡田宮を参拝。
慶応元年	1865	1月、薩長筑提携のため帰藩した中村円太が自決。 1月18日、五卿、赤間宿到着。 2月12日、五卿、太宰府へ出立。 5月、玄界島に外国船が現れる。 10月25日、乙丑の獄。福岡藩の政変で加藤司書ら切腹。 野村望東尼、姫島に遠島。
〃 2年	1866	1月、薩長同盟。 5月9日、土佐藩の山本忠亮が太宰府で自決。 6月17日、第二次長州征伐。長州軍、田野浦を攻撃。 7月9日、斉田要七、堀六郎、玄界島で斬首される。 8月1日、小倉城、豊長戦争で焼失。 8月17日、三條実美、幕吏の小林甚六郎と面談。 9月16日、野村望東尼、姫島から救出され馬関（下関）へ。

〃3年	1867	12月、イギリス艦隊、グラバーが博多湾に来航。 3月、高杉晋作病没。 3月、新撰組から高台寺党が分離。 7月6日、イカルス号事件。金子才吉、イギリス水兵を刺殺。 10月、大政奉還。 10月、鐘崎浦の立川主税、新撰組に入隊。 11月、野村望東尼没。 12月、三條実美ら帰洛。
〃4年	1868	1月、鳥羽伏見の戦い始まる。 2月、江戸の治安維持のため彰義隊が編成される。 3月、新撰組は甲州鎮撫隊に。 4月、福岡藩佐幕派の野村東馬ら切腹。 5月、小呂島、玄界島にイギリス人が上陸し測量を行う。 5月15日、大村益次郎、彰義隊討伐開始。 6月、イギリス人が博多祇園山笠を見物する。 8月、会津戦争始まる。
明治元年	1869	3月4日、石蔵卯平、殺害される。

		10月、会津藩降伏文書の全文が福岡藩に伝わる。 10月、立川主税、仙台から蝦夷地（北海道）に渡る。 12月20日、西郷隆盛を匿ったという白木太七没。
〃2年	1869	5月11日、土方歳三戦死。 12月、長州藩脱退騒動。
〃3年	1870	小倉藩、豊津に藩庁を置く。 郡長正、豊津藩校育徳館に入学。
〃4年	1871	3月16日、久留米藩難事件。大楽源太郎ら4名殺害。 5月1日、郡長正、豊津藩校育徳館の寮で自決。 7月、有栖川宮熾仁、福岡藩知事に。 7月、廃藩置県。
〃5年	1872	1月18日、柳川城焼失。 立川主税、東京日野市の土方歳三の実家に報告のため訪問。
〃6年	1873	筑前竹槍一揆。 秩禄奉還の法制定。
〃7年	1874	佐賀の乱、江藤新平の反政府行動。
〃9年	1876	神風連の乱、萩の乱、秋月の乱。
〃10年	1877	西南戦争、福岡の変。 宮地嶽神社、失火で焼失。

和暦	西暦	事項
〃13年	1880	3月、久留米藩士、安積（福島県）開拓団として移住。
〃14年	1881	北海道に樺戸集治監が設置される。
〃18年	1885	月形潔、樺戸集治監の典獄を辞し福岡に帰郷。九州鉄道会社設立準備。
〃22年	1889	福岡・久留米に市制施行。
〃26年	1893	11月5日、石蔵卯平、靖国神社に合祀。
〃32年	1899	2月11日、早川勇没。
〃44年	1911	6月6日、旧彰義隊士（柳川藩）上原仙之助没。
大正元年	1912	川島澄之助、宮地嶽神社社司に就任。 9月、玄界島に斉田要七、堀六郎の墓碑が立つ。
〃4年	1915	節信院で加藤司書切腹時の袷などが見つかる。 平野國臣像、西公園に建てられる。
〃10年	1921	宮中某重大事件。
昭和3年	1928	吉田重蔵、岡部諶の尊王烈士碑、筑紫村小学校に建立。
〃5年	1930	宮地嶽神社、遷宮鎮座祭を挙行。
〃13年	1938	五卿上陸地碑建立。
〃18年	1943	平野國臣像、金属供出される。
〃20年	1945	6月19日、福岡大空襲。
〃34年	1959	小倉城、再建される。
〃39年	1964	平野國臣像、平野國臣百年祭で再建される。
〃58年	1983	天福寺焼失、福岡市城南区に移転。
平成3年	1991	8月、筑前茜染之碑、飯塚市に建立。
〃7年	1995	小倉・常盤橋、再建される。
〃20年	2008	NHK大河ドラマ「篤姫」放映始まる。
〃28年	2016	月形潔生誕記念之碑、中間市に建てられる。
〃29年	2017	九州北部豪雨により、JR日田彦山線が一部区間不通に。

【参考文献】

アーネスト・サトウ著『一外交官の見た明治維新』上・下、岩波文庫、二〇一一年
アクロス福岡文化誌編纂委員会編『福岡県の幕末維新』海鳥社、二〇一五年
相川司著『新選組隊士録』新紀元社、二〇一一年
浅見絅斎著『靖献遺言』講談社学術文庫、二〇一八年
安藤英男著『西郷隆盛』学陽書房、一九九七年
井上精三著『博多郷土史事典』葦書房、昭和六十二年
浦辺登著『太宰府天満宮の定遠館　遠の朝廷から日清戦争まで』弦書房、二〇〇九年
浦辺登著『霊園から見た近代日本』弦書房、二〇一一年
浦辺登著『東京の片隅からみた近代日本』弦書房、二〇一二年
浦辺登著『アジア独立と東京五輪　「ガネホ」とアジア主義』弦書房、二〇一三年
浦辺登著『玄洋社とは何者か』弦書房、二〇一七年
大原哲著『先駆け！梅田雲浜』文芸社、二〇一六年
小郡市史編集委員会編『小郡市史』第五巻、小郡市、平成十一年
小郡市史補遺編編集委員会編『小郡市史　補遺編』小郡市、平成二十九年
尾崎士郎著『人生劇場』（全十一冊）新潮文庫、昭和四十九年
尾崎士郎著『私学校蜂起　小説・西南戦争』河出文庫、一九八九年
小野寺龍太著『幕末の魁、維新の殿　徳川斉昭の攘夷』弦書房、二〇一二年
カッテンディーケ著『長崎海軍伝習所の日々』平凡社、昭和四十年
桟比呂子著『評伝月形潔　北海道を拓いた福岡藩士』海鳥社、二〇一四年
加藤司書傳刊行会編『加藤司書傳』加藤司書傳刊行会、昭和九年
川添昭二・福岡古文書を読む会校訂『新訂黒田家譜』文献出版、昭和五十八年
河村哲夫著『柳川城炎上　立花壱岐・もう一つの維新史』角川選書、平成十一年
栗田藤平著『雷鳴福岡藩　草莽早川勇伝』弦書房、二〇〇四年
玄洋社社史編纂会編『玄洋社社史』葦書房、平成四年
小田部博美著『博多風土記』海鳥社、昭和六十一年
近藤典二著『徳翁山田芳策伝』福石山田家五代目当主（私家版）、一九九七年
篠原正一著『久留米人物誌』菊竹金文堂、昭和五十六年
白木正四郎著『ゴルゴダの火　龍を見た男たちの地熱開発の物語』花乱社、二〇一七年

新宮町誌編集委員会編『新宮町誌』新宮町、平成九年
新人物往来社編『新選組史跡事典』新人物往来社、二〇〇二年
新藤東洋男著『自由民権と九州地方　九州改進党の史的研究』古雅書店、一九八二年
孫文著『孫文革命文集』岩波文庫、二〇一一年
高千穂有英著『幕末秘史　英彦山殉難録』英彦山殉難大祭委員会、昭和四十年
滝沢誠著『武田範之とその時代』三嶺書房、一九八六年
太宰府市史編集委員会編『太宰府市史　通史編Ⅱ』太宰府市、平成十六年
太宰府天満宮文化研究所編『太宰府天満宮神苑石碑巡り』太宰府顕彰会、平成十三年
高田茂廣校註『見聞略記　幕末筑前浦商人の記録』海鳥社、一九八九年
谷川佳枝子著『野村望東尼　ひとすじの道をまもらば』花乱社、二〇一一年
徳永和喜著『偽金づくりと明治維新　薩摩藩偽金鋳造人安田轍蔵』新人物往来社、二〇一〇年
冨成博著『高杉晋作』長周新聞社、一九八五年
内藤一成著『三条実美　維新政権の「有徳の為政者」』中公新書、二〇一九年
成松正隆著『加藤司書の周辺　筑前藩・乙丑の獄始末』西日本新聞社、平成九年
西原そめ子著『筑前の寺めぐり』西日本新聞社、平成二十年
日本歴史学会編『明治維新人名辞典』吉川弘文館、平成六年
橋詰武生著『明治の博多記』福岡地方史談話会、昭和四十六年
原達郎著『柳川藩立花家中列伝』柳川ふるさと塾、二〇一七年（私家版）
平尾道雄著『陸援隊始末記　中岡慎太郎』中公文庫、昭和五十二年
平尾道雄著『海援隊始末記　坂本龍馬』中公文庫、昭和五十六年
福岡県立育徳館高等学校編『錦綾二百五十年　創立２５０周年記念写真集』福岡県立育徳館高等学校、平成二十二年
福岡シティ銀行編『博多に強くなろう』１・２、葦書房、平成元年
福岡地方史研究会編『福岡地方史研究』第54～56号、福岡地方史研究会、二〇一六～一八年
福沢諭吉著『福翁自伝』岩波文庫、二〇一七年
藤真澄著『七里和上言行録』教育新潮社、一九八六年
堀雅昭著『井上馨　開明的ナショナリズム』弦書房、二〇一三年
松尾龍之介著『幕末の奇跡　〈黒船〉を造ったサムライたち』弦書房、二〇一五年
松尾龍之介著『鎖国の地球儀　江戸の〈世界〉もの知り帖』弦書房、二〇一七年

松竹秀雄著『幕末長崎イカルス号事件』くさの書店、平成五年
松本三之介著『国学政治思想の研究』未来社、一九七六年
三浦梧楼著『観樹将軍回顧録』中公文庫、昭和六十三年
森弘子著『太宰府発見　歴史と万葉の旅』海鳥社、二〇〇三年
森政太郎編『筑前名家人物志』文研出版、昭和五十四年
安岡昭男編『幕末維新大人名事典』上・下、新人物往来社、二〇一〇年
安川浄生著『筑前の流人』葦書房、一九七八年
安川浄生著『宗像の歴史散歩』曹洞宗安昌院布教所、昭和五十九年
安川浄生著『幕末動乱に生きる二つの人生　野村望東尼と藤四郎』みどりや佛壇店書籍部、昭和五十五年
山内修一著『薩摩維新秘史　葛城彦一傳』葛城彦一傳編輯所、昭和十年
山口宗之著『真木保臣』西日本新聞社、平成七年
吉村昭著『彰義隊』新潮文庫、平成三十年

【資料】

有馬記念館保存会「有馬記念館」二〇一七年
内野富士雄著「小野隆助碑誌」昭和五十二年
「岡田宮」パンフレット、平成二十九年
小河扶希子編「平野二郎國臣」平野神社、平成二十六年
梶原萬壽夫著「黒崎史跡めぐり」黒崎歴史ふれあい館、平成二十七年
鶴久二郎、古賀幸雄編「久留米藩幕末維新史料集」下、昭和四十二年
近藤思川著「筑前六宿　山家風土記」昭和四十年
筑紫野市教育委員会編「ちくしの散歩」二〇〇〇年
筑紫豊編「明治維新の人柱」福岡県護国神社、昭和四十三年
照国神社社務所「照国文庫資料館」
「西日本新聞」号外、平成三十一年（二〇一九）四月一日
「フクニチ新聞」昭和六十年（一九八五）八月七日
宮地嶽神社「宮地嶽神社」令和元年
霊山顕彰会福岡県支部作成「月照上人略伝」平成十二年

▷ま行

▷や行

▷ら行

▷わ行

▷た行

▷な行

▷は行

▷さ行

人名索引

▷あ行

▷か行

浦辺　登（うらべ・のぼる）
昭和31（1956）年，福岡県筑紫野市生まれ。福岡大学ドイツ語学科卒。現在日本の近代史を中心に研究している。著書に『太宰府天満宮の定遠館――遠の朝廷から日清戦争まで』，『霊園から見た近代日本』，『東京の片隅からみた近代日本』，『アジア独立と東京五輪――「ガネホ」とアジア主義』，『玄洋社とは何者か』，『勝海舟から始まる近代日本』（以上，弦書房），共著に『権藤成卿の君民共治論』（展転社）がある。
公式ホームページ　https://www.urabe-noboru.com/

維新秘話・福岡　志士たちが駆けた道
❖
2020年9月20日　第1刷発行
❖
著　者　浦辺　登
発行者　別府大悟
発行所　合同会社花乱社
〒810-0001 福岡市中央区天神 5-5-8-5D
電話 092(781)7550　FAX 092(781)7555
http://www.karansha.com
印刷・製本　大村印刷株式会社
ISBN978-4-910038-15-5

野村望東尼（ぼうとうに）　ひとすじの道をまもらば

谷川佳枝子著

高杉晋作，平野国臣ら若き志士たちと共に幕末動乱を駆け抜けた歌人・野村望東尼。無名の民の声を掬い上げる慈母であり，国の行く末を憂えた“志女”の波乱に満ちた生涯。

▷Ａ５判／368ページ／上製／3200円【２刷】

小倉藩の逆襲　豊前国歴史奇譚

小野剛史著

宮本武蔵から坂本龍馬まで――無類に面白い昔の小倉。毛利元就，細川忠興，小笠原忠真，高杉晋作，島村志津摩，小宮民部など，豊前国小倉藩をめぐる人々の24の物語。

▷四六判／212ページ／並製／本体1600円

北九州・京築・田川の城　戦国史を歩く

中村修身著

旧豊前国の範囲を中心に主要な城を紹介しつつ，戦国史の面白さへと導く，かつてない歴史探訪の書。資料を駆使した解説に加え，最新の縄張図を掲載。斬新な登城案内。

▷Ａ５判／176ページ／並製／本体1800円

栗山大膳、黒田騒動その後

小野重喜著

父利保（善助）以来の福岡藩筆頭家老栗山大膳は，二代藩主忠之との確執から「藩主に謀叛の意志あり」と幕府に公訴。捨て身の智略で福岡藩を救った家老とその子孫の消息。

▷四六判／240ページ／上製／1700円【２刷】

亀井南冥小伝

河村敬一著

福岡に生まれ，長子昭陽とともに亀門学を創始し多くの人材を育成した亀井南冥。市井に生き，幅広い交流を重ね，学問を貫いたその生涯を，分かりやすい形で伝える。

▷四六判／220ページ／並製／本体1700円

筑前竹槍一揆研究ノート

石滝豊美著

明治６（1873）年６月，大旱魃を背景に筑前全域に拡がり福岡県庁焼打ちにまで発展した空前の農民一揆を捉え直す。民衆エネルギーの負の側面を正当に位置づけた画期的論考。

▷Ａ５判／160ページ／並製／本体1500円

韓国韓方のすべてがわかる

黒田福美の
韓方案内

ソウルでキレイに！
ソウルで元気に！

WOORI ACADEMY

はじめに

韓国に行き始めた頃のことです。

一目で読めるハングルの単語がだんだんと増えてゆきました。

日本語を読むときのように「塊、形」として認識する語句が徐々に増えていったのですね。

私の場合、一番先に目が慣れたのが、どういうわけか「美容室 / 미용실（ミヨンシル）」、次が「茶房 / 다방（タバン）」、そして三番目が「韓医院 / 한의원（ハニウォン）」でした。

つまり、それほど沢山「韓医院」が、ソウルの至る所にあったということです。

日本では見たことがない「韓医院」とは一体なんなのかと不思議に思いました。

友人たちに韓医院とはなにか、韓方とはなにか、生活のなかにどのように取り入れているのかを根掘り葉掘り聞いたものです。

すると、「韓国人は子供の頃から苦い湯薬（タンヤク）を親から飲まされた経験があり、いまでは韓方薬の独特の香りも『いい香り』と感じるようになった」とか、「誰でも行きつけの韓方医があり、突き指や捻挫（ねんざ）は整形外科より韓方医にかかるのが普通」と話してくれました。

「韓方医」という文字の氾濫（はんらん）が目に飛び込んでくるようになって、私は日本にはない隣国の韓方に深い興味を抱くようになっていったのです。

かねてより関心を持っていた韓方に本格的に触れたのは、1994 年の『ソウルの達人』の取材でした。

本書でも取り上げている京東市場（キョンドンシジャン）の韓方医を訪ね実際に診察を受け、補薬（ポヤク）を作ってもらいながらその工程を取材しました。

2002 年の『ソウルの達人〜最新版』では、日韓共催ワールドカップに備えてソウルに住みはじめ、近所の韓方医に日常的にかかりながら、生活のなかにある韓国韓方の世界を紹介したのです。

すると、ソウル旅行の人気が出始めた時期でもあって、この本をたよりに日本からの患者さんがその医院に詰めかけました。

なんと二百人を超える方が訪ねてきたそうです。なかには不妊に悩む方もあり、そのうちの二十組ほどにお子さんが出来たそうです。さらにダイエットに成功した姉妹からは感謝の手紙も届きました。

このことを通して感じたのは、いかに日本には「漢方難民」が多いかということでした。

西洋医学を否定するものではありませんが、ときにその限界を感じて漢方を試してみたいと思っても、中国や韓国には普通にある「漢（韓）方医」という存在が日本にはないために、多くの方が難民化しているのだと実感したのです。

漢方というと、「陰陽五行（いんようごぎょう）」、「人間の身体を小宇宙とみなす」など、あまりにも哲学的で難しい理論もあります。

本書では「知らなくても差し支えなさそうだ」という理論は思い切って省略しました。

その代り、誰もが戸惑う漢（韓）方の素朴な疑問をQ＆A方式で、できるだけわかりやすく解説しました。

更に、特色ある韓医院に実際に私がかかってみて、レポートしております。

漢方医というと「脈をとって、鍼灸（しんきゅう）を施（ほどこ）す」といった古典的なイメージを持っていた方たちは、現代の韓方医の様々な施術に驚かれることでしょう。

「病は気から」というように、ストレスや過酷な生き方が病をもたらします。

心の持ちようが身体の調子に影響するのです。

韓方医の先生方からは、意外にも心の問題を指摘される場面も多くありました。

この本は、きっと皆さんの漢（韓）方のイメージを大きく変えるのではないかと思います。

文中「韓方、漢方、韓（漢）方」など表記を使い分けております。

それなりの配慮があって書き分けておりますが、皆さまにはあまりこだわらずにさらりと読み流していただけたらと思います。

取材には納得がゆくまで時間をかけました。

コロナ禍もあったために完成までにずいぶん時間がかかってしまいました。

ご協力いただきました皆様方には感謝とともに、本の完成まで大変お待たせしたことを、この場をお借りしてお詫びいたします。

お陰様で、韓国韓方の魅力を十二分に伝える本になりました。

この本が少しでも皆様の、美と健康に役立ってくれたらと願ってやみません。

2020年晩秋

一日も早くコロナ禍を脱し、自由往来が叶う日を願いつつ

黒田 福美

もくじ

※本書掲載のお店、データなどは場合により変更される場合があります。

【第一章】

韓方の素朴な疑問に答えます！

韓方の歴史や治療法、韓方医のかかり方まで
だれもが戸惑う疑問に答える！

Q1

何故いま、「漢（韓）方」なのか?

このところ「漢（韓）方」に限らず、さまざまな医療が注目されていますね。

インド医学でもある「アーユルヴェーダ」のように東洋のものから、ヨーロッパを起源とする「アロマテラピー」、病気や症状を引き起こす成分を限りなく希釈したレメディといわれる薬水を用いる「ホメオパシー」、ハーブティーのように薬効のある植物をお茶にしたり、入浴剤にしたりする「フィトセラピー」、そして「カイロプラクティック」などなど、挙げればきりがありません。

これらは「統合医療（とうごういりょう）」と言われ、西洋医学にとって代わる代替医療（だいたいいりょう）として、最近では医学界でも注目されています。

そしてもちろん「漢（韓）方」も東洋を代表する統合医療の一つなのです。

「人は病の器」などとも言われるように、人間のいる所に必ず病はあるのですから、世界各国にさまざまな治療法があるのも当然のことでしょう。

現代医学では化学薬品が幅を利かせていますが、人類の歴史からすればそれはごく最近のこと。

化学薬品がない時代には自然界にある植物などの薬効を利用したり、温泉や鍼（はり）・灸（きゅう）、揉（も）み療治（りょうじ）などが人の体を癒すための治療として用いられてきたのです。

ところで皆さんは病院にいらしたとき、あまりに「細分化」されていることに戸惑いを感じることはありませんか。

子供の頃から診ていただいているような近所にある家庭医と違って、この頃の大病院では、まず自分が何科にかかるべきなのか、それを調べてくれる「総合診療センター」といったところが設けられていて、まずそこで相談することから始めなければならない場合もありますね。

たとえば、脚ひとつとっても、足関節（そくかんせつ）、膝関節（しつかんせつ）、股関節（こかんせつ）と分野が分かれていて、それぞれに専門医がいたりします。

ことほど左様に現代の医療は細分化されていますが、人体を細かく分けて近視眼的に診ることで、「患者さんの全体を把握する」という視点が失われているようにも思われます。

「病がなぜその人に現れたのか？ その根本原因について現代の医学ではほとんどわかっていないのが実情です」と、ある医師が私に言いました。

大変進化したかのように見える現代医学も、実は思いのほか万能ではないようです。

菌を退治し、病巣を切り取るだけでは解決しない問題が、まだまだ沢山あるのかもしれません。

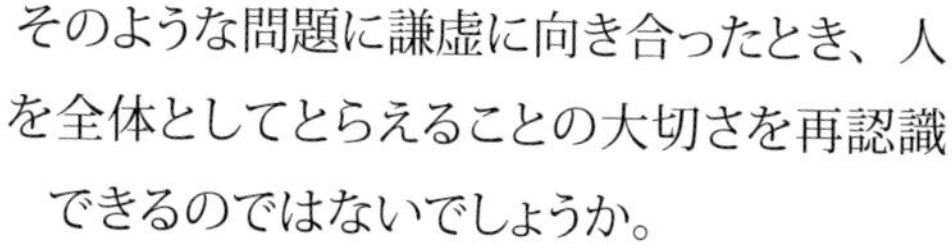

そのような問題に謙虚に向き合ったとき、人を全体としてとらえることの大切さを再認識できるのではないでしょうか。

だからこそでしょうか、西洋医学一辺倒であった私たちが見過ごしてきた既存の療法に光が当たり始めました。

それが今日、様々な統合医療や漢方が一段と注目されるようになった理由かもしれません。

Q2

漢方と韓方、字が違うのはなぜ?

今からおよそ2000年前の中国、「漢」の時代に確立された中医学は、朝鮮半島を経由して5～6世紀ごろに日本に伝わったとされています。

「漢方」というのは「漢の医学」という意味なのですね。

もちろん日本にはそれ以前にも独自の医学がありました。

ですが、中国の医学（中医学とも呼びます）が伝わると、日本でも中医学が主流になっていったようです。

きっと当時の日本の医学よりも優れており、体系だっていたのではないでしょうか。

こうして中医学が朝鮮半島を経て日本に伝わることで、日中韓の医学は「中医学」という同じルーツを共有することになります。

ですが日中韓では民族も、気候風土も違っています。

中医学はそれぞれの地で、その国の民族や風土に合った方法へと変化してゆきました。

そして各地域に根差した中医学は、その後独自の発展を遂げてゆくのです。

日本では、鎖国をしていた江戸時代、八代将軍吉宗が漢訳洋書の禁止をゆるめたことから、長崎の出島を通してオランダの学問が入ってきます。

これを「蘭（オランダ）の学問」ということで、「蘭学」と呼びました。

さらに杉田玄白らがオランダの解剖学の本、『解体新書』を翻訳すると、それまでの東洋的概念とは違った、解剖学に基づく新しい医学の理念が日本にも浸透しはじめるのです。

このオランダ渡来の医学を「蘭方（らんぽう）」と呼びました。

それによって、それまで日本で用いられていた医学は「蘭方」と区別するため、「漢方（かんぽう）」と称されるようになります。

さて、朝鮮半島でも漢方（中医学）は独自の発展をしてゆきます。

朝鮮時代になると、ドラマにもなった医学者、「許浚（ホジュン）」や「李濟馬（イジェマ）」といった医学界のスーパースターが現われるのです。

特に**許浚の編纂（へんさん）した『東医宝鑑（とういほうがん）』**は、後に本家中国にまで影響を与えたほどでした。

ところで皆さんも韓国にお出かけになると、「**漢方**」ではなく、「**韓方**」という漢字が用いられることに戸惑いを感じると思います。

「○○**韓**医院」とか「○○**韓**薬房」、「**韓**方茶」などなど……。

韓国でも以前は「漢方」の文字を使っていましたが、1986年から「韓方」という表記を使うようになりました。韓方を独自に発展させた誇りの現われなのですね。

漢方と韓方、どちらも日本語読みは「かんぽう」です。そしてハングルでもどちらも「한방（ハンバン）」と表記し発音します。

※この本では中医学全体を指す場合「漢方」と表記し、韓国独自に発展して今日に及んだ中医学を「韓方」と表記することにいたします。あまりこだわらずにさらりと受け流してくださいね。

Q3

漢方と西洋医学の違いって?

私たちが日頃接している西洋医学では、病はウイルスや腫瘍などの病原・病巣によっておこるものだと考え、病原菌などは抗生物質などの薬品によって退治し、腫瘍などの病巣は手術で除去します。

なぜその人がウイルスに感染したのか、という程度のことなら免疫力低下などが考えられるでしょうが、(他の人はなんともなかったのに)なぜその人に限って病にかかったり、腫瘍や病巣などが発生したのかといった原因については、前述の医師の言葉にもある通り、「現代の医学ではほとんどわかっていない」のだそうです。

ですから「対症療法」的にならざるを得ず、病の症状を起こしている原因を物理的に取り除くか、場合によっては人工物に入れ替えるなどといった治療になるのです。

それに比べて、漢方の考え方は、患者さんの病気の部位に注目するのではなく、体を全体的にとらえ、**「本来の体のバランスが崩れているために病が生じた」**と考えます。

「元気」が失われ、「病気」になるのは、人間の体をめぐる「気」、「血」、「水(津液)」が滞ったり、不足したりしてバランスが崩れるのが「原因」と考えるのです。

ですから患者を診察して、気・血・水の不足を補い、滞りはうまく巡らせることで本来の「元気」を取り戻せるように手を尽くしてゆくのです。

「焼く、煮る、蒸す、炒める、あえる（生）」という五つの料理法、「甘い、辛い、酸っぱい、しょっぱい、苦い」の五味、さらに「赤、青、黄、黒、白」の五色の彩で構成されているため、韓国料理は自ずとバランスが良い。

漢方はなによりも、普段の養生(ようじょう)が大切だと考えます。

最善なのはどんな治療をするよりも、まずは日ごろから気・血・水のバランスを整える生活や食事を心がけることです。

漢方では「病人が来たら医者は黙って頭を下げろ」と言います。

医者の仕事は人を病にさせないことであり、病気にさせてしまったなら謝るしかない、というたとえです。

西洋医学は病気になってから医者にかかるものですが、漢方の考え方は重篤な病にならないよう、日頃から体のバランスを整え、漢方の考え方を用いて病を遠ざけるように心がけるというものです。

第一章
第二章
第三章
第四章
第五章

Q4

日本ではなぜ漢方が衰退したのか？

日本では明治期になって、近代医学の必要性からドイツ医学を採用します。

そして 1875 年（明治八年）には、西洋医学中心の「医術開業試験制度」が制定されるのです。

お医者さんになるための試験ですね。

当時医師になるには、この「医術開業試験」に合格するか、医学教育機関の卒業が必須でした。

それまでは、医師といえば漢方医でしたが、**この試験では西洋医学の知識が問われた**ため、漢方医学を主に学んだ医師は圧倒的に不利でした。

この試験導入以降、医学はそれまでの漢方医学から西洋医学へと方向転換してゆきます。

ですが、こんな傾向に漢方医たちは異議を唱えます。

1895 年に漢方医たちによって医師免許改正法案が提出されますが、同年 8 月に日清戦争が勃発(ぼっぱつ)した影響で、この医師免許改正法案は賛成 78 票、反対 105 票で否決されてしまうのです。

戦場で傷病兵を治療する**「軍事医学」の重要性を鑑(かんが)みると、西洋医学の合理性が買われた**ということでしょう。

漢方の知識だけでは医師として開業するための「医術開業試験」にパスし、医師免許を取得することができなくなったのです。

医師免許がなければ、いくら漢方の深い経験と知識があっても、「医師」とは認められなくなりました。

この医学開業試験制度の施行（しこう）を境に、日本における漢方医学は**衰退の一途**をたどることになってしまいました。

ですが漢方は、漢方を扱う薬局、少数の医師たちによって支えられてゆきました。

しかし率直にいえば、漢方に関心を持つ薬剤師たちの生半可な漢方薬処方のために、漢方は信頼性を失っていった側面があるのも事実だと思います。

ところが近年、漢方が日本でも見直され始めました。

多くの大学病院に漢方医学科が設立され、研究も進んでいます。

医薬品メーカーの「ツムラ」などが手軽に服用できる顆粒状（かりゅうじょう）の漢方薬を発売したことから、町医者でもこういったものを患者に普通に処方するようになり、漢方が以前よりずっと身近になってきたように思います。

漢方というと長年にわたり「エビデンス（根拠）がない」とまるで迷信や民間療法のように軽視されてきました。

しかしそれは大きな誤りであったと気づいた医師たちによって、改めて見直され、漢方は今、復権しようとしているのです。

Q5

どうして日本には漢方医がいないの？

朝鮮半島における医学は長く漢方医学が中心でした。

しかし、朝鮮半島が日本に併合されたことによって、その流れも変化してゆきます。

日本が西洋医学にシフトした影響を受け、日本統治時代になると韓国でも漢方医学は衰退し、西洋医学が主流となってゆきます。

そんな韓国で、漢医学が復権したのは、1945 年に日本統治から解放された後の 1951 年のことです。

「漢医師制度」が検討され、国民投票が行われた結果 43 票差で賛成が上回り、**漢方医が医師として認められることになった**のです。

西洋ではこのような伝統医学者に対して医師としての資格を与える国はほとんどありませんが、今日韓国に「医師としての漢方医」が存在するのはこのような経緯があったからです。

現在韓国では全国に 12 か所の韓医大学があります。通常韓医師になるためには、このような韓医大学で 6 年間学び、人にもよりますがたいていはそ

大邱の慶北医大病院は 1907 年、日本統治時代に創建された。当時の西洋建築の粋を集めた建物は威風堂々。国会議事堂に似ている。
韓国の文化財にも指定されている。

の後４年ほどのインターンを経て、ようやく一人前の韓医師になるのです。

韓国に於ける韓方医とは国家試験に合格し、医師免許を持った、れっきとした「医師」なのです。

聞くところによると、歯科医と韓方医では、韓方医のほうが位が高いとも言われます。

日本では漢方薬を処方できるのは薬剤師か、医師に限られます。

また医師であれば、鍼などの治療行為も認められています。

つまり「オールインワン」で漢方の治療と処方を望むなら、日本では漢方の心得がある「医師」の診察を受けなればなりません。

一方日本には「鍼灸師（しんきゅうし）」という職業があります。鍼・灸・マッサージの技術をもって施術をします。

鍼灸師も高校卒業後、専門学校や大学などで３～４年の学習をしたのちに国家試験に合格して鍼灸師としての免許を受けることができるのです。

鍼灸師の施術はまさに漢方、統合医療に基づいた治療ではありますが、残念ながら医師ではありませんので湯薬などの治療はできません。

こうしてみると、韓国や中国では医師である韓方医が診断をし、鍼・灸・湯薬の処方を一環して行うのに比べ、日本で漢方の理念に基づいた治療を受けようとするならば、漢方医学科がある大学病院などでオールインワンの専門治療を受けるか、治療は鍼灸師を探し、湯薬は漢方を扱う薬局などに相談するしかないという複雑なことになってしまいます。

慶北医大病院玄関を入ってすぐの床には太陽神である「天照大神」を象徴する素晴らしいタイルが。
他にもアールデコ調のタイルや階段手摺のアーチなどが美しく保存されている。

Q6

漢方的に健康を考える

まず「病気」とは何かを考えてみたいと思います。

私たちは「病になってしまったら、医術をもって治療する」と考えがちですが、漢方の考え方では、なによりもまず「病気にならない」ことを旨とします。

「病気が発症する前に治療する」のが立派な医者だということです。

「未病（みびょう）」という言い方がありますが、「このままいけばいずれ病気になる」という状態のことを指します。

つまり私たちは大なり小なりある程度のバランスを崩しているとみることもできます。

不規則な生活習慣や心の持ちよう（ストレス）を改め、日頃から生活全般を正すことが大切なのです。

病気になったら医者や薬を頼ればよいと考えるのではなく、それまで自分はどう生きてきたのか？ どういう心持ちで暮らしてきたのか？ どんな食生活をしてきただろうか？ ということをまずは反省してみるのです。

漢方では意外にも、心（気）を大切に考えるのも特徴です。

「体は心についてゆく」といいます。

ストレスの多い現代人にとって、心の管理も大事なことではないでしょうか。

つまり平素から心と体の「養生」をすることが必要なのです。

現代では「養生する」というと、病後のことのように思われがちですが、本来は **「病になるまいとする心掛け」** といった方が近いと思います。

日ごろから心と体を健康に保つよう心掛けることが大切なのですね。

そして健康を保つために重要なのは、なんといっても食事だと考えられました。日々の食生活を改めることで、元気を取り戻すことを漢方では**「食治（しょくち）」**といいます。

古代中国では食事療法を専門に管理する「医師」であり「官職」でもある、「食医（しょくい）」という役職があったそうです。

「医食同源（いしょくどうげん）」という言葉がありますが、これは本来**「薬食同源（やくしょくどうげん）」**が正しいのです。

日本では「医食同源」の方がなじみがありますが、この言葉はなんと1972年、ＮＨＫの『今日の料理』で使われたのが初出で、日本で作られた造語なのです。ＮＨＫ的に「食＝薬」と結びつけることに抵抗があったのでしょう。

しかし**本来、漢方では正しい食事こそ「薬」であると考えられていた**のです。

現代の栄養学的見地からすると、あらゆるものを「まんべんなく食べる」ことで、バランスのとれた食事を目指します。

ですが漢方的な考えは、個々人の「体質にあった食材を選んで食べる」ことを推奨します。

つまり、時には体質に合わないものは遠ざけることにもなるのです。

たとえば陰（いん）の体質で体の冷たい人は、陽（よう）の性質を持ち、体を温める食材を摂るように心がけ、体を冷やす食材はなるべく摂らないという具合です。

なんでも食べるのではなく、できるだけ**「体質に合ったものを食し、合わないものはなるべく遠ざける」というのが漢方的な考え方**です。

Q7

漢方における診断方法

食生活に気を付けていても、病を得てしまったら、漢方医はどんな方法で診断し、治療をするのでしょうか。

基本的には以下のようなものです。

1. 問診（もんしん）・・・患者から病の経過や症状などを聞く
2. 望診（ぼうしん）・・・患者の顔色や姿勢などの様子を目で観察する
   特に「舌診（ぜっしん）」といって、舌の色や舌苔（ぜったい）、むくみを診るなど、舌を観察することを重要視する
3. 聞診（ぶんしん）・・・患者の声音や話し方、呼吸や咳をはじめ、患者の口臭や匂いなどを診る
4. 切診（せっしん）・・・脈を診る「脈診（みゃくしん）」、腹部を触ってみて、痛みや張り、体液の様子などを窺（うかが）う

なかでも重要視するのが「舌診」、「脈診」、腹部の「触診」ですが、漢方医は全身全霊で患者から情報を収集しているといっても過言ではないと思います。

私の体験をお話しましょう。

ソウルに住んでいた時、近所にかかりつけの韓方医院がありました。

私が診療室のドアを開けて入ってきた時から、声や動作、顔色、生気などを見ていて、その人の体質や現在の状況を感じ取るのだそうです。

脈をとりながら「気管支が弱っているようだね」とおっしゃいますが、特に

自覚はしていませんでした。ところが翌朝から風邪の症状が出はじめたのには驚きました。

本人さえ自覚していないような些細(ささい)な不具合やストレスを見抜いてしまいます。

「まるで占い師みたいですね」と言うと、「皆さんそうおっしゃるけれど、占いじゃありませんよ」と笑っていました。

近代的な韓医院では、様々な精密機器を使って検査をし、患者のストレス度や体組織などを計測し、プリントアウトして患者に渡してくれます。

ですが、私のかかりつけ医をはじめ、何人かの韓方医の先生から同じ話を聞きました。

「私たちはあのような機械を使わなくともわかっていることなんだけれど、患者さんを納得させるために一応データにして示すのだ」と。

韓方医にとって、このようにデータを渡してくれるというのは、近代化した今日における一種の「顧客サービス」なのかもしれないと思った次第。

こちらが一生懸命説明しなくとも、診察の過程で先生はすでに患者の具合を把握しているのですね。

もちろんこちらの症状をつまびらかにお伝えできるに越したことはありませんが、韓方医は言葉による意思疎通以外にも患者さんから沢山のデータを収集できるので、言葉の壁はさして問題ではないようです。

かかりつけ医も、日本人となら漢字による筆談もできるので、困ることはないとおっしゃっていました。

Q8

漢方における「気･血･水（津液）」とは?

非常に簡単に言うと、漢方では人体にとって大切な三要素、「気・血・水」が**「不足する」か**、あるいは**「滞る」か**によって不具合が起こると考えます。

「気・血・水」とはよく耳にする言葉ですね。

まず、「気」とはなんでしょうか?

「元**気**」とか、「**気**力」という言葉がありますね。

それ以外にも、「**気**持」、「**気**分」、「平**気**」、「**気**楽」などなど、沢山の「気」にまつわる言葉があるように、気は人間の生命をつかさどっていると考えます。

人間にとって正常な「気」が頭のてっぺんから手先、足先の隅々まで、充分にめぐっていれば**元気**な体でいられるのです。

「気」はまさに「エネルギー（力）」であり、「免疫力」の源なのです。

元気（「真気」とも言います）という「本来の気」が充分であれば、人は健康で活発にしていられますが、気が不足すると「気虚」となり、気の流れが滞ると「気鬱」になります。

そうなると食欲不振、だるさ、無気力、疲労感などが生じたり、動悸、息切れ、不安やイライラに苛まれるのです。

東洋医学は「気」の医学といわれるほど、「気」を最も重要視してきました。

なぜなら、「血」、「水」といった要素は、「気」の力によって循環すると考えられたからです。

次に、「血」とは何でしょうか?

まさしく血液のことで、体内を絶えず循環しながら各器官に栄養を与え、生命活動を維持する重要な物質です。

血が不足すると「血虚（けっきょ）」となり、血が滞った状態を「瘀血（おけつ）」と言います。

漢方では**「血は気の巡りとともに動く」**と考えられています。

「血気盛ん（けっきさか）」という言葉があるように、気と血は切っても切れないパートナーのように密接な関係なのです。

たとえば、**湖面（血）に風（気）が吹くと、自然と流れが起こるようなもの**です。

気に力があれば、気とともに血はスムーズに体の隅々まで巡ることができます。

反対に気に力がなければ、血はうまく巡ることができません。更に、血は冷えると固まって動きにくくなります（瘀血）。身体を冷やしてはならないと言われるのはこのためです。

血が不足した状態を「血虚」といいますが、総じて血の気が失せたようになり、顔色や唇、爪の色も蒼白となり、乾燥してツヤがなくなります。

四肢は冷えを感じ、健忘（けんぼう）、不眠、不安、気力低下が起きます。

また、めまいや貧血、動悸、不妊、月経前緊張症なども起こります。

そして、血の循環が滞った「瘀血」の状態では、凝（こ）りや手足のしびれ、目の下のクマ、顔色のくすみが現われ、シミそばかすが目立ってきます。

下肢静脈瘤（かしじょうみゃくりゅう）や子宮内膜症、筋腫、卵巣嚢腫（らんそうのうしゅ）なども瘀血による典型的な症状とみます。

女性にとっては恐ろしい瘀血を防ぐために、**「冷えと寒さ」による血の滞りが生じないように、体を常に温かく保つことが重要**なのです。

そして**なにより「血」を縦横無尽（じゅうおうむじん）に巡らせてくれる原動力である「気」を充実させることが大切**です。

現代人の生活環境はストレスに囲まれており、気鬱（気の滞り）が起きやすい状況です。気鬱がつづけば瘀血（血の滞り）も起こりやすくなります。

気が良く巡ってこそ、血もまた体の隅々まで潤沢（じゅんたく）にめぐることができるのですから、日ごろから冷えに注意し、ストレスを遠ざけるよう心掛けたいものですね。

それでは、「水」とはなんでしょうか？

日本では「水」という言い方が馴染みがありますが、「津液（じんえき）」とも言い、リンパ液など血液以外の体の中の水分、体液を指します。

これらは体を潤し、関節や筋肉の機能を柔らかく保つ役割をしています。

「水（津液）」が不足すると、口が渇いたり、唇や皮膚の乾燥が起こります。また体を冷やすことができず、ほてりやのぼせが起きることもあります。

女性が美しくみずみずしくあるためには欠かせないものです。

反対に「水」が過剰になって滞ると、まるで体の中に水袋を抱いているように、むくみやだるさが起こり、体が重く感じられます。

潤いのある美しい肌や髪のために、なくてはならない「水」。

しかし過剰な水は老廃物でもあるので、本来ならスムーズに排泄されるべきなのです。

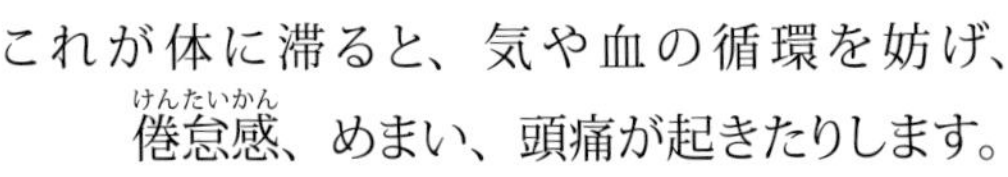

これが体に滞ると、気や血の循環を妨げ、倦怠感（けんたいかん）、めまい、頭痛が起きたりします。

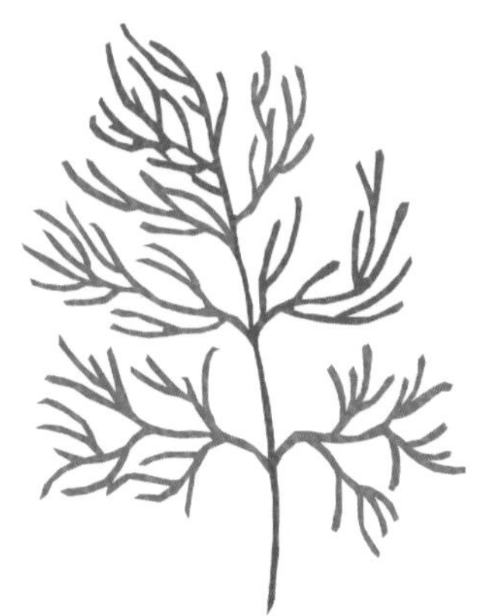

漢方の見地からすると、まず**「気」がすべてのコンダクターであり、それに伴って、「血・水」が過不足なく巡ることが大切なのだ**とわかっていただけたと思います。

冷えによって血が滞ったり、無駄な老廃物（水）をため込んだりせず、「気・血・水」のバランスが保たれることが健康につながるのですね。

Q9

漢方治療、「鍼・灸」とは?

「気・血・水」について知ると、**とりわけ重要なのは「気」**だということがお分かりいただけたと思います。

「気」が体の隅々まで元気にめぐっていれば、それにつれて「血」も「水」も体中を縦横無尽、活発にめぐります。

気の「滞り」がなければ、血や水もスムーズにめぐることができ、体は常に生き生きと温かく、余分な「水」、つまり老廃物も順調に排出されてゆくのです。

ところで皆さんは「経絡（けいらく）」という言葉を聞いたことがあると思います。

人体には鉄道や高速道路のように、気の巡る「路線」が張り巡らされています。これが経絡です。

「正経十二経脈（せいけいじゅうにけいみゃく）」+アルファ（任脈（にんみゃく）・督脈（とくみゃく）など）があり、主要なものだけで十五本の路線、経絡があるのです。

憂鬱なとき「気がつまる」と言うように、まさに気の流れが悪くなると、時には渋滞してしまうこともあるのです。

このような気の滞りを解消するのが鍼や灸による刺激なのです。

「ツボ」といわれる「経穴（けいけつ）」は、経絡の上に点在しています。

鉄道路線上の駅や、高速道路のインターチェンジのようなものかもしれません。

またこれらの路線が複雑に合流したり分岐をする地点は、治療にはよく用いられるポイントであるため、交通の要所になる地点のように、有名なツボとして知られるようになります。

ツボに鍼を打ったり、灸をすえたりして経穴に直接刺激を与えることで、駅やジャンクションの渋滞を解消して、**スムーズな気の流れ**を回復させるのです。

人体にはこうしたツボが 361 か所あるといわれています。
このポイントを刺激することで、気の流れを良くします。

「鍼・灸」以外に、ツボを手技によって刺激し、滞った気を巡らせるのが「**按摩**（あんま）」です。
「按」は「押す」こと、「摩」は「撫（な）でる」という意味です。
この三つの療法が漢方での代表的な「治療法」といえるでしょう。

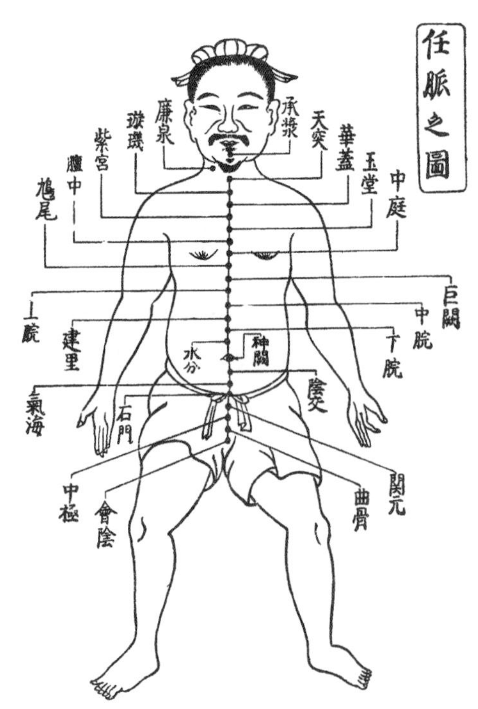

Q10

伝統茶と韓方茶はどう違う?

漢方では平素から「養生」して「食治」を行うことを重要視しました。

病を遠ざけるためには、毎日の食事が基本と考えられたからです。

「薬食同源」の考え方ですね。

ところで、皆さんは韓国に行くと「緑茶」を飲む習慣がほとんどないことに気が付かれるでしょう。その代わり「伝統茶」というジャンルがあることをご存じだと思います。

この伝統茶を出す店が出現したのは、そう歴史の古いものではありません。

私の記憶では1990年代半ばごろから「伝統茶」を出す喫茶店が流行り始めたと思います。

人参茶（インサムチャ）、柚子茶（ユジャチャ）、生姜茶（センガンチャ）、五味子茶（オミジャチャ）、花梨茶（モグァチャ）などが「伝統茶」のメニューとして定代表的なものであり、若者にも親しまれてゆきます。

それ以前の80年代はというと、食堂などでは「お水ください!」と言うと麦茶やトウモロコシ茶が水代わりにでてきたものでした。

水道水をそのまま飲めない韓国では、炒った麦やトウモロコシを沸かしたものが水替わりでした。

麦茶やトウモロコシ茶などは利尿作用があります。

また、人参はもちろんのこと、柚子や生姜、五味子、花梨などもそれぞれに薬効があることから、広い意味では一つの材料（**単方**（タンバン））、生薬を用いた「韓方茶」ともいえるでしょう。

※単方についてはp60を参照

Q11

お茶文化の日韓対比 ～ 日本の緑茶

「茶文化」を比較してみると、なぜ日韓に違いが生じたのか良く見えてきます。ちょっと横道に逸れますが、まずは日本のお茶文化を振り返ってみたいと思います。

私の世代ではお茶（緑茶）が生活の節目に必ずありました。
朝起きればお茶、食事がすめばお茶、学校や会社から帰宅すればお茶、お客が来ればお茶、とにかくなにかひと段落すればすべて「お茶」でした。
「お茶盆」というのがあって、急須と家族銘々の湯飲み茶碗をのせたお盆が常にお膳に準備してあり、いつでもお茶が淹れられるようになっていました。

毎日出るお茶殻は、掃除のときには畳に撒いて箒で掃いたりしたものです。
お茶の抗菌作用と、適度な湿り気で埃を立てずに清浄にできるという利点があったのでしょう。
一昔前の私たち日本人は、それほど大量にお茶殻が出るような「飲茶」の生活を送っていたわけですね。
今日ではコーヒーや紅茶など多様な飲料が家庭で楽しまれるようになりました。
更にペットボトルやティーバッグでお茶を飲む時代になり、急須のない家も増えました。
ですが田舎に行くとやっぱり節目ふしめにお茶が出てきます。
これが日本のお茶文化なのだと感じます。

お茶は仏教文化と密接な関係があります。

805年に平安時代の僧であり、天台宗の開祖である「最澄」が中国から日本に持ち帰ったのが始めといわれます。

また1191年には、中国で仏教を学んだ栄西禅師によってお茶は更に広まりました。

当初は禅僧たちが厳しい修行の合間、眠気覚ましや気力を回復するための「気付け薬」のような役割をしたのがお茶でした。

その頃のお茶は、僧侶や貴族階級がたしなむ、特別で高価なものでした。

それが江戸時代になると次第に庶民でも楽しめる手近なものになっていったのです。

時代劇などでも「茶店」の床几に腰をかけて、お茶を飲みながらお団子をいただいて一服する場面などが思い浮かびますね。

さらに明治期になると栽培も盛んになり、お茶は生糸に次ぐ日本の主な輸出品となったほどです。

こうして**緑茶が大衆化したのは、日本各地でお茶の栽培が盛んだったから**です。

Q12

お茶文化の日韓対比 ～ 韓国の薬茶

一方韓国では、史書『三国史記(さんごくしき)』に、828年「首露王(スロワン)に嫁いだ妃(きさき)がインドより茶の種子をもたらした」と記されています。しかし、茶の木はそれ以前から自生していたという話もあり、諸説あるようです。

お茶の木はご存知のように温暖で降雨量の多いところに育ちます。

朝鮮半島で生育に適する北限は全羅北道(チョルラプクド)の金堤(キムジェ)あたりに相当し、主に智異山(チリサン)の南山麓周辺で栽培されるようになります。

高麗時代（918 ～ 1392）には国教は仏教になり、韓国での緑茶文化は最盛期を迎えます。

お茶の生産地は金堤が北限ですから、朝鮮半島では南部のごく限られた地域でしか採れませんでした。

仏教文化と深いつながりがあったことから、当時は半島南部のお寺で栽培されました。

「茶房(タバン)」という官庁が都に設けられ、各寺院で栽培されたお茶は、一旦ここに召し上げられて、厳格に管理されるようになります。

今日私たちが韓国語で喫茶店を「茶房（다방）」と呼ぶのは、茶葉を管理した官庁「茶房」に由来しているのですね。

日本の「落雁(らくがん)」の原型ともなった「茶食(タシク)（다식）」という、手の込んだ美しい茶菓子もこの頃から作られるようになります。

宮中の儀式は「進茶（チンダ）（献茶（けんちゃ））の礼」から始まりました。

国王自らが献茶の儀式を執り行うようになり、外国からの使臣など、要人を迎えるときはお茶でもてなしました。

ところが、高麗が滅んで、次の朝鮮時代（1392 ～ 1910）になると、国教は「儒教」と代わります。そのため仏教文化は徹底的に排斥され、寺院は山深くに追いやられてしまうのです。

朝鮮時代では、仏教文化の衰退とともに緑茶文化は廃れていきました。

しかし、ごく一部、宮中儀式のなかに「茶礼（チャレ）」として残りました。

現代でも正月元旦を「茶礼」と言い、言葉としても残っていますね。

韓国では正月も秋夕（チュソク）（旧暦の 8 月 15 日）と同じく、祖先を祀（まつ）る法事でもあります。どちらも先祖供養をする「名節（ミョンジョル）」なのです。

そのような時、宮中では実際に緑茶をささげる献茶の儀式が執り行われ続けたようです。しかし特権階級のものだった緑茶は、庶民のものになる機会はありませんでした。

緑茶が庶民のものにならなかったのは、大量に栽培されることがなく「ごく稀少で高価なもの」だったからです。

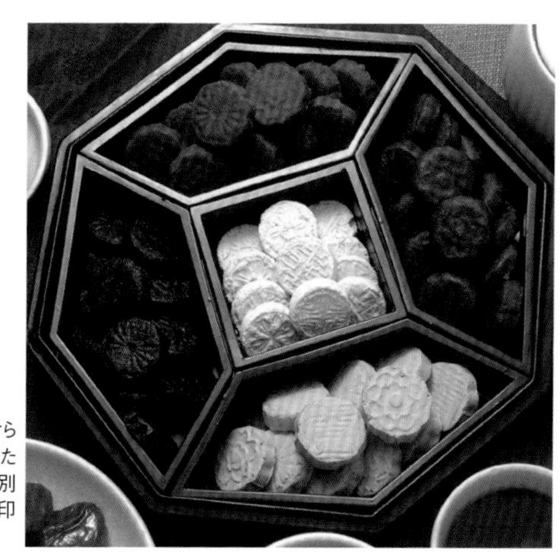

黒はゴマ、ピンクは五味子、緑は緑豆などで色づけられています。そして黄色はなんと松の花粉を押し固めたもの。30 年ほど前ですが、この黄色のお菓子は格別に高価で一つ 5 千Wもしました。かぐわしい香りが印象的な上品なお味でした。

Q13

朝鮮後期から花開く「薬茶文化」

朝鮮時代の後期になると、新しいお茶の文化として「薬茶文化」が開花してゆきます。

薬茶とは生薬を煎じた飲料のことです。

記録によれば、朝鮮王室では145種類の薬茶が飲まれていたそうです。

なかでも最も多く登場するのがやはり「人参茶」です。

その他には生姜茶、桂皮（シナモン）茶、花梨茶、五味子茶、桑枝茶、人参とミカンの皮をブレンドした参橘茶などがあります。たいていは1種類か、2種類ほどの生薬をブレンドしたものが主流だったようです。

ドラマ『イサン』でも有名な、イ・サン（第22代朝鮮王　正祖）の祖父、英祖（享年83歳、朝鮮王のなかで最も長命でした）はことに漢方に対する造詣が深く人参茶を愛飲しました。そのため、この時代には人参の値が高騰するほどだったといいます。

では一般庶民にとって、「薬茶」に代わる飲料とはどんなものだったでしょうか。

庶民には高価な生薬など手に入る筈もありません。

主には「穀茶」といって、穀物を使ったものを飲料としていました。米や麦を炊いた後の釜に残った、芳ばしいお焦げに水を入れて沸かした「スンニュン（숭늉）」や、炒ったトウモロコシで作った「トウモロコシ（옥수수）茶」などを飲んでいたようです。

釜山韓医大の李尚宰教授によれば、「麦茶」は意外にもごく近年飲まれるようになったもので、むしろ日本時代の影響が濃いそうです。

生薬は当時中国からの輸入が主で大変高価なものでした。

しかし後に詳しく紹介しますが、許浚によって身近にある野の草木にも薬効があることが広く知られると、庶民の間にも薬茶文化が広まってゆきます。

野山で摘んだ薬草を乾燥させて保管し、煎じて飲むようになったのです。

不思議なことに緑茶の消費国である中国、日本に挟まれていながら、朝鮮のお茶文化は緑茶ではなく、「薬茶文化」として花開いてゆきました。

コラム１

韓国に根付いた日本の緑茶

韓国のお茶の産地といえば、全羅南道の宝城（ポソン）が有名ですね。

実は宝城の緑茶は、日本統治時代に日本人によって静岡茶の栽培がなされたことで、現在お茶の生産地として有名になりました。そのほかにも泗川市昆明（サチョンシコンミョン）にも広大な茶畑があります。

今日ではお茶づくりの作業は機械化されていますが、それらの機器は日本製のものでした。

日本では 100g あたり 1000 円も出せば質の良いお茶を購入することができますが、韓国ではお茶は今も大変高価です。

そのようなお茶は日本茶をルーツにするものではなく、「雀舌茶（ジャクソルチャ）」、「竹露茶（チュンノチャ）」など、自生した韓国古来の茶葉であるためかもしれませんが、100 g 10 万 w（1 万円）などというのも珍しくありません。

そのせいか、現代でも緑茶文化はなかなか庶民のものになっていません。

しかし最近では「オソルロク（오설록）」というお茶のメーカーが済州島に広大な茶畑を持ち、お茶のミュージアムを建設し、韓国主要都市や免税店などでも緑茶を販売するようになりました。

従来の緑茶の概念にこだわらず、素敵な香りづけをしたものもあり、現代的なお茶の楽しみ方を提案しています。

茶葉そのものも大変すばらしく、私も感心しました。韓国の緑茶文化はこれからなのかもしれません。

Q14

韓方茶（薬茶）と韓方薬ってどう違うの？

朝鮮後期には、王宮をはじめ庶民の間にも**「薬茶」**が広まってゆきました。

漢薬材として利用される薬効のある、植物の根や葉、実、花、種などを煎じたものです。

自分の体質の弱いところを補うために、1～2種類の生薬を煎じて日頃から気軽に、お茶のように飲むのが薬茶であり、韓方茶です。

健康のためでもありますが、一層「カジュアル」だ、というところが「漢方薬」との違いと考えると理解しやすいかと思います。

「漢方薬」は漢の時代に完成された中医学に基づき、さまざまな研究の末に積み上げられてきた漢方薬の処方（レシピ）に従って、**多数の薬草を調剤して煎じた、病を治療するための「薬」**です。

材料となる生薬は薬効のある植物の他、なかには動物性のもの（鹿の角やジャコウ鹿の性腺、ヤモリなど）、鉱物（石膏（せっこう））などを用いることもあります。

病に応じて、これら複数の生薬を煎じた（煮出して成分を抽出した）ものを湯薬（タンヤク）（液湯（えきとう）ともいわれる）として服用しました。

それだけでなく、丸薬（がんやく）や散薬（さんやく）（粉薬）などもあります。

最近日本でも湯薬を更に顆粒状にした「エキス剤」といわれるものが薬局で手軽に手に入りますし、一般の病院でも処方するようになりました。ツムラなどの製品がそれですね。

このようなエキス剤は薬局などで求める時には箱書きに、対応する症状などが書いてあるのでわかりやすいですね。

ちなみに粉薬のように飲む方もあるようですが、できればお湯によく溶いて、本来の湯薬に戻して飲むほうが成分が吸収されやすく望ましいといいます。

これらのエキス剤の効能を見ると、西洋薬とかなり違っていることがわかると思います。

たとえば西洋薬は痛みには鎮痛薬、咳には鎮咳薬（ちんがいやく）、便秘には下剤などと用途がピンポイントで決まっています。

ところが漢方の場合、「葛根湯（かっこんとう）」を例にとれば、風邪薬でありながら、肩こりや筋肉痛などにも効くと記されています。これはどういう訳でしょうか？

西洋薬が体に起こった「症状を解消する」という対症療法的な考え方であるのに対して、漢方薬は「そのような症状を引き起こした根本に、どんな原因（気、血、水のアンバランス）が潜んでいるのか」に注目し、そこを正してゆこうとします。

ですので、結果として風邪の症状が和らぐ葛根湯は、体を温め、血の滞りを整えてくれるので、凝りもほぐれるなどの効能もあるのです。

このように意外な効能を併せ持っている漢方薬は沢山あるのです。

コラム２　レシピと処方箋

ところで皆さんは「レシピ（recipe）」という言葉をご存じだと思います。

まず頭に浮かぶのは「料理法」としての「レシピ」ですが、この「レシピ（recipe）」という単語は本来「処方箋（しょほうせん）」という意味であり、まさに「薬草などの調合法」を意味する言葉です。

また香辛料の「スパイス（spice）」も「医薬品」というラテン語「species」から由来した単語です。料理に使われる香辛料が生薬と限りなく近いのもうなずけるというものです。

このようなものは日本にもあります。それが「**薬**味（やくみ）」。

「薬味」として用いられる、ネギや生姜、わさび、唐辛子、山椒などは、食べ合わせる食材の難点を補完するよう、絶妙に組み合わされているのです。

洋の東西を問わず、食のなかに漢方の知恵が生かされているのですね。

Q15

韓方茶を家で作りたいけど、韓方薬材はどこで求めたらいいの?

日本では漢方薬の材料である「生薬」は原則として薬剤師の資格がなければ扱えません。ですので、漢方薬材を求めるならば専門の薬局を訪ねることになります。

でも、ちょっと敷居が高いですよね。町場にある薬局などでいくつかの生薬を置いているところもあるかもしれませんが、種類は多くはないでしょう。

「漢方薬局」などと看板を掲げて、漢方薬材の薬箪笥（くすりだんす）などがあったりする漢方専門薬局では、お客様の症状に合わせて調剤してくれ、いわば漢方医の見立てのようなことをして薬を処方してくれます。でも、そうなるとちょっと大袈裟（おおげさ）だし、お値段もどのくらいになるか不安ですよね。

私の知っている漢方薬局ではお客様の要望があれば、単品でも薬材を売ってくれるとのことでした。けれど、そういった漢方専門の薬局はそう多くはありませんし、まず入るのに勇気がいりますね。

ですが、私たちに知識さえあればなんと、「食材」として求めることもできるのですよ。

スーパーのスパイス棚をよく見てみましょう。たとえば、肉料理の臭み消しによく用いる「クローブ（丁子　ちょうじ)」の生薬名は「丁香（ちょうこう）」です。お腹をあたため、

冷えからくる腹痛を和らげます。腰や膝の冷えを解消し酒毒（しゅどく）を消す効果があります。

フェンネルの生薬名は「茴香（ウイキョウ）」です。お腹をあたため食欲を増進させ、消化を助けます。腎機能低下による腰痛にも用います。

またお正月のお節料理、栗きんとんの色付けに用いる「クチナシの実」の生薬名は「山梔子（サンシシ）」です。漢方では精神的にストレスを感じているようなときに用います。口喝（こうかつ）や目の充血も和らげます。

中華のコーナーにはクコの実もありますね。クコの生薬名は「枸杞子（クコシ）」。腎機能を高め、腰や膝に力がなく、暑さや寒さに体力がついていけないときに用います。目を明るくします。

そのほかにはネットなどで探すという方法もあるでしょう。たとえばハト麦などもネットで見つけられます。「ハト麦」の生薬名は「薏苡仁（ヨクイニン）」です。消化機能が落ちて食欲のないとき、またお腹を下しているときに用います。四肢の疼痛（とうつう）や筋肉のこわばりを改善します。肌や髪をつややかに保ち、イボや魚の目の除去に効果があります。

高脂血症や糖尿病、ダイエットに効果があるといわれる「菊芋（きくいも）」は健康茶としてネットで探すことができました。

こうしてみると漢方薬局以外でも、手近なところで漢方薬材をみつけることができるものです。

更に大手薬局などの健康茶のコーナーには、健康茶として製品化されているものも沢山ありますね。

ですが一般人が日本で手に入れられるものにはやはり限界があります。

だからこそおすすめするのが、ソウルの東大門からやや東にある、「ソウル薬令市場」なのです。

第三章で詳しくご案内しますので、お楽しみに！

コラム3
ドクダミ・ハト麦の力!

私ごとですが……（^^）。

幼い頃、夏になると木製の桶で行水をしました。たぶん二歳くらいだと思います。

庭で行水する私のつかったお湯のなかに母は、周辺に生えているドクダミをむしって入れるのです。「なんでこんな葉っぱをいれるの？」と尋ねると、「汗疹にいいからね」と答えたことを鮮明に覚えています。

実際ドクダミを入れたお湯で私に湯あみさせると、汗疹はきれいに治るのだそうです。

中学一年の頃、手にイボができました。

思春期でしたのでとても恥ずかしく、病院に行ってメスでえぐったり、電気で焼き切るという痛い施術を我慢しながら試みました。しかし傷がいえる頃には再発し、いずれも効果がなかったのです。

夏休みに入った頃、ハト麦が良いときいて藁をもつかむ気持ちで近所の薬局で求め、毎日煎じて飲んでみました。

小さな薬缶に、ハト麦を入れて2合の水が1合になるまで煮つめ、その液を飲みます。それを毎日続けました。

すると夏休みが明ける頃にはいつのまにかあのしつこかったイボが消えてなくなり、ついでに足の魚の目までなくなっていました。

以来今日まで、私はイボや魚の目とは縁がありません。

李尚宰教授から伺った話です。

韓国の代表的な高級韓方化粧品『雪花秀』は、研究の末、ハト麦（薏苡仁）に美肌効果があるという結論に至り、薏苡仁の成分が調合してあるそうです。

実際に韓方の効果を体験した方は、その後も関心を持ち続けることがあるようですね。

Q16

「ソウル薬令市場」ってどんなところ?

地下鉄１号線、東大門駅から３駅下った「祭基洞（チェギドン）駅」２番出口を出ると、もうそこから広大な「ソウル薬令市場」が広がっています。

いきなり韓薬材を売る店や韓医院が連なりはじめ、韓薬の香りが街中に充満しているのには驚きます。

現在は大通りの古山子路（コサンジャロ）を挟んで、西側を「ソウル薬令市場」、東側を「京東市場」と区別していますが、以前は薬令市場もひっくるめて、「京東市場」と呼んでいました。

ですが 1995 年６月から西側を「ソウル薬令市場」として特化し、観光客にも韓国韓方をアピールしているようですね。

2017 年 11 月には「韓方博物館」がソウル薬令市場のど真ん中にオープンしました。

ここでは韓国韓方の歴史や薬材について知ることができるほか、一階には様々な韓国韓方コスメや薬茶を販売するショップもあります。第三章ではこの博物館も詳しくご紹介します。

隣接する在来市場「京東市場」では、生の高麗人参やニンニク、唐辛子など、「薬念（ヤンニョム）」といって薬味につかう香味野菜売り場が充実しています。

スッポンや犬肉、ドジョウ、カムルチと呼ばれる雷魚（らいぎょ）など、身体によいとされる食材が目に付くのも特徴です。

それからもう一つ、秋になると「マツタケ」売り場が盛況になるのも、ここ京東市場です。

更に高麗人参エキスや人参の加工製品を特化して販売している「人参センター」などもあるので、こちらのエリアも見逃せません。

以前は韓方といえばなんといっても350年の歴史と伝統を持つ、大邱（テグ）市の薬令市場が有名でしたが、もはやこのソウル薬令市場はその規模からしても韓国最大の、いえ、世界最大の韓方市場と言えるのではないでしょうか。

この市場がここまで発展したのは近くに鉄道の清涼里（チョンニャンニ）駅があり、生薬の産地である江原道（カンウォンド）や忠清道（チュンチョンド）、全羅道（チョルラド）などとも結ばれ、豊富な薬材の調達が可能になったことが大きな理由の一つです。

この市場が形成され始めたのは1950年代末からのこと。

初めは二十余軒の薬材店から始まりました。

次第に薬材店、韓医院、製薬機器会社、薬材の粉砕や煎じ薬を作る店、薬材輸入業者、健康食品を扱う店など、韓方に関連するすべての業種が集まって、巨大な「韓方の街」になっていったのです。

韓医院だけでも300軒からあるというのですから、その規模がいかなるものか想像がつくことでしょう。

これらの医院に毎日沢山の人が詰めかけ、煎じ薬を誂（あつら）えるのですから街中に韓方薬の匂いが満ち溢れるのも頷（うなづ）けます。

店先には様々な生薬が山積みにされていて圧巻です。またその安いこと!

生薬もさることながら、最近ではそれぞれの薬草を飲みやすく丸薬にしたものが人気のようで、体に良さそうな興味深い製品が溢れています。

昔から韓国の女性たちは美容にも韓方を用いてきました。

生薬を粉末にしたパック剤や韓方石鹸、韓方エキス入りの化粧品などなど、女性には興味津々のワンダーランド。

韓国人は健康や美容に対する意識も高く、薬材店の店先は人で溢れています。

京東市場では高麗人参も、お茶や料理に使う「ひげ根」から、最も薬効が高いとされる「六年もの」まで、さまざまなランクのものが売られています。

日本では人参といえば、時代劇などで「お父っあんのために娘が身売りして人参を工面する」という恭しい生薬でしたが、今では野菜同然の安さに驚きます。

現在は栽培が可能になったので、手ごろな値段で購入できるのですね。

ちなみに、ここで求めた人参は土もついていないので、日本に持ち帰ることもできます。

実際韓国人は高麗人参を、牛乳とはちみつを入れてミルクセーキにしたり、てんぷらやサラダにしたりと、野菜感覚で食事に取り入れているのです。

第三章では、この「ソウル薬令市場」と「京東市場」の魅力を、おいしくて元気になる「韓方グルメ」も含めて、余すところなくご紹介してゆきたいと思います。

コラム 4 漢方薬、沢山飲んでも害はない？長く飲まないと効かない？

漢方薬は、「害がないから沢山飲んでも大丈夫」とか、「長いこと飲まないと効き目が現れない」などと思われていますが、それは大きな誤解です。

そもそも漢方薬は植物の持つ、いわば「毒性」を利用したものです。

生薬のなかには穏やかなものもあれば、モノによっては医師・薬剤師でなければ扱ってはならない危険なものもあります。

ですが、市場などで売っている薬材は、薬茶として飲むのには問題ありません。

そもそも、毒なものは韓国の薬令市場でも一般には売ることができないことになっています。

「長期服用しなければ効果がない」というのもどうでしょう？

もちろん韓方薬のなかには病気に打ち勝つことのできる、充実して免疫力のある「あるべき体」を目指す補薬的なものもあります。そのような漢方薬は対症療法的な西洋薬のように即効性には欠けるかもしれません。

ですが、風邪をひいたときに用いる「葛根湯」や「麻黄湯（まおうとう）」などを思い浮かべればわかるように、効き目がすぐに現れるものもあります。

「葛根湯」は風邪の初期には効果的ですが、こじらせた風邪には効きません。症状が進んでしまったら別の薬に変更するべきなのです。

無条件に「風邪＝葛根湯」という風に考えて葛根湯を大量に処方し、長期服用を勧める医師もいます。

実のところ漢方の知識が不足している医師も少なくありません。適切な処方がなされていない場合には効果が得られず、漢方に対する偏見が生じてしまうこともあるのです。

Q17

韓方医にかかって韓方薬をためしてみたいけど…

私たち日本人が、たいていかかりつけ医を持っているように、韓国人は皆行きつけの韓医院があるものです。

肩こりや腰痛など、整形外科的な不具合ばかりでなく、身体の調子が良くない時も、普通に韓医院を訪れます。

また、日ごろの健康管理としても韓方薬を誂えます。

韓国では、春にはこれから訪れる夏の暑さ、秋には冬の寒さを乗り切るためにと、春と秋とに**「体調を整える韓方薬」**を誂えて飲む習慣があるのです。これを「**補薬**（ポヤク）」といいます。

人は忙しく生活するなかで、大なり小なり気・血・水のバランスを崩しているもの。

そのまま不摂生（ふせっせい）を続ければいずれ大事になり、病に至ってしまうかもしれません。そのような状態を「未病（みびょう）」と言います。

そこで春と秋には自分の体を整えるために、韓方医を訪れ、今の自分の状態に合った韓方薬を調合してもらうのです。

患者を病にさせないのが名医ですが、患者の方も病にかからないよう、平素から健康な体にリセットしておくという心掛けがあったのですね。

西洋医学の発達した今日、韓方医を訪ねる方は慢性病や難治性の病、不妊治療などの方が多いようです。

私が以前『ソウルの達人～最新版』のなかで紹介した私のかかりつけ医のところには、日本からも沢山の方が来院し、不妊で相談にみえた方の 20 組ほどにお子さんが授かったと聞きました。

この度取材した韓方医のなかにも、千人を超える日本からの患者さんを抱えているところがありました。

その医院では 15 年もの間、補薬を誂え続けている日本の方もあるとか。

西洋医学に限界を感じた方たちが、こうして海を越えて、日本ではかかれない本格的な韓方治療を受けに来ているのだと実感した次第です。

また近年では「韓方ダイエット」も女性たちに人気です。

前出の著書で韓方ダイエットを紹介したところ、肥満に悩む日本人女性が姉妹でチャレンジし、みごとに二人とも 20 キロ近くのダイエットに成功したと、ご連絡をいただきました。

「肥満」は健康に問題があって起きているのかもしれません。

美容目的の過剰なダイエットはどうかと思います。ですがバランスを崩して肥満に陥（おちい）っているような場合、空腹に苦しむことなく、楽に健康的でバランスの良い身体を取り戻すことができるとしたら、画期的なことだと思います。

Q18

薬材があれば湯薬を自分で作れますか?

韓方薬材の薬効を知っていれば、いくつもの生薬を同時に煎じて、それぞれの薬効を引き出す湯薬を作れそうに思うかもしれません。

ですが**それは危険です**。

たとえば「色」で考えてみましょう。

青と黄色を混ぜれば、美しい緑色に変化します。赤と黄色を混ぜれば、美しいオレンジ色に変化します。1～2色の良い組み合わせであればこのような麗(うるわ)しい色合いを出すことができますね。

けれど、こんな話を聞いたことがありませんか?　絵具の全ての色を混ぜ合わせると黒色になってしまう、と。

韓方でも同じことが言えます。薬材の調合によってはとんでもない化学反応のようなものが生じることがあるのです。

調合する薬材には**「君・臣・佐・使」という四つの役割**があります。

1. 率先して病を治す効果を持つ薬材（君薬(くんやく)）
2. その薬材の効果を促進する薬材（臣薬(しんやく)）
3. その薬材の副作用を減じる薬材（佐薬(さやく)）
4. 全体を調和させる薬材（使薬(しやく)）

こういった役割を熟知し、長い経験のもとにできたのが漢方薬のレシピなのです。素人考えで安易に生薬を調合するのは危険です。

「ならば素人が薬材をお茶として煎じて飲むのも危険ではないのか?」という疑問もあるでしょう。

単品の薬材を韓方茶としていただく分には化学変化のようなものは起きないので、心配はいりません。それは私たちが緑茶や麦茶、シナモン（桂皮）茶や生姜茶を飲んだとき、その効能を得ることはあっても、重大な副作用に見舞われないのと同じことです。

韓国伝統茶のほとんどが単品で煎じられているのを見ればお分かりの通りです。

韓国で発売されている「韓方薬茶」の本をみても、ほとんどが薬材を単品で煎じるか、甘味として棗(なつめ)や蜂蜜を加えている程度です。

ハングルを読める方であれば、韓国の書店で求められる「韓方薬茶」の本をひも解きながら、自分で韓方茶を淹れてみるのも一興(いっきょう)です。

このような本で紹介されている韓方茶のほとんどが、一種類か、多くても二種類程度の薬材でつくる簡単な韓方茶のレシピです。

始めはただの木片のようで、どれも同じようにしか見えなかった韓方薬材。

ですが韓方茶を楽しむことで、だんだんに薬材を見る目も養われ、一目で区別がつくようになってくると楽しくなります。

また、それぞれの香りや味わいを知り、薬効について知識が増えてゆくにしたがって、どんどん面白くなってきます。

健康志向と知的好奇心、一挙両得で私もすっかりハマっています。

Q19

韓方医の選び方ってある?

日本に比べてはるかに韓方が身近にある韓国では、個人病院から韓方医大病院まで様々な規模の医院があります。

その数はおびただしく、街をあるいているとそこここに韓医院の看板が目に付くほどです。

韓方医大病院などでは、内科、小児科、神経科、循環器科、がんセンター、リハビリ治療などなど、専門科目が分かれており、まさに総合病院です。

外国人対応も充実していて、広く海外に門戸を開いている大学病院もあります。

こんな風に日本よりもはるかに先を行くように見える韓国韓方ですが、**現代の韓国韓方医学に大きく影響を及ぼしたのが江戸中期に活躍した日本の漢方医「吉益東洞(1702 ～ 1773)」**であることは日本でもあまり知られていません。

ですが、韓国で韓方医学を志す人であるならば「吉益東洞」の名を知らない人はいないというから驚きです。

中国からはじまった漢方は、朝鮮、日本でそれぞれに発展しながら、互いに影響を及ぼしあってきたのですね。

日本の漢方医学は大きく二派に分かれていました。

一つは「**後世方派**（後世派ともいう)」です。室町時代に完成した古典的な学派で、中国の陰陽五行説などの論理にもとづき、人体を一つの宇宙的なものと見立てて、その**バランスを整えることに重きを**

吉益東洞

おく考え方です。

人体を陰と陽の性質、木火土金水の五つの要素に分類し、その調和を考えるというものです。

しかし、あまりに哲学的であるがゆえに、実践的な医学といえるのかと、疑問に思ってしまいます。

もう一つが**「古方派（こほうは）」**で、江戸中期に日本で起こりました。

吉益東洞はこの古方派の名医でした。東洞はそれまでの後世方派の観念的な理論を退け、「理屈で病は治らない。病気を治すのは処方である」と喝破（かっぱ）し、病に対してより**合理的な湯薬処方**をしました。

この二つの派では湯薬を処方する際、**用いる薬材の数に圧倒的な違い**があります。

一口に言えば、**後世方派の処方は薬数が多く、古方派では薬数が少ないのが特徴**です。

後世方派の薬材の処方は、病気を退治する方向性を持った薬材を用いると、その薬材の副作用を打ち消す薬材も同時に用います。

病を治す方向性の薬材の薬数と同じくらいにその効果を打ち消す方向性を持った薬材を調剤するので薬数は増えてゆきます。

結果として「**副作用が少ない代わりに、効き目はマイルドになり、補薬的要素が強まる**」といえます。

古方派はそれに比べて病気治療に対してアグレッシブな処方を用います。

処方はその病を叩（たた）く少数の薬材を用います。生薬数は少ないほど病に対してシャープな効き目を現します。その反面「**副作用が生じる場合もあるかもしれないが、そのリスクよりも治療を優先する**」という考え方です。

現代の**韓国韓医院もこの二つの傾向に分かれています。**

大雑把にいえば、ソウル薬令市場で開業している老舗個人病院のようなところはだいたい後世方派的な調剤（20 ～ 40 種の薬材を用いる）をするところが多いようです。もちろん例外もあります。

またそのような医師は薬数を多く用いることに誇りを持っているようなところもあります。

一方、総合病院、韓方医大病院などは先進的な古方派的考えで調剤するところが多いようです。ちなみに私が大邱韓方医大病院で湯薬を作ってもらったときには 6 ～ 7 種類の薬材を用いていました。

私たちはつい、薬材の数が多いと「丁重にしてもらっている」と思い、そのほうが無条件に好ましいように思いがちですが、それは誤解です。

もし韓国で韓方医を探すなら、ご自身が**どういう目的をもって韓方医にかかるのか、そのあたりを明確にしておくことが大切**です。

このような韓方医の傾向の違いを知って、自分の求めるところは何なのかをよく見極めることが肝心かもしれません。

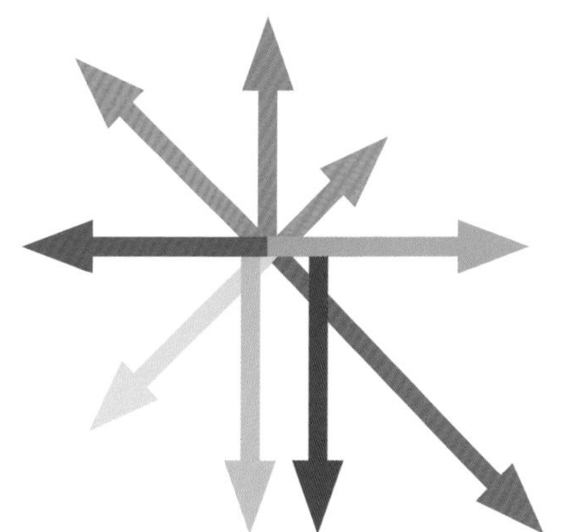

後世方派の処方
薬数が多い。補薬的要素が強まる。

古法派の処方
薬数は少ない。病の治療に対してアグレッシブ。

コラム5 ツムラの漢方薬にも表れる、後世方派と古方派

私たちにとって一番なじみがあるのがツムラの漢方エキス剤かもしれませんね。

これらは今までのところ1～138番まであって、代表的な漢方薬が顆粒状になっています。

これらの薬材のなかにも、実は後世方派の処方と、古方派の処方が混在しているのですから面白いですね。具体的に見てみましょう。

62番　防風通聖散（ボウフウツウショウサン）……黄芩、桔梗、甘草など18薬種
63番　五積散（ゴシャクサン）……蒼朮、当帰、陳皮など16薬種

以上は薬数が多い後世方派の処方です。
また、以下は古方派の処方で二種類の薬材しか用いていません

68番　芍薬甘草湯（シャクヤクカンゾウトウ）……芍薬、甘草の二薬種
138番　桔梗湯（キキョウトウ）……桔梗、甘草の二薬種

その他にも後世方派の代表的処方として日本でも良く知られているのは、「十全大補湯」や「八味地黄湯」などがあります。これらはその名の通り、十種あるいは八種の薬材が調合されています。

こうしてみると、後世方派が沢山の薬材を用いるのに対して、古方派はごく少数の薬材を用いていることが良くわかりますね。
ですが、両派の処方がツムラで採用されていることからわかるように、それぞれに長所短所があり、患者の様態を診る医師の所見によって、さまざまな薬材が選択されるということを示しているのではないでしょうか。

Q20

韓方医・補薬の料金は?

一体いくらぐらいかかるのか?

これは重大な問題ですよね。

韓国人が治療目的で韓方医にかかる場合は、保険が適用されますので、信じられないような安い値段でフルコースの治療を受けることができます。

たとえば体の具合がすぐれずに韓方医にかかったとします。

まずは診脈をして体の状態を把握し、鍼、灸、ブファン（吸い玉）、マッサージ器のような物理治療などを行って10,000W（1,000円）くらいというから羨(うらや)ましい限りです。

では、観光客として無保険で治療を受けるとしたら、どのくらいかかるのでしょう。

ソウルの薬令韓医薬博物館学芸員の方にうかがってみたところ、「3～4万W」（3～4千円程度）が一般的ではないかというお話でした。

もちろんこれは、基本コースの値段ですし、各医院によって違いがあるとはおもいますが、ひとつの目安にしていただけるのではないでしょうか。

日本で鍼灸治療を受けるとしても、5千円～1万円、もっと高いところはいくらでもありますから、それを考えるとお安いかと思います。

しかし補薬となると、病気治療ではなく、未病の段階で健康管理のために誂える薬ということになるので、韓国人といえども保険適用にはなりません。

値段は使う薬材の種類や量（服用期間）にもよります。

薬材のなかでも麝香（ジャコウジカ）や鹿茸（鹿の角）など高価な薬材が入ると値段も上がります。

補薬などはだいたい一月ほど飲むのが一般的です。先日大邱韓方医大の国際医療センターで調剤をお願いしたところ、一月分ほどの補薬が約40万Wでした。

一概にはいえませんが、一月分なら40万W～7、80万Wというところが相場ではないかと思います。大変良心的なところですと20万～30万Wというところでしょうか。

このような湯薬は韓国では予め煎じたものが一回飲み切りのパックになっていて、電子レンジで温めればすぐに飲めるので便利です。

湯薬は診察の翌日にはホテルに届けてくれたり、場合によっては国際郵便で自宅まで送ってもらうこともできます（この場合送料が必要。一月分ですと一斗缶で届きます。送料は7千円ほどでした）

また継続して服用する場合には、送金して郵送してもらうという形でやりとりができるので便利です。

統合医療の第一人者である川嶋 朗 教授は、リウマチに苦しんでいた母上がたった一回の鍼治療が功を奏した様子を目の当たりにし、幼心に東洋医学への関心を持ち始めたそうです。

エステもよいですが、行きつけの韓医院をつくって、リフレッシュに韓方治療体験というのもいいかもしれません。

いきなり高額な補薬を誂えなくとも、旅のついでに韓方医に通いながら、まずは自分にあっているかどうかを実感してみる、コミュニケーションがとれ、信頼関係ができたところで補薬をつくる、というのでもよいのではないでしょうか。

日本にはない「韓方医院」の門を、まずは気軽にくぐってみてはと思います。

1日2回服用で70～80パックほど入っていました。一ヶ月はゆうに飲めます。

ティーテラピー

～こんなところにも素敵な韓方茶房が～

国立釜山大学韓医学専門大学院教授である李尚宰教授が韓方茶を飲みやすく現代的に味わえる店としてオープンしました。

李尚宰教授は日本でも韓方の理論から実践までを楽しく説く講座、「東医宝鑑アカデミー」を主宰するなど、多くの韓方ファンの人気を博しています。

この建物は韓国第四代大統領であった尹潽善（ユンボソン）氏の家屋の一部で、史跡第 438 号にも指定されている韓国の伝統家屋です。

趣きのある素晴らしい韓屋です。文化財でもあるこの建物をそのままに、内部をモダンに改築した素敵な空間です。

ここでいただける韓方茶は、李尚宰先生独特の焙煎方法を用いているので、長時間煮出さなくとも熱湯を注いで 3 分ほどすれば薬効成分が充分に抽出されます。

数あるお茶のなかで、どれを選ぶかが大切ですが、「体質マップ」というチャートが（日本語版も）あり、設問に答えてゆくと自分が「四象体質」のうちのどれに当てはまり、どんなお茶を選んだらよいか、見当をつけることができるようになっています。

店員さんでもあるティーセラピストのアドバイスを受けることもできます。セラピストの方は日本人であるか、日本語堪能なスタッフですので安心です。

趣のある韓屋。内装はモダンで落ち着いた空間。ついついゆっくりしてしまう。

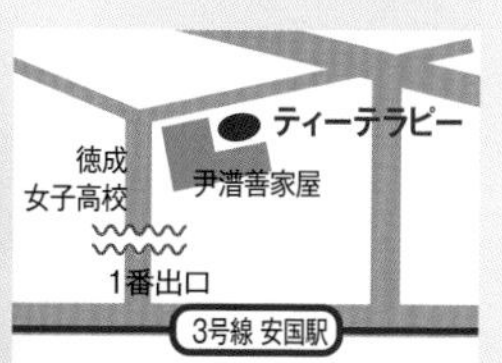

Tea Therapy
ソウル特別市 鍾路区 安国洞 6-1
（서울특별시 종로구 안국동 6-1）
地下鉄 3 号線安国（アングク）駅 1 番出口 徒歩 5 分
☎ 02-730-7507 ㊡ 旧正月、チュソク

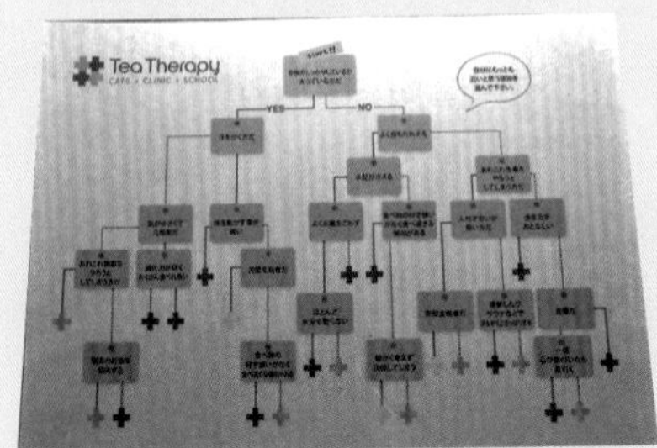

簡易チャートで四象体質を調べることができる。

お客様も日本人の方がとても多く、ゆっくりと過ごしていらっしゃるのが印象的です。

お土産として、体質別に３種類の薬草茶をチョイスし、家でも楽しめる「私だけのお茶（나만의 차）」を注文することもできます。（３万W）

ありがたいのはガラスポットにたっぷりのお茶をいただけること。

みなさんおしゃべりに花を咲かせながらのんびりとお茶を楽しんでいらっしゃる、「心地よい空間」です。

「私だけのお茶」は3種類選べます。帰国してからも二ヶ月位楽しみました。３万 W。

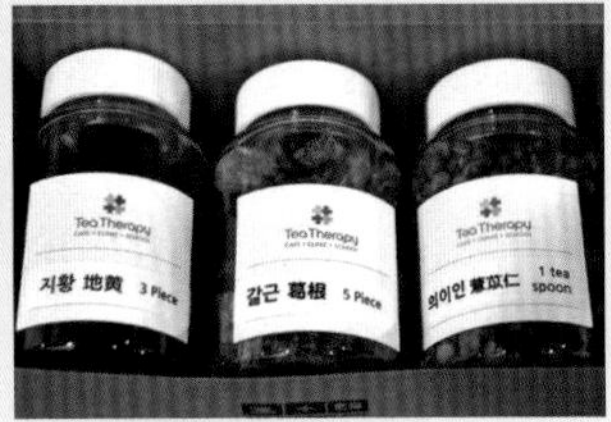

沢山の韓方茶のなかから自分の体質にあったお茶を、セラピストのアドバイスを日本語で伺いながら選べる。

許浚と李濟馬

韓国韓方を完成させた韓方医二人の偉大な業績

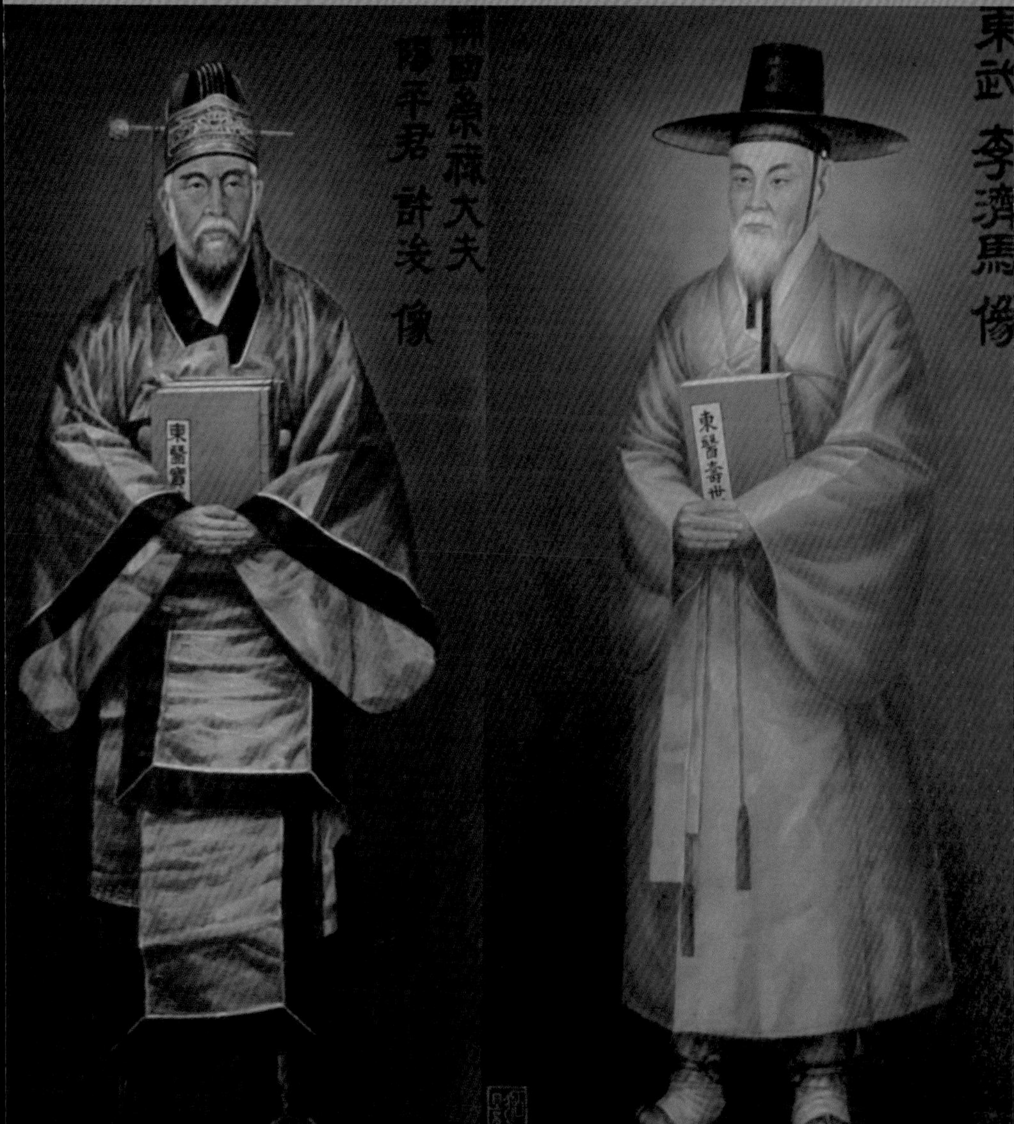

韓国韓方界
二大スーパースターをひも解く

韓国韓方界に革命をもたらした漢医学者、「許浚（ホジュン）」と「李濟馬（イジェマ）」。

許浚（1539 ～ 1615) は、今から約 400 年前に活躍した漢方医です。

許浚の著した『**東医宝鑑**（トンイポガム）』は、中医学の本家本元である中国にも多大な影響を及ぼしました。

許浚の活躍した朝鮮時代中期、漢方薬材はすべて中国から輸入しており、庶民にはとても手の届かない高価なものでした。

しかし許浚が朝鮮の地に自生する草木の薬効について研究し、まとめたことで**漢方医療を特権階級のものから広く一般民衆にも広めることができた**のです。

李濟馬（1836 ～ 1900）は、今から 150 年前に活躍した漢方医です。

同じ薬を与えても、その効き目に個人差があることから、人間には生まれ持った「**4 つの体質（四象体質（ササンチェジル））**」があると考えました。

まずは自身の体質を知り、日頃から体質にあった生活や食材を摂るように心がけることで健康を保つという、実践的な理論を『**東医壽世保元**（トンイスセボウォン）』という書物として著し、提唱しました。

二人は、それまで難解かつ高価と思われがちだった**漢方の哲学や治療を、身近な「生活の知恵」として取り入れるまでに一般化した**のです。

この二大スーパースターの出現は韓国韓方界にとって、革命的であり、画期的なことでした。

この章では、二人の偉業をひも解きながら、日本や中国とは異なる視点を確立した韓国韓方の魅力を紹介いたします。

許浚

『東医宝鑑』を編纂し、
400 年前に活躍した漢方医

許浚の偉業

韓国の名作ドラマ『許浚』などでも知られる、朝鮮時代に活躍した漢方医学者、許浚。

許浚は今後お札の顔になってもおかしくないほどの「偉人」だと、私は思います。

許浚の偉業はなんといっても、全人生をかけて『東医宝鑑』という医学書を編纂したことにあります。

『東医宝鑑』は日本でも 1724 年、八代将軍徳川吉宗の命によって刊行され、中国では 1763 年に清国乾隆帝（しんこくけんりゅうてい）の時代に出版されています。

更には **2009 年にユネスコの「世界記録遺産」** として登録されました。また、現在もなお、韓医大学では『東医宝鑑』をテキストとして学んでいるのです。

これをみても、当時から今日に至るまで、優れた医学書として重要視されてきたことがわかります。

『東医宝鑑』は全 25 巻からなる漢方医学の名著ですが、この本が評価された大きな要因の一つに「インデックス」つまり「目次」に力をいれたことがあります。25 巻のうちのなんと 2 巻が目次に費やされています。

それまでの中国では、様々な論理が乱立し、医学書や漢方薬のレシピやデータは無秩序に増大する一方でした。情報が整理されていなかった当時、いざ病人を目の前にしてもどんな治療をし、どんな薬を処方すればよいか、まずは膨大な資料を読み解くところから始めなければならず、急を要する実践に際してテキスト（当時の医学書）が、即座には役に立たないというのが実情でした。

そのような不合理を解消すべく、病の種類とそれに対応する薬材の処方を系統立てて書き表し、実践に即応できるようにした一種の「病気辞典」、**「虎の巻的な医学書」が『東医宝鑑』**だったのです。

また当時漢方薬材はすべて中国から輸入しており、大変高価なものでした。

許浚は中国からの輸入に頼らずとも、自分たちの身近な野山に自生する草木にも、それぞれ独自の薬効があることを研究し、まとめあげたのです。

これを「自分たちの郷土にもある薬草」、つまり「**郷薬**（ヒャンヤク）」と称し、それぞれの効能を明示しました。いわば「野草漢方大辞典」のような役割のページを『東医宝鑑』に盛り込んだと考えればよいでしょう。

これによって「**単方**（タンバン）」といって、一種類の薬草を煎じて飲むことでも、病を治す薬効を得られることが広く知られるようになり、それまで庶民にとって贅沢と思われた生薬による治療が身近なものになったのです。

朝鮮時代後期18世紀ごろ、許浚が亡くなって百年ほどの後になると、単方をベースにした「**漢方薬茶**」の文化が広がってゆきます。こうして漢方はすっかり庶民のものとして定着してゆきました。

その背景にはまさに許浚の説いた、「**郷薬・単方**」の知恵があったのです。

許浚は薬草の効能をまとめるにあたって、「**俗方**（ソクパン）」といわれる、民間に長い間伝わってきた「民間療法」も大いに参考にしたそうです。

日本の漢方解説本などではこのような「民間療法」を軽視する傾向があるようです。

ですがこうした郷薬という概念、また『東医宝鑑』を編纂した許浚が大いに「俗方」という民間に伝わる薬草文化を参考にしたことを考えると、漢方と民間療法の間に大きな違いはないのではないかと、私は思います。

「東医」の謎

許浚の編纂した医学書『**東医宝鑑**』。

一体その名称にはどんな意味が込められているのでしょうか。

「東医」とは読んで字のごとく、「東の医学」という意味です。

では何故朝鮮の医学を許浚は「東」と名乗ったのでしょう。

「漢方」は、まさに漢の時代に完成された医学ですが、中国の国土はあまりに広大。揚子江を境にして、南北では気候風土も全く違っていたのです。

揚子江の北側は乾燥しており、寒い地域です。反対に南側は湿度が高く、温暖な地域です。更に北と南では民族的にも異なっていたのです。

そのため漢方医学の理論も南北で少しずつ違っていました。

つまり中国の医学は大雑把に分けて、北派と南派に分かれていたのです。その中国の東側にある朝鮮で起こった医学を、許浚は矜持（きょうじ）をもって「**東の医学**」、つまり「**東医**」と名乗ったのでした。

当時中国は朝鮮にとって宗主国（そうしゅこく）であり、朝鮮は従属的な立場にありました。

「朝鮮」という国号すら中国から授かったというのに、医学においては自らを中国と対等とみなして「東医」と名乗ったのです。

これは当時としては恐れ多く、一種危険なことでもあったのです。

この名称からしても、いかに許浚が自ら編纂した『東医宝鑑』に誇りを持っていたかがうかがえます。

韓国の市場で買える
代表的な生薬「*BEST50*」と
韓方茶の作り方

さて、ここまで来たらご自身でも韓方茶を淹れてみたくなったのではないかと思います。

韓方薬材の種類は３千種ともいわれますが、そのなかで良く用いられるのが 600 種だそうです。

小さな韓薬房（韓方の薬材店）でも 300 種ほどは置いているのですが、その全てをご紹介するとなるとほとんど一冊の植物図鑑ほどのボリュームになってしまいますので、ここでは、日本でもなじみが深く、韓国の市場でよく目にする**「代表的な生薬 50 種類」**をご紹介したいと思います。

植物としての写真をご覧になれば「これ、近くの公園にも生えてる！」と思うようなものもあると思います。それこそがまさに「郷薬」というわけですね。

夏になれば私たちが気軽に麦茶などを沸かして飲むような感覚で、このページを入り口にして、ご家庭でも韓方薬茶を楽しんでいただけたらと思います。

こんなに簡単！韓方茶の淹れ方

1 道具

煎じる道具として金物は化学変化を起こすのでいけません。土鍋かホーロー、ガラス製のものを使ってください。やはり**ホーローの薬缶か鍋**が使いやすいかと思います。

2 薬材の量と水の割合

薬材は一掴み（15~20g）に対して1．5リットルの水を加えるのが基本です。厳密に考える必要はなく、だいたいの目安ですので加減してください。

3 薬材の扱い

埃などを除去するために、さっと水ですすいでから煮出します。時間は基本30～40分。これも目安です。水分が半量になるまで煮詰めるという考えもありますが、お茶代わりで飲む場合、そこまでする必要はなく、好みで良いとおもいます。濃い目に煮出せば少量で薬効を得ることができます。

4 煎じた後の薬材

これはいつまでも薬缶や鍋に留めずに、**煎じ終わったらすぐに取り出しておきましょう。**なぜならいつまでも出がらしを入れておくと、せっかく湯に染み出した薬効成分が薬材に戻ってしまうからです。予め不織布の袋にいれおくのも良いですし、網になったオタマのようなものを使って取り出してもいいですね。

5 飲み切る

煎じた韓方茶はできるだけその日のうちに飲み切るようにしましょう。

温かいものを飲むのが基本ですので、冷めたら温め直して飲みましょう。

お茶のようにいつ飲んでも構いませんが、基本的に空腹時にいただく方が薬効を体に吸収しやすいのです。

ちなみに顆粒状の漢方薬なども、お湯に溶いて服用する方が吸収には良いそうですよ。

韓国の市場で買える代表的な生薬 BEST 50

性質の温かいものから紹介してゆきますね。

黄耆（オウギ）황기（ファンギ）

【性質：温】【味：甘】

体内の不要な水分を排出させ腫れものなどを治す。虚弱に作用し、悪寒や熱の症状に用いる。痛みの緩和作用もある。

クセもなく、参鶏湯などの韓国薬膳料理には良く用いられる生薬。

当帰（トウキ）당귀（タンギィ）

【性質：温】【味：甘・辛】

血を補い、血液を清め、流れを良くする作用があり、貧血や瘀血による血行障害に用いる。また、腸の蠕動運動を活発にし、体内のガスを円滑に排出させ、栄養吸収を助ける。

補血剤の代表的な生薬とされています。

川芎（センキュウ）천궁（チョングン）

【性質：温】【味：辛】

全ての風病、気病、血病などを治療し、長く続く瘀血をなくすと言われる。血液循環を助け、痛みの除去効果があり、月経痛、生理不順、腹痛、打撲傷、頭痛などに用いる。

五味子（ゴミシ）오미자（オミジャ）

【性質：温】【味：酸】

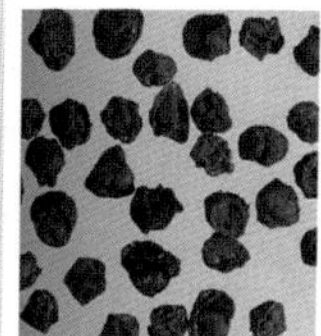

肺機能を助けて咳を止める。腎臓を保護して体の津液を補う効能があり、下痢にも用いる。

甘い、苦い、辛い、しょっぱい、酸っぱいの五つの味を持つので五味子の名がつきました。

覆盆子（フクボンシ）복분자（ポクプンジャ）

【性質：温】【味：甘・酸】

腎機能虚弱からくる遺精（不随意の射精）、夢精、失禁、また頻尿時にも用いる。排尿を順調にするとともに、目を明るくし、体を軽くし、白髪を防ぎ、肌をやわらかくきれいにする。

トックリイチゴのことです。

陳皮（チンピ）진피（チンピ）

【性質：温】【味：苦・辛】

脾臓の機能を強化し、消化不良、腹部膨満、嘔吐などに用いる。痰を和らげる効能もある。

ミカンの皮を
乾燥させたものです。

何首烏（カシュウ）하수오（ハスオ）

【性質：温】【味：苦・甘】

血管や骨を強くし、髪を黒くする。アンチエイジング効果があり、昔から不老長寿薬として常用された。肝臓・腎臓を養い、滋養強壮薬として用いる。

日本ではツルドクダミと言われます。

五加皮（ゴカヒ）오가피（オガピ）

【性質：温】【味：辛・苦】

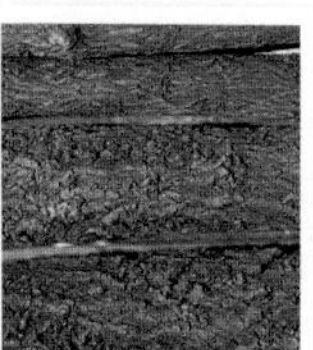

肝臓・腎臓の気を補い、骨、筋肉などを健康にする。腎臓を温め、水腫などを治療し、男性の勃起不全や女性の陰部のかゆみにも用いられる。

ウコギの名で知られています。

杜仲（トチュウ）두충（トゥチュン）

【性質：温】【味：甘】

肝臓・腎臓を養い、血管、骨を丈夫にし、安胎（妊娠を安定させる）作用もある。腰痛、膝のしびれ、夢精、早漏、排尿困難に用いる。強壮効果もあり、神経衰弱、貧血、目まい、多夢、病後の体力虚弱、冷え性、食欲不振などにも用いる。

紅花（コウカ）홍화（ホンファ）

【性質：温】【味：辛】

全身の血液循環を助け、瘀血をほぐし、痛みを緩和する。出産後の瘀血で腹痛がひどい場合や、これにより起こる頭痛や目まいに用いる。あざの痕、関節炎にも用いる。

ベニバナの花びら。

紅花子（コウカの種）홍화자（ホンファジャ）

【性質：温】【味：辛】

老化を防ぎ、生殖機能を増加するビタミンＥが豊富。コレステロール過多による動脈硬化症の予防・治療に良い。骨を強くする効能が強く、関節炎、腰痛、骨折、産後の養生などにも用いる。

ベニバナの種を炒ったもの。とても芳ばしくて美味しい。홍화씨(ホンファシ)という表記のほうが店頭では一般的。

生姜（ショウキョウ）생강（センガン）

【性質：温】【味：辛】

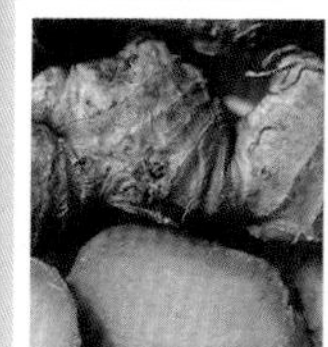

胃の粘膜を刺激して胃液の分泌を増加させ、消化を促進する作用がある。また血液循環を良くし体温を上昇させる。胃が冷えて起こる嘔吐、下腹痛、下痢、咳のひどい症状、喘息、風邪などに用いる。

「しょうが」のことですね。

桂皮（ケイヒ）계피（ケピ）

【性質：温】【味：辛・甘】

血液循環を促進し体を温め、腹の中の冷えを止める。胃腸の粘膜を刺激して分泌を旺盛にする。冷え、浮腫、関節痛、筋肉痛、月経腹痛、下痢などに用いる。発汗・鎮痛作用もあり、風邪に多く使用される。

シナモンのことです。

紫蘇葉（シソヨウ）자소엽（チャソヨプ）

【性質：温】【味：辛】

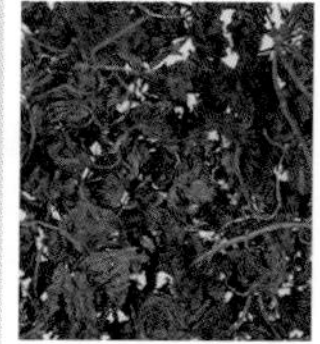

悪寒、発熱などの風邪の症状に用い、脾臓と肺で気が滞って起こる咳、痰、胸のつかえなどの症状を治療する効能がある。

赤シソですね。

蒼朮（ソウジュツ）창출（チャンチュル）

【性質：温】【味：苦・辛】

消化不良や下痢、腹部膨満などを緩和し治療する効能を持つ。また関節痛と中風、排尿困難、結膜炎、高血圧、目まい、老人の喘息などにも用いる。

鹿茸（ロクジョウ）녹용（ノギョン）

【性質：温】【味：甘】

肝臓・腎臓を養い、筋肉、骨を強くする。関節痛、腰痛、夢精、女性の子宮の冷えや赤い帯下がある場合にも用いる。

鹿の角は毎年生え変わります。幼い角が鹿茸（ロクジョウ）です。すでに骨質化した鹿の角は鹿角（ロッカク）。

大棗（タイソウ）대조（テチョ）

【性質：温】【味：甘】

血液の巡りをよくし、神経を安定させる。咳を止め、のどの乾燥を和らげる。また消化吸収能力を高め、便秘、下痢、腹痛、女性のヒステリー症状、身体虚弱、動悸、貧血、中風による多汗、喘息、口渇などにも用いる。

대추（テチュ）というのが一般的。ナツメの果実。

木瓜（モッカ）모과（モグア）

【性質：温】【味：酸】

リューマチ、坐骨神経痛、末梢神経炎、腰の筋肉損傷による疼痛に用いる。消化吸収を助け、下痢や嘔吐を止め、消化器の慢性疾患による腹部膨満、しゃっくり、食欲不振、過食で消化が悪くなる症状によい。

カリンの果実。お茶にするとほのかに良い香りが。

杏仁（キョウニン）행인（ヘンイン）

【性質：温】【味：苦・辛】

主に肺に作用し、肺に上がってくる気運を鎮め、咳をとめる。咳、痰、喘息のほか、便秘にも用いる。

一般には살구씨（サルグシ）/アンズの種子。

小茴香（ショウウイキョウ）소회향（ソフェヒャン）

【性質：温】【味：辛】

胃を温め強くし、気をよく流して各種の疼痛をなくす効能があり、慢性胃炎、胃酸過多、消化器疾患、術後腹部にガスがたまる場合に用いる。下腹部、（肝・腎・膀胱・小腸・大腸）を温め、下腹部の痛み、腹部の冷え、腰痛、下肢疼痛などにも用いる。

茴香（ウイキョウ）とも言われています。フェンネルのこと。

熟地黄（ジュクジオウ）숙지황（スㇰチファン）

【性質：温】【味：甘】

補血、清髄と骨髄を生成する効能が卓越している。性機能障害、糖尿や月経不足、泌尿器疾患、目まいや耳鳴り、関節痛、若白髪などにも用いる。

血を補う代表的な薬で肝臓・腎臓を養う要薬とされています。

人参（ニンジン）인삼（インサム）

【性質：微温】【味：微苦】

精気を補強し体の津液を作り、精神を安定させる効能があり、疲労、食欲不振、倦怠症状に用いる。肺活量不足、多量の出血、衰弱などにも用いる。

最も珍重される韓方薬材で広く利用されています。日本名オタネニンジンの根を乾燥したもので、サポニンを多く含み、五臓の気を全て補うとされています。

防風（ボウフウ）방풍（パンプン）

【性質：微温】【味：辛・甘】

発汗、解熱作用に優れ、風邪や流行性感冒による頭痛、四肢の痺れ・痛み、関節のうずきなどに使用する。中風、関節炎にも効果が高い。

「風邪（ふうじゃ）を防ぐ」という意味に由来し防風と言います。

山茱萸（サンシュユ）산수유（サンスユ）

【性質：微温】【味：酸】

肝臓・腎臓を補い、腎臓の水気を補強して精液を豊富にし、多夢、目まい、耳鳴り、遺精、老人の腰痛・膝痛にも用いる。女性の月経過多を正常に調節してくれる作用もあり、病後虚弱、産後の体力の虚弱、子宮出血にも用いる。

白朮（ビャクジュツ）백출（ペㇰチュル）

【性質：微温】【味：苦・甘】

脾臓、胃の虚弱による少食、慢性胃腸炎、消化不良、腹痛、下痢、胃もたれなどに用いる。体内の余剰な水分を排出する作用もあり、腎臓の機能障害による目まい、浮腫などにも用いる。

甘草（カンゾウ）감초（カㇺチョ）

【性質：平】【味：甘】

解毒作用があり、肝臓機能を回復させ、薬物中毒、肝炎、じんましん、皮膚炎、湿疹などに効く。鎮咳、去痰作用、利尿作用、抗炎症作用、消化性潰瘍の発生抑制作用などもある。体重の増加、血圧急上昇にも用いる。

西洋ではお菓子や薬酒にも使われる「リコリス」のこと。甘みが強くてお茶には向きませんでした。

桔梗（キキョウ）길경（キルギョン）

【性質：平】【味：苦・辛】

肺をきれいにし、胸のつまりを和らげ、腹の中の冷たい気を散らす。風邪による咳、痰、鼻づまり、喘息、気管支炎症、胸膜炎、頭痛、悪寒、扁桃腺炎、咽喉炎などに使用する。

枸杞子（クコシ）구기자（クギジャ）

【性質：平】【味：甘】

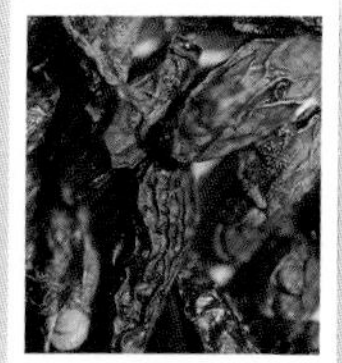

肝臓障害の予防、血圧降下作用、精力を養う作用がある。不感症、不妊、夢精、帯下症、腰痛、膝痛などに用いる。肝臓機能強化と同時に、視力を改善するので、全身虚弱、精力衰弱で腰痛がひどい時、視力減退、尿出血にも用いる。

クコの実。昔から長寿薬とされています。

酸棗仁（サンソウニン）산조인（サンジョイン）

【性質：平】【味：甘】

消化機能を助け、活力を与えてくれる。他の薬の薬性を穏やかにする緩和の目的で用いる。また強壮薬として使われたり、ヒステリー症状、不眠症や神経衰弱にも使用する。

サネブトナツメの果実。

枳椇（キク）지구목（チグモク）

【性質：平】【味：甘】

血液循環を助け、筋肉を和らげ、消化不良を治療する。最近ではアルコール中毒による肝臓治療にも使用されている。利尿、二日酔いなどにも効果がある。

別名헛개나무（ホッケナム）、韓国ではペットボトル飲料もあります。バニラにも似た甘い香りで私はよく沸かしていただきます。

山薬（サンヤク）산약（サニャク）

【性質：平】【味：甘】

虚弱、疲れに良いとされる。脾臓・胃の虚弱、食欲減退、下痢、喘息、体力低下、滋養強壮などに用いる。頻尿、目まい、関節痛などにも効果がある。

山芋や自然薯のこと。韓国では補薬としてミルクセーキなどにして飲みます。東医宝鑑でも大変評価されているものです。

茯苓（ブクリョウ）복령（ポンニョン）

【性質：平】【味：甘】

脾臓を養い、精神を安定させる効能があり、精神不安やストレス性の症状に用いる。不必要な水分を除去するので、排尿異常にも用いる。

日本では松塊（マツホド）とも言われます。松の木の根に寄生する菌類で、体の過度な水分を除去し、むくみに効果があるとされます。

葛根（カッコン）갈근（カルグン）

【性質：平】【味：甘・辛】

発汗、解熱剤として高熱・頭痛を治療し、消化不良、頭痛、貧血、疫痢、腹痛、酒やけ、風邪、嘔吐、女性の下血などに用いる。特に煩渇（胸が苦しく口の中が渇く症状）に効果がある。

葛の根です。身体に潤いを与えるので女性にはお勧め。

霊芝（レイシ）영지（ヨンジ）

【性質：平】【味：甘】

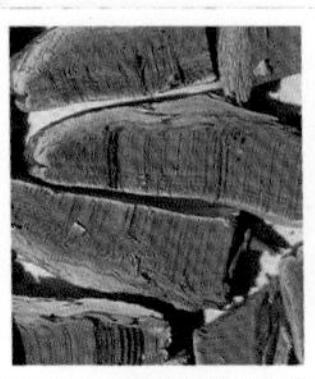

主に心臓の機能を高め、精神を安定させる。気と血を全て養い、咳を止める。不眠症、健忘症、咳が続く症状、高血圧、肝炎などに用いる。一般的に体が弱り食欲がない虚弱の人に効果がある。

別名万年茸（マンネンタケ）、サルノコシカケとも言われます。

黄精（オウセイ）황정（ファンジョン）

【性質：平】【味：甘】

脾臓、胃腸の消化機能を強化し、精力を補う効能もある。病後の気力回復を助ける。胃腸虚弱、心身虚弱、勃起不全、糖尿病などに用いる。

別名둥굴레（トゥングレ）、こちらの呼び名のほうが一般的です。みずみずしさを保つので女性におすすめ。芳ばしくて美味しいですよ！

菊芋（キクイモ）국우（クグ）

【性質：平】【味：甘】

解熱作用があり、多量の出血をとめる効果がある。タンパク質、イヌリン、ビタミン、必須アミノ酸を含み、最近では糖尿、ダイエットに良いスーパーフードとして知られている。

別名돼지감자（テェジカムジャ）、日本でも健康野菜として知られています。

海桐皮（カイトウヒ）해동피　（ヘドンピ）

【性質：平】【味：苦・辛】

風湿邪をなくし、経脈をよく流し、痛みの症状を止める。腹痛、疫痢、下痢、胃炎、疥癬、歯痛などに用いる。

엄나무（オンナム）ともいいます。ハリギリの幹の皮です。人参の代わりに使うくらい多様な効能、薬性を持つと言われています。

荷葉（カヨウ）하엽　（ハヨプ）

【性質：平】【味：苦】

出血をとめて瘀血を解く。目まい、喀血や鼻血、血尿、子宮出血などの各種出血症状に用いる。

연잎（ヨンイプ）ともいいます。蓮の葉のこと。ビタミンC、抗酸化物質などの多様な有効成分があり、暑気と湿気を追い払うとされています。

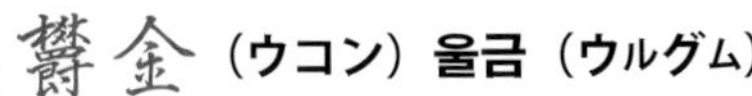

欝金（ウコン）울금（ウルグム）

【性質：涼】【味：苦・辛】

血液循環を助け、肝臓・胆嚢に気が詰まる症状を治療し、血中の熱を下げて瘀血をほぐす。気血が滞って起こる全ての症状を治療し、瘀血や腫れものの出血症状に使用する。黄疸や胸の痛みにも用いる。

甘菊（アマギク）감국（カムグック）

【性質：涼】【味：甘】

解熱効果があり風邪による発熱、肺炎、気管支炎に良い。胃腸を平安にし、目まい、頭痛、肩がずきずき痛む症状、血圧上昇などを防ぐ。解毒、消炎作用、血液浄化能力もあり、便秘、生理不順、にきびを含む各種皮膚トラブルにも用いる。

菊花（キクカ）のこと。

薄荷（ハッカ）박하（パッカ）

【性質：涼】【味：辛】

風と熱をなくし目をはっきりとさせ、痰のある咳、皮膚病を治す。解熱、発汗作用に加え、軽い健胃作用もあるで胃のつかえや胃の動きが足りない時にも用いる。

おう吐むかつきにも効果があります。子供の頃、車酔い予防にはミントガムが必須でした。

益母草（ヤクモソウ）익모초（インモチョ）

【性質：涼】【味：苦・辛】

女性の血液循環がうまく起こらず瘀血になる症状に効き、月経不順、生理痛、無月経、産後の腹痛に用いる。体の外に水分を排出する作用もあり、むくみ、腫れものにも用いる。

女性に申し分なく良い薬という意味で「益母」（インモ）と呼ばれています。

麦門冬（バクモントウ）맥문동（メンムンドン）

【性質：微寒】【味：苦・甘】

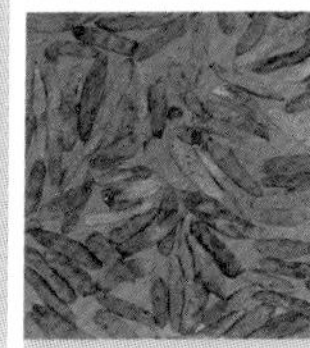

緩和、滋養強壮剤として、また鎮咳、去痰、解熱効果があり、風邪による咳、痰、長く続く気管支炎や肺結核に用いる。体力減退を防ぎ、正常なコンディションを維持する。粘液質が豊富なので便秘にも用いる。

薏苡仁（ヨクイニン）의이인（ウィイイン）

【性質：微寒】【味：甘】

不要な水分を体外に排出し、脾臓の機能を補う。排尿困難や水腫症に用いる。また、肺機能を充実させ、肺にできた腫れものなどを治療する。熱を下げ、炎症と膿をなくす作用もある。

別名율무（ユルム）／ハトムギです。イボなどにも効果がある。

決明子（ケツメイシ）결명자（キョルミョンジャ）

【性質：微寒】【味：甘・苦】

腸を潤滑にし便通をよくし、利尿作用がある。血圧、血中コレステロールを下げる作用もある。目の熱を下げてすっきりさせたり、目を明るくしウィルスによる急性結膜炎や流行性角膜炎、アレルギー性結膜炎にも用いる。

日本では昔からハブ茶としてとして親しまれている。

魚腥草（ギョセイソウ）어성초　（オソンチョ）

【性質：微寒】【味：辛・苦】

熱による腫れものなどに効果があり、肺にできる腫れものや腫瘍、咳がひどい症状、血を吐く喀血などの症状に用いる。肺炎、急性気管支炎、小児肺病、腸炎による下痢にも用いる。

別名十薬（ジュウヤク）／ドクダミです。

芍薬（シャクヤク）작약（チャギャク）

【性質：寒】【味：苦】

赤芍は、血中の熱を下げ、瘀血をほぐす。発熱やほてり、打撲傷、腹痛などに用いる。白芍は、解熱作用、組織や血管を収縮させる作用があり、補血薬として生理不順、生理痛、帯下、胸・わき腹の痛み、手足の痙攣、疼痛などに用いる。

芍薬の根を赤芍（セキシャク）、皮を除いたものを白芍（ビャクシャク）と言います。

枳實（キジツ）지실（チシル）

【性質：寒】【味：苦・辛】

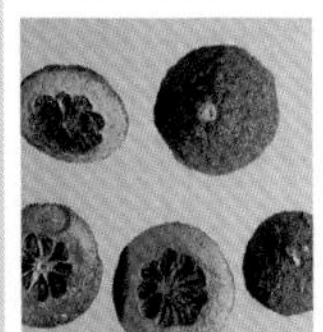

気の滞りを分散させてくれる働きがあり、皮膚のひどいかゆみ、腹部膨満、長く続く胃もたれ、便秘などに効く。胃下垂、子宮下垂、脱肛などにも用いる。

別名탱자나무（テンジャナム）/カラタチの果実。

梔子（クチナシ）치자（チジャ）

【性質：寒】【味：苦】

体内の熱を下げる代表的な薬材で、湿を外に排出させると同時に止血の効能がある。主に心臓、胃、大腸、小腸などの熱を下げ、胸のつかえの症状に用いる。黄疸、のぼせ、精神不安、出血などにも用いる。

山梔子（サンシシ）とも言います。

桑葉（ソウヨウ）상엽　（サンヨプ）

【性質：寒】【味：苦・甘】

記憶力、集中力を良くし、血管内のコレステロールを下げて、便秘、糖尿に効果がある。口中の渇き、頭痛、目の充血などにも用いる。

뽕잎（ポンイプ）、桑の葉のこと。日本でも古くから用いられ、葉だけでなく枝にも効能がある。栄西の『喫茶養生記』にもよく登場する薬材。

第二章 許浚と李濟馬 ～韓国韓方界 二大スーパースターをひも解く～

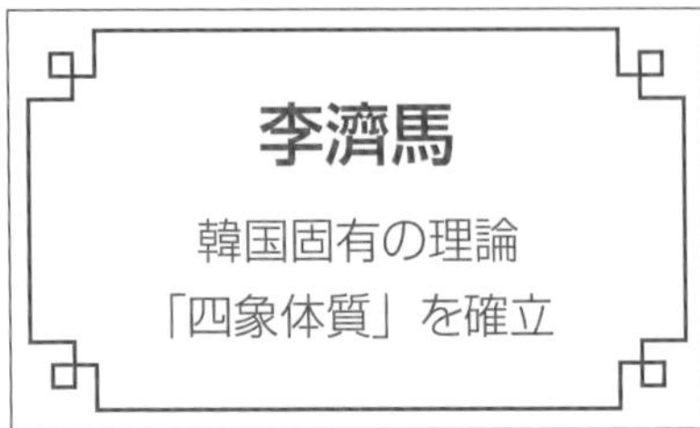

四象体質の構築

「四象体質（ササンチェジル）」は李濟馬（イジェマ）によって体系化された韓国固有の理論で、1894 年に『**東医壽世保元**（トンイスセボウォン）』にまとめられました。

120 年ほど前に完成したものですが、現代でも活用され続けている韓医学の理論です。

李濟馬は同じ薬を与えても人によって効果が違う事から、人間にはもって生まれた体質があるのではと考えました。

その違いは五臓の大小によって決まると考えたのです。

五臓とは、心臓、脾臓、肝臓、肺臓、腎臓の五つです。

そのうち心臓を除いた、4 つの臓器の大小（「強弱」と言う方が近いように思います）によって人は以下の四つの体質に分類されると考えました。

肺臓が強く ＞ 肝臓が弱い　太陽人
脾臓が強く ＞ 腎臓が弱い　少陽人
肝臓が強く ＞ 肺臓が弱い　太陰人
腎臓が強く ＞ 脾臓が弱い　少陰人

※ちなみにこの時代、「胃腸などの消化器系統」を脾臓と考えました。

この違いは、人の体質ばかりでなく、体形や顔かたち、性格にも投影されるというのです。

私も四つのうちのどの体質にあたるのかを調べ、その結果を照らして見ると、あまりにもよく当たっていて驚くばかりです。

ですがこれらをただ、占いのように楽しんでも意味がありません。

李濟馬が目指したのは、自分の体質の「弱点」を認識することで、食生活や行動の上で日常陥りがちな過ちを回避することでした。自分の器質的、精神的な弱さを自覚し、弱点を克服することで、より健康で充実した生活を送ることが大切だと説いたのです。

これらは「養生法」であり、「予防医学」であるとともに、「**より良い人生を送るための知恵**」とも言えるのです。

四象体質チェック

それでは早速ご自身の体質を調べてみましょう。

次ページから始まる設問に答えることで、体質を知ることができるようになっています。

解答に際しての注意点としては、**「自分の本来の性質・気質」をもとに回答する**ということです。たとえば、「大人になって、短気な性格を努力して矯正した」というような場合は、本来の性質である「短気」を選ぶというような具合です。

最後に集計した際、どれか一つに綺麗にまとまらないかもしれません。ですが、**四象体質は臓器の大小によって分かれているため、「複合型」というのはありません。さらに持って生まれた体質ですので生涯変わることもないのです。**

どうしても答えがまとまらないようなら、お友達の客観的な評価なども取り入れて、もう一度やってみるといいかもしれませんね。

さあ、それではチェックシートで調べてみましょう!

ご自分の特性や、健康の秘訣がわかりますよ。

該当するものに○をつけてください。

ひとつの質問に対して複数○がついても構いません。該当するものがない場合は○をつけなくても構いません。

さて、あなたの体質は?
あなたへの重要な
メッセージもありますよ!

※このチャートはウリドゥル韓医院の金樹凡先生が作成した四象体質診断プログラムを使用させていただきました。

1　あなたの体格は？

1　首筋は太く、腰は細い
2　胸幅は広く、おしりは小さい
3　腰部はがっちりし、首筋は細い
4　おしりは大きく、胸幅は狭い

2　あなたの容貌は？

1　健康的で肩幅が広い
2　俊敏で胸部が発達している
3　ふっくらしていて腹囲が大きいほうだ
4　全体的にほっそりとした体型

3　仕事をする時どのように処理しますか？

1　滞りなくスムーズに行う
2　創造性があり実直に行う
3　最後まで粘り強く行う
4　細かくチェックし、じっくり行う

4　どんなことに長けていますか？

1　初対面の人ともすぐ打ち解ける
2　正しくないことを見たら我慢できない
3　のんびりしていて寛大だ
4　正確で綿密な処理ができる

5　あなたはどれに当てはまりますか？

1　積極的で推進力が強い
2　いろいろなことに手を付けるがツメが甘い
3　行動は遅いが根気強い
4　行動より思索することが好きだ

6　次の中であなたが近いのは？

1　前後を深く考えず行動する

2　始めたことを仕上げられるか心配

3　やる気はあるが実行できず臆病になってしまう

4　万事を正確に行えるか不安だ

7　あなたの行動はどれに当てはまりますか？

1　攻撃的な行動をする

2　新しいことを探求しようとする

3　変化を嫌う

4　防御的な行動をするほうだ

8　あなたが感じることはどれですか？

1　急進的でむやみに行動する

2　外交的で自分を誇示するところがある

3　保守的で欲深い

4　温厚で波風がたたないことを好む

9　あなたはどんな時に健康だと感じますか？

1　小便の量が多く、よく出る時

2　お通じのよい時

3　汗をよくかく時

4　消化がよい時

10　どんな気性を持っていますか？

1　過去のことにくよくよしない

2　広い視野で大局的に物事をとらえる

3　おおらかに考え、許容できる

4　細密で正確にものごとを行う

11　欲望が生じた時どんな気持ちになりますか？

1　礼儀を無視しても、思いのまま行動したい
2　理性を捨て、得たものをひけらかしたい
3　良心を捨てても、ひたすらに求めたい
4　義理を捨てても、楽を選びたい

12　普段どんな心が欠けていると思いますか？

1　遠慮する心
2　善悪を問う心
3　同情する心
4　恥じらう心

13　自分の心のうちに潜んでいると思う感情は？

1　汚く荒い面がある
2　ずるくて悪賢い面がある
3　傲慢で乱暴な面がある
4　誤魔化しや嘘をついてしまうことがある

14　あなたはどれに当てはまりますか？

1　自分に甘く、他人に厳しい
2　自分を敬うことを望むが、他人のことは軽んじる
3　自分の体面と権威は高く、他人のことは低く見る
4　自分には寛大であるが、他人には冷たい

15　あなたが最も関心のあることは？

1　権力
2　名誉
3　お金と財産
4　地位

16　平素自分に対してよく感じることは？

1　自分の気持ちを大切にしない
2　自分の家庭を大事にしない
3　自分の仕事に最善を尽くさない
4　自らまめに動かない

17　あなたはどんな衝動に駆られますか？

1　他人のものを盗みたいと思うことがある
2　他人を見下してしまうことがある
3　他人のものを奪いたいと思うことがある
4　他人に嫉妬してしまうことがある

18　あなたはどれに当てはまりますか？

1　友達とつきあう時、細かいことは気にしない
2　外部のことを重要視し、家庭のことはおろそかにする
3　家庭を大切にし、その他のことはおろそかにする
4　友達とつきあう時、細かいことが気になる

19　あなたはどれに当てはまりますか？

1　仕事がうまくいかないと腹が立つ
2　自分の居場所がないと深く落ち込む
3　仕事がうまくいかないとショッピングや美食で憂さを晴らす
4　友達付き合いがうまくいかないと力が抜けてしまう

20　あなたが願うことはどれですか？

1　思い通りに生きてゆきたい
2　大いに出世して認められたい
3　どんな願いでも叶うほど豊かになりたい
4　人から尊敬される人になりたい

21　苦しみと絶望の中であなたが感じた気持ちは？

1　富に手が届きそうで届かなかった
2　名誉に手が届きそうで届かなかった
3　利益に手が届きそうで届かなかった
4　権力に手が届きそうで届かなかった

22　なたはどんな雰囲気を持った人ですか？

1　話す言葉が明確で、誰でも心地よく迎え入れるような雰囲気
2　包容力が広く大きく、人を尊重する度量がある雰囲気
3　人の上に立って、アドバイスや指導をするリーダーシップのある雰囲気
4　心が広く穏やかで、人をなだめ物事を丸く収める雰囲気

23　感情を抑えられないと現れる症状は？

1　悲しみがひどくなると激しい怒りが現れる
2　怒りが大きくなると悲しみで胸がいっぱいになる
3　喜びが大きくなると贅沢や享楽が現れる
4　楽しさが頂点に達すると感情の変化が現れる

24　あなたが心配に思うことは？

1　人にお互い助け合おうと言っておきながら、実際に助けられるか心配だ
2　相手にお互い頼ろうと言っておきながら、実際頼ることができるのか心配だ
3　人に心清くしなさいと言っておきながら、実際に清廉でいられるか心配だ
4　人を悟らせてあげなくてはと言っておきながら、実際悟らせることができるか心配だ

第一章 第二章 第三章 第四章 第五章

25　あなたはどれに当てはまりますか？

1　やりたいことができないといつも悔しい気持ちが生まれる
2　節約に余念がないがいつか尽きるのではといつも心配だ
3　人から多くの恵みを受けてもいつか尽きるのではといつも心配だ
4　やりたいことができていつも楽しい

26　人を判断する時、重要視するのは？

1　善・悪
2　知恵・愚か
3　勤勉・怠惰
4　有能・無能

27　あなたが一番嫌いなタイプは？

1　細密でスキがなく礼儀も完璧な人
2　恩に報い信義がありながら善良で心も完璧な人
3　財産を運用しながら義理も完璧な人
4　才能がありながら知恵も完璧な人

28　嘔吐する時、どのような状態ですか？

1　何の理由もなく嘔吐症状が現れたことがある
2　嘔吐するときは熱がある
3　嘔吐した後、病気が治ったことがある
4　嘔吐するときはいつも体が冷たい

29　どんな時に体がスッキリしたと感じますか？

1　大便は塊が大きく、沢山の排便を見たとき
2　手のひら、足の裏に汗をかいて病気が治ったとき
3　大汗をかいて病気が好転したとき
4　鼻の下に汗をかいて、病が軽くなったとき

30　次の中であなたが時々感じる症状がありますか？

1　小便の量や回数が多いとき身体がスッキリする

2　疲れると鼻血が出たり、痰に血が混じることがある

3　緊張すると心臓がドキドキする

4　沢山汗をかくと、元気がなくなりふらつくことがある

31　次の中であなたが時々感じる症状がありますか？

1　顔が明るい色だと健康だ

2　もの忘れがひどいと感じる

3　まぶたが上に引きつるように感じ、眼球が痛むことがある

4　小さなことに驚き、心臓がドキッとする

32　次の中であなたが時々感じる症状がありますか？

1　健康状態が良くない時はだいたい痩せている時だ

2　普段、はじめの大便は固く、その後やらわかくなる

3　風邪をひくと、まずのどが痛くなり熱が出て、汗が出る

4　普段ため息をよくつく

33　次の中であなたが時々感じる症状がありますか？

1　朝食べたものを夜吐いたり、夜食べたものを朝吐くことがある

2　下痢をした時などに熱が出ることがある

3　人に恥をかかされた時など、顔がほてって赤くなる

4　少し食べ過ぎただけでも胃腸の調子が悪くなる

34　次の中であなたが時々感じる症状がありますか？

1　他の症状はなく、足に力がなく歩くのがつらいことがある

2　食べる量は多いが太らない

3　２～３日ほど体が冷えたと思うと、次には２～３日熱が出るという症状を繰り返すことがある

4　汗もかかずに熱が出て、うなされることがある

35　次の中であなたが時々感じる症状がありますか？

1　食道部位が広く開いていて、風が出てくるようだ

2　便秘すると胸が破裂するような気がする

3　へその周囲の腹部がつまり、霧がかかっているように感じる

4　下痢をして下腹部が冷たいことがある

ちょっと変わった質問で考えがいがあったと思います。(＾＾)

①②③④のどの回答が多かったか集計してみましょう。最も多かったものがあなたの体質です。

自分の体質をよく知って、日頃の生活に生かして下さいね！

チェック表

1	2	3	4

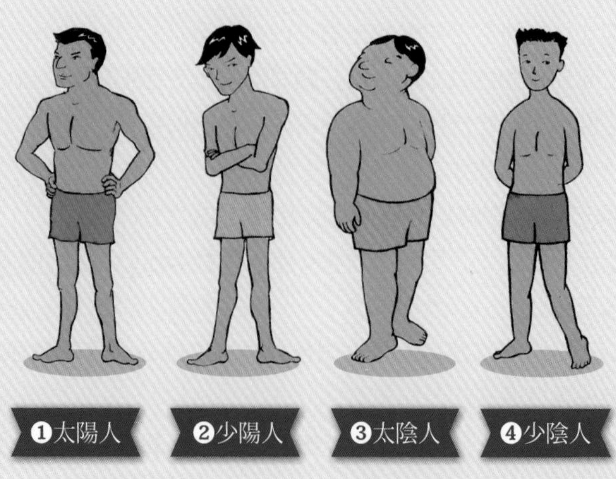

太陽人

韓国人の1%以下

肺＞肝

四次元的……時空間を越える壮大な世界観を持った人

特徴

このタイプに当てはまる人は大変数少ないようです。有能であり、また何事にも猪突猛進（ちょとつもうしん）します。普通の人が考えもつかないことをしでかすという、生まれ持った能力を持っています。一言でいえば、理想を追求する英雄型です。

外見

額が広く、まなじりはキリリとして聡明な感じ。耳は大きい方で、首も太くたくましい印象です。それにくらべると下半身は細く貧弱です。体力はある方です。太陽人といえば、おおらかで力強いと思いがちですが実際は、繊細で物柔らかでありながら、強い気質を持っている人なのです。

性質

カリスマ性があり、リーダーシップがあります。野心家で人々を引っ張ってゆく英雄的な魅力があります。

太陽人は非凡な人が多く、社交的で物事を積極的に推進します。初めて会う人でもすぐに友達になれるようなフレンドリーな印象です。

何事も根に持たないタイプで、男性的な面が強く、常に前に突き進もうとする性格の持ち主です。一方で真剣に考えない荒っぽさもあり、時には他人を無視するなど勝手なふるまいが疎まれることがあります。

太陽人は一般人とは異なり、四次元的な感覚をもっていて目の前のことだけではなく、時間を越えて歴史的な観点で物事を考える力があるのです。普通ならとても実現不可能と思うようなことでもやってのけるのです。

今現在は困難な状況でも、明日を信じて努力することができます。そのため歴史に名を残すような英雄になる人がいます。うまくいけば有名人になるかもしれません。

しかし理想ばかりを追求し現実社会に適応できない場合、ドロップアウトしてしまうことも。まるで、ドン・キホーテのように。そんな場合は破滅してしまう事さえあるのです。

代表的な人物としては、スティーブ・ジョブス、ビル・ゲイツ、アインシュタインなど。

生活上の注意

肝が弱いので、肝機能を保護する魚介類を摂るよう心がけましょう。

身体に合う食べ物

体の熱を下げる食べ物、鮒（ふな）、海老、貝類、牡蛎、アワビ、サザエ、イカ、カニ、ナマコ、ぶどう、柿、さくらんぼ、猿梨（コクワ）、花梨、山葡萄、松の花粉、蕎麦、冷麺、じゅんさい 。

身体に合わない食べ物

辛い物、熱い物、高カロリーなもの、炭酸飲料、アイスクリーム、パン、麺類、インスタント食品、缶詰、化学調味料、大根（消化不良）、牛肉、砂糖、イシモチ。

健康茶

太陽人は身体に熱がこもるタイプなのであっさりしたお茶が合います。 花梨茶は筋肉が衰えたり、だるさを感じるとき、初期の風邪に効きます。 柿葉茶は血をサラサラにし、五加皮茶は骨と筋肉を強くします。

ダイエットには

熱（火）が上半身に上がる性質なので、熱を下ろすようにし、**小便を滞りなく排出することが健康の秘訣！** 下半身が脆弱（ぜいじゃく）なので、太陽人や少陽人は下半身をよく動かすようにして、気をゆっくりと下げるようにするとダイエットになります。瞑想（めいそう）や丹田呼吸（たんでんこきゅう）で熱をさげるのも重要。

食べ物としてはキャベツやキュウリなど熱を下げるものが合います。利尿作用のあるトウモロコシ茶などもダイエットに向いています。

あなたへの金言

大きな夢ばかりを追っていてはダメ!

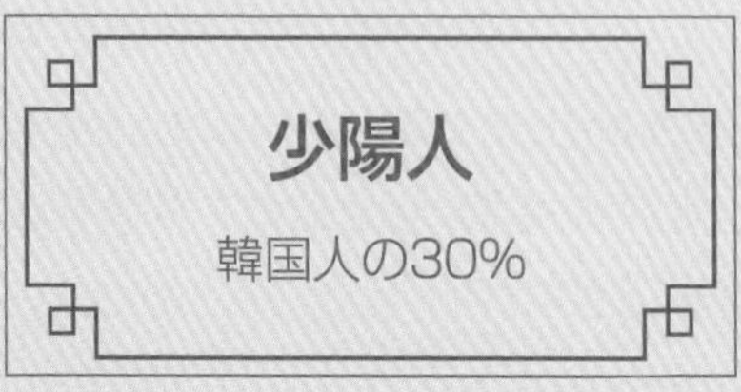

脾臓（胃腸、消化器官）＞腎

三次元的……実社会で実力発揮する人

特徴

実質的には太陽人よりも熱が多い体質です。情熱的で直線的。創造的であり奉仕の精神があります。瞬発力があり、敏捷(びんしょう)です。仕事をする際には忍耐強いのですが、一度にいろいろなことを広げるだけひろげて、まとめに至らないところがあります。

外見

逆三角形の顔立ちで顔は小さめ、シャープな印象を受ける人です。目がキャッツアイのように鋭く、あごは小さい。鼻はたかく、耳は刀のようで唇は小さく薄いのが特徴です。胸部が発達していて肩幅が広いほうですが、そのわりにお尻が小さいので、腕を振って歩きます。持久力には欠けるところがあります。

性質

社交的でコミュニケーション力に長けています。

創造力があるので常に新しいアイディアを打ち出します。正直で芯が強く、何事にも一所懸命で情熱的な人が多いようです。

仕事の面では利害を考えず、打算的なところがありません。人のために尽くそうとするボランティア精神が強く、自分自身のことより人の為に働くことに喜びを感じるタイプです。

感情表現が豊かで、あとあとまで根に持たないあっさりとした性格です。短気なところがあり、いろいろな事を同時に進めようとするので、つい詰めがあまくなりがちです。

個人的なこと、家庭的なことを軽視する面があります。目立ちたがりで体裁を気にして見栄を張ってしまうところもあります。

発言に関してはストレートに表現するあまり、時には相手を傷つけてしまうこともあります。ですがすぐに後悔して、率直に謝ったりするので、周囲からは軽率だと思われることもあるので要注意です。それほど感情の起伏の激しいところがあるのですね。

新製品の開発や広告など、新しい分野の開拓などはこの人の得意分野です。また芸術家、ボランタリーな活動をする人にも少陽人が多いようです。

代表的な人物としてはオードリー・ヘプバーン、マイケル・ジャクソン、イ・ビョンホンなど。

生活上の注意

腎臓が弱いので骨・腰・腎臓を保護するように心がけましょう。

身体に合う食べ物　（　）中の病気のある人は注意

体の熱を下げる食べ物、豚肉、卵、鴨（脳硬塞、高血圧、糖尿病患者は禁止）、牡蛎、ナマコ、海老、アワビ、カムルチ（雷魚）、フグ、スッポン、タニシ、ホヤ、カニ、ザリガニ、鯉（こい）、カレイ、青魚（さば、まぐろ、秋刀魚など）、西瓜、マクワウリ、ぶどう、苺、バナナ、パイナップル、メロン、白菜、キャベツ、キュウリ、茄子、かぼちゃ、サンチュ、ごぼう、麦、小豆、緑豆、エゴマ、蕎麦。

身体に合わない食べ物　（　）中の病気のある人は注意

熱い物、炭酸飲料、アイスクリーム、パン、麺類、インスタント食品、缶詰、化学調味料、鶏肉、牛肉、牛乳（消化不良、蕁麻疹(じんましん)、腹痛、下痢、便秘）、飴、蜜、ヤギ肉、高麗人参、ナッツ（頭痛）、唐辛子、生姜、葱、にんにく、こしょう、カレー。

健康茶

身体に熱がこもりやすくせっかちな少陽人には、冷たい性質のお茶が合います。 サンシュユ茶、クコ茶は腎機能を高めます。 麦茶は体温を下げる効果と利尿効果があります。 お茶以外にもニンジン汁、青汁、にわかウリ、スイカ、ぶどう、トマトなども効果があります。

ダイエットには

火が上がったものを下げて、**大便を滞りなく良く出すことが健康の秘訣！**
下半身が脆弱(ぜいじゃく)な太陽人や少陽人は下半身をよく動かすようにして、上がりがちな気をゆっくりと下げることがダイエットに有効です。瞑想や丹田呼吸で熱をさげるのも効果的。トウモロコシ茶などもダイエットに適しています。

あなたへの金言

短気を起こしてはダメ!

太陰人

韓国人の50%

肝＞肺

二次元的……気に入った仲間と付き合いたい人

特徴

何事にも包容力があり、我慢強く根気があります。また、持久力もあります。その反面、のんびりしていて行動や反応が遅いというところがあります。
欲心が多く、モノをため込みます。

外見

顔形は丸顔か四角く、比較的大きめです。寛容で安定感があり、信頼感のある印象を与えます。

顔の造作（目鼻立ち）はそれぞれ大きいのが特徴です。耳は肉付きが良く厚めで、目は大きくて丸い形をしています。鼻も丸く大ぶりで、口も比較的大きめで、唇も厚い場合が多いようです。

腰回りや腹部が発達していて、太りやすいのもこのタイプ。首筋も他の体質に比べるとしっかりしている方です。比較的体力がある方ですが、行動はゆったりとしています。

性質

社会生活に最も適応力があるのが太陰人です。

忍耐力があり決断は決して早くはありませんが、一旦こうと決めたら最後までやり遂げます。真面目ですが、反面頑固なところもあります。 心が広く、大人しいのですが、なかなか本音を打ち明けません。

慎重な性格なので周囲からは信頼されます。鷹揚（おうよう）で穏やかですが、臆病なところもあり、スタート前から諦めてしまう傾向もあります。

のんびり屋なので、体を動かすことをあまり好みません。他人事には関心がなく、保守的で変化を嫌います。収集癖があり、モノを集めるのが大好きです。お金もコツコツとため込む貯蓄型なので、案外お金持ちになります。

意外にギャンブルを好む一面も……。

代表的な人物としては、エルビス・プレスリー、毛沢東、ソン・ガンホなど。

生活上の注意

肺機能が弱いため気管支・肺系統を保護するように心がけましょう。

身体に合う食べ物 （ ）中の病気のある人は注意

食欲旺盛で好き嫌いがありません。牛肉、牛乳、バター、チーズ（高血圧、糖尿病、動脈硬化、脳卒中患者は禁止）肝油、タラコ、タニシ、ウナギ、タラ、ワカメ、昆布、海苔などの海藻類、梨、栗、クルミ、銀杏、さつま芋、松の実、すもも、ピーナッツ、梅、あんず、大根、キキョウ、蓮根、山芋、里芋、キノコ、ツルニンジン、ニンジン、ワラビ、小麦、豆、ハトムギ、豆もやし、豆腐、おから、胡麻、キビ、玄米、ハトムギ茶、五味子茶、ごま茶、葛茶、緑茶、霊芝茶。

身体に合わない食べ物

炭酸飲料、アイスクリーム、インスタント食品、缶詰、卵、鶏肉、ヤギ肉、りんご、豚肉、蜂蜜、砂糖、化学調味料など。

健康茶

太陰人は肥満、高血圧、糖尿、動脈硬化など成人病の発病率が高いので熱を下げてくれるお茶が合っています。

ツルニンジン茶は熱を下げ、首のコリを解消し、高血圧、糖尿、動脈硬化など成人病に効果的です。 梅茶や五味子茶は肺の機能を高め咳や痰に効きます。 ハトムギ茶は肥満の予防に適していますが、便秘のある人は注意してください。

ダイエットには

俗に「水を飲んでも太る」、というのがこのタイプです。

腹部に肉がつく傾向のある太陰人は、運動や沐浴をよくして、**汗を流すように心がけるのが健康の秘訣！** サウナが向いています。

そもそも大食の傾向があるので、小食をこころがけましょう。食欲を押さえられないときはハトムギ茶などが食欲を鎮めてくれますが、砂糖を入れると太るので注意しましょう。

便秘気味のときには豆類を摂るようにしましょう。

あなたへの金言

怠けていたらダメ!

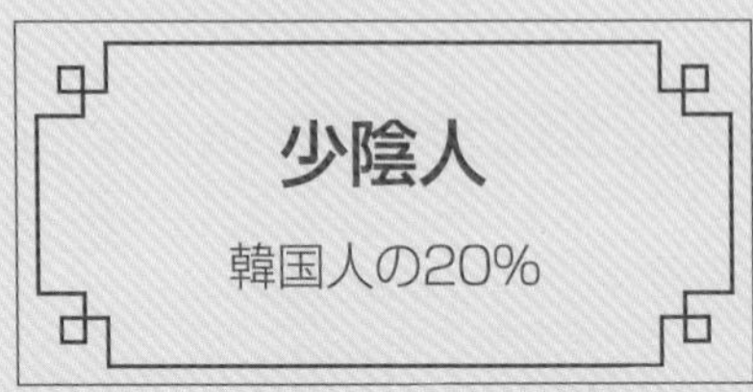

腎臓＞脾臓（胃腸、消化器官）

一次元的……一人でコツコツ。自分の世界を構築したい人

特徴

一言でいえば、学究肌な性質です。体質的には冷たい気を持っています。

緻密で正確に物事を考える完璧主義で、徹底的にものごとを遂行しようとします。何かを分析するなどということは、この人の得意分野といえるでしょう。

外見

顔は卵型で、目鼻立ちはこじんまりとしています。女性ならば東洋的な美人です。男性の場合も女性的でおとなしい印象です。

耳は小さく、目は大きくありませんがスッキリとしていて、鼻も小さく、口もとは締まっています。肩幅も狭く、内側にすぼまっています。上体にくらべるとお尻は大きい方かもしれません。消化機能が弱いので小食で、痩せています。

他の体質に比べて体力がないので、体質にあった運動を心がけるようにしましょう。

性質

落ち着いていて几帳面（きちょうめん）、礼儀正しい性格です。原則を守り、分別があって緻密です。

アウトドアーよりインドアータイプなので、事務室や家での仕事を好みます。女性的な性格で優しいです。器用で家庭的ですが消極的です。何事においても正確さを重要視するので、常に緊張感を感じています。

何かあると根に持つタイプでストレスに弱く、気ままなところもあります。人に迷惑をかけたくないと思う反面、人から迷惑を受けると大変ストレスを感じます。

自分のエリアに侵入されることを嫌いますが、自分の得意分野では頑張って、専門家になります。

干渉されるのを嫌がり嫉妬深い一面もあります。正確な分析や計算を得意とするので、建築士、学者、研究者、または作家などにこのタイプが多いようです。

活発な方ではありませんが、分析力に長けているので、仕事を任せると正確で完璧な仕事をするのが長所です。仕事の面では利害を考えず、打算的なところがありません。人のために尽くそうとするボランティア精神が強く、自分自身のことより人の為に働くことに喜びを感じるタイプです。

代表的な人物としては、ガンジー、ゴッホ、エリザベス・テイラー、ペヨンジュンなど。

生活上の注意

消化器官が弱いため、飲食に注意をし、胃腸の具合を整えることを心がけましょう。

全体的には体力がない方ですが、常に健康に留意しているため、意外に長寿なのも少陰人の特徴です。

身体に合う食べ物

鶏、羊、ヤギ、キジ、たらの干物、ドジョウ、鯛（たい）、イシモチ、ひしこいわし、ニベ、まな鰹（がつお）、ナツメ、りんご、みかん、桃、トマト、オレンジ、柚子 、ほうれん草、せり、キャベツ、春菊、ネギ、にんにく、生姜、唐辛子 、からし菜、コショウ、カレー、餅米、粟、じゃが芋 、高麗人参茶、生姜茶、柚子茶、シナモン茶、蜂蜜茶 。

身体に合わない食べ物

冷たいもの、炭酸飲料、アイスクリーム、パン、麺類、インスタント食品、缶詰、蕎麦、白菜、牛肉、牛乳、梨、スイカ、キュウリ、サツマイモ、栗、くるみ、緑豆、麦、小豆、豚肉など。

健康茶

少陰人は冷え性の方が多いので体を温めるお茶が合っています。高麗人参は冷えにはもっとも効果的です。生姜茶は消化機能を高め血液循環を良くしますし、風邪にも有効です。そのほかミカン茶、ゆず茶、なつめ茶、蜂蜜茶が良いでしょう。

ダイエットには

血液循環が悪く、腰に陰の気が満ちて冷えてしまうため、下半身太りをするタイプです。

運動などをして「血液循環」を良くすることを心がけましょう。消化器官が弱いので、なによりも**消化を良くすることが健康の秘訣！**

身体が冷たく陽気が不足しているので、冷気を取り除き、陽気を補充してあげなければなりません。そのためには黄耆茶、桂皮茶を飲むとよいでしょう。

あなたへの金言

自分の殻に閉じこもっていてはダメ!

【第三章】
薬令市場と京東市場

健康食品、化粧品、薬材からグルメまで、
何でもそろう韓方ワンダーランド!!

黒田イチオシ！ 韓方ワンダーランド！

京東市場（キョンドンシジャン）を南北に走る「古山子路（コサンジャロ）」という大通りを境にして、西側一帯が韓医院や韓薬材、韓方栄養食品や、薬材加工場などが密集する「ソウル薬令市場」。

そして大通りの東側は広大な在来市場が広がっており、こちら側が「京東市場」となっています。以前は東西まとめて「京東市場」と言っていました。

「ソウル薬令市場」の名称はごく新しく1995年からで、このように銘打つことで特化したのだと思います。

昔ソウルは東西南北の四つの門と城壁にかこまれており、その中がまさに中心地でした。1950～1960年代、東大門から外郭に外れたこのあたりはミナリ（セリ）畑や金魚の養殖場、練炭工場などがある辺鄙（へんぴ）なところだったそうです。

そこに鉄道駅、昔の城東（ソンドン）駅や現在では清涼里（チョンニャンニ）駅ができ、鉄道によって江原道（カンウォンド）や忠清道（チュンチョンド）の山間地域と繋がります。それによって木材や地元の薬材が豊富に京東市場に流れ込んでくるようになり、大邱（テグ）をしのぐ韓国最大の薬令市場が形成されていったのです。

この市場では韓方薬材や人参、生薬の加工品などが市価の3割安で手に入るほか、美容や健康に良さそうな様々な韓方グッズや化粧品などがあふれていています。

ランチや夕食にうってつけの薬膳料理、精肉店経営の焼肉屋さん、さらには

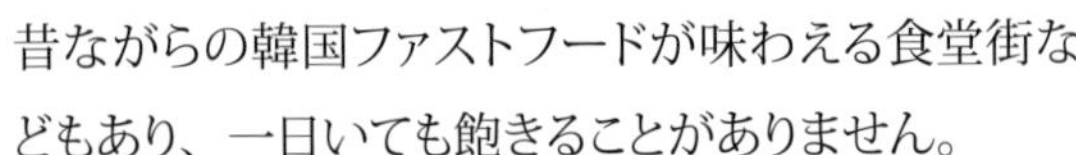

昔ながらの韓国ファストフードが味わえる食堂街などもあり、一日いても飽きることがありません。

ランドマークのようにそびえる韓医薬博物館では、韓方の歴史が見学できるうえ、さまざまな韓方体験、韓服体験なども楽しめます。

この市場には観光地としても、まだ手垢（てあか）がついていない「隠れ家」的な楽しさがあります。

この章ではそんな市場の魅力をご案内します！

図解! 薬令市場と京東市場（MAP）

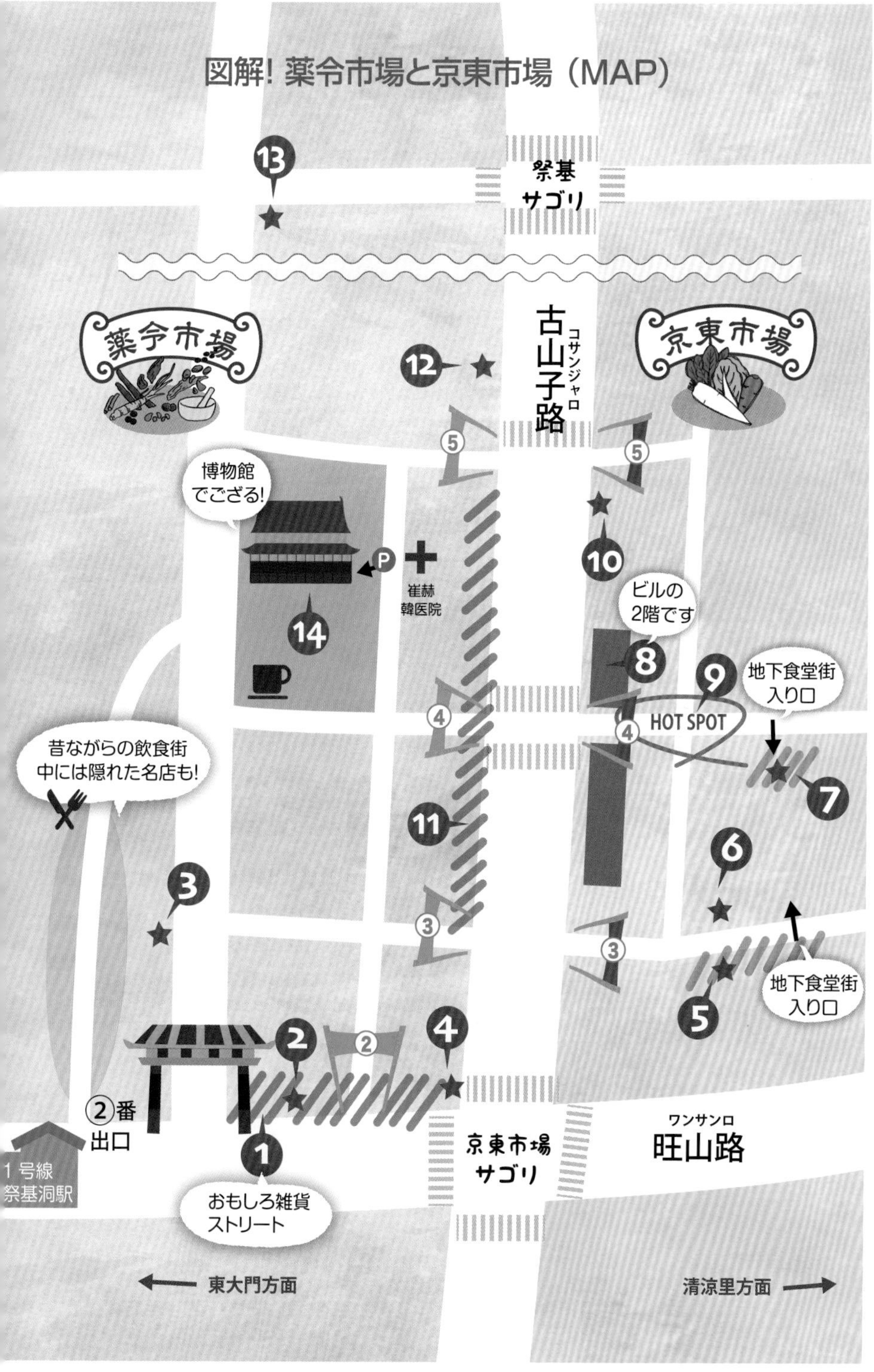

祭基
サゴリ

薬令市場

京東市場

古山子路
コサンジャロ

博物館
でござる!

P

崔赫
韓医院

ビルの
2階です

HOT SPOT

地下食堂街
入り口

昔ながらの飲食街
中には隠れた名店も!

地下食堂街
入り口

②番
出口

1号線
祭基洞駅

おもしろ雑貨
ストリート

京東市場
サゴリ

ワンサンロ
旺山路

← 東大門方面

清涼里方面 →

祭基洞（チェギドン）駅２番出口を出て、京東市場交差点までの 100 メートルほどのストリートは、韓方薬材店や韓方医院はもとより、韓方にまつわる面白雑貨店や屋台店が軒を連ねてにぎわっています。

ここを冷かして歩くと、今の韓国韓方のトレンドが見えてきますね。

地下鉄出口付近で、さまざまな大きさの綿や麻でできた布袋を売る屋台に出くわしました。

韓方薬材だけでなく、大きなものは牛骨を煮出すのに使ったりするのだそうです。

1,000W と安いので思わずゲット。

ドクダミやビール酵母、亜麻（あま）の種で作った石鹸もあります。

パック剤として使う粉末状の韓方薬材。発毛剤や水虫薬。杏（あんず）や紅花、クルミや山椒（さんしょう）などの珍しいオイルもあり、思わず手が伸びます。

祭基洞駅２番出口を出ると、いきなり始まる韓方雑貨ストリート。生薬の匂いが街に充満していることに驚きます。

苦くて飲みにくい生薬を、丸薬にしたものが人気らしい。いろいろな種類があってビックリ。

薬草を丸薬にしたものの瓶詰も以前より種類も増え目立ちます。苦くて飲みにくい薬草などは丸薬にすると飲みやすいのですね。

気になったのは、黄色い楕円系（だえんけい）の小さな珠の瓶詰。なんと蜂が集めた花粉だそうで、免疫力向上の効果があるとか。

身体によい雑穀類も豊富に売られています。

ここでは蜂蜜も安価です。蜂蜜は健康食品として昔から愛され続けてきました。ことに二日酔いの妙薬とも言われます。

定番のアカシアはもとより、栗や雑蜜など種類も豊富。お安いのでこれもゲット。

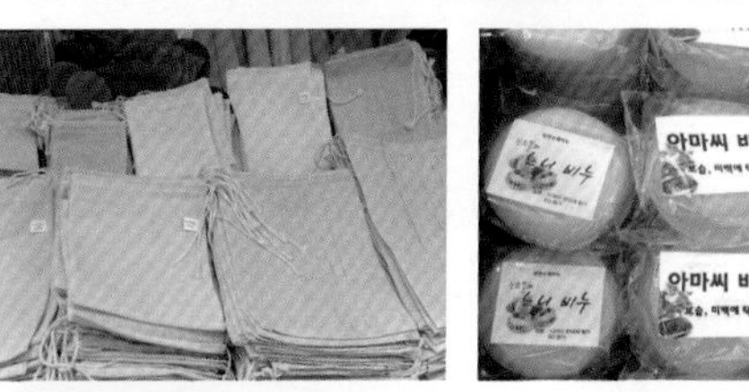

上／珍しい生薬の油や粉末、竹塩などもある。中左／麻や綿で作られた布袋。中右／生薬石鹸いろいろ。下／左側は韓医院が連なり、右側は行商の屋台店が続く。

부산한의원（プサンハニウォン）

このストリートの左側には沢山の韓医院が軒を連ねています。

このエリアの韓医院ではたいてい店先で韓方薬材を販売し、奥に医院があるという形式。

どこでも、紙コップ入りの韓方茶「雙和湯（サンファタン）」を振舞ってくれるので、ここを冷かして歩くと雙和湯でお腹いっぱいになるほどです。

そのなかで目に留まったのが、2011 年にＮＨＫの番組で紹介されたことを看板に掲げている「冨山韓医院」。

「院長は日本語堪能」とありますが、それは先代院長のはなし。

それでもＮＨＫの効果は絶大で日本人患者が引き続き訪れるために、ソウル在住日本人と連携して通訳をお願いし、言葉の問題を解決しているそうです。

銀姫さんは日本語がお上手！　日本人の患者さんが長年に亘って、沢山訪れているという話にビックリ！
サービスの雙和湯をいただきながら。

室内に圧力釜があり、処方された薬材はここで煎じ、機械でパック詰めされる。

お話を伺った李銀姫（イウニ）さんも日本語がお上手。

彼女によると、日本人のカルテは千人を超え、なかには十五年にも亘り韓方薬（湯薬）を取り寄せている方もあるそうです。

このような小規模な韓医院でも、多勢の日本人患者を抱えていることを知って、いかに日本では「漢方難民が潜在しているか」を実感した次第。

上／処方された薬材の入った袋は圧力釜でエキスを抽出する。下／ハングルばかりの街並みで日本語に出会うとホッとするし、良く目に付く。当代院長は日本語はできないが、通訳が対応。右／店先には薬材の山。

다미가（タミガ）효성한의원（ヒョソンハニウォン）

薬令市場の大門をくぐってすぐ左にあるカフェ、「タミガ」は実にユニーク。

実は隣のヒョソン韓医院と奥でつながっているのです。ご主人が韓医院の院長であり、奥さまが韓方茶を供する茶房を営んでいるのです。まさに夫唱婦随（ふしょうふずい）。

奥様によると「主人は子供たちから現代の許浚と呼ばれているんです」と。だからこそ、ここでいただく韓方茶は逸品です。

簡単なチャートで体質を調べ、ご自身の四象体質（ササンチェジル）に合ったものをいただくもよし、またそれぞれの気になる症状を緩和してくれるお茶をいただくもよし。

ストレス・ダイエット・気血の循環機能に効果的なお茶や、代表的な韓方茶、十全大補湯・雙和茶（サンファチャ）などいろいろな韓方茶がいただけます。

一応コーヒーなどもあるものの、やはりここでいただくなら韓方茶でしょう。こっくりとした味わいで、松の実やゴマ、棗などが一面に浮かび、いかにも丁寧に作られた韓方茶は身も心も癒してくれます。

ご主人の営む韓医院で患者さんのために煎じ終えた韓方薬材の袋。いってみれば「出がらし」なのですが、タイミングが良ければ、まだ温かいうちにこれを抱かせていただけます。薬材の香りに包まれ、お腹がほっこり温まって、

左／成分を煮出した後の薬材。あったかくていい香り！　中上／沢山の木の実が入ったお茶。中下・右上／モダンな店内。

左手が茶房「タミガ」、右側が韓医院。奥でつながっています。

湯たんぽのように気持ちが良いのです。

はじめは敷居が高いと感じる韓医院ですが、こちらでお茶をいただきながら、興味がわいたらちょっと診断や治療をしてもらうのもいいかもしれません。奥様のお人柄もあり、とても安らぐ空間です。

市場の散策に疲れたらこちらで一休みはいかがでしょうか。

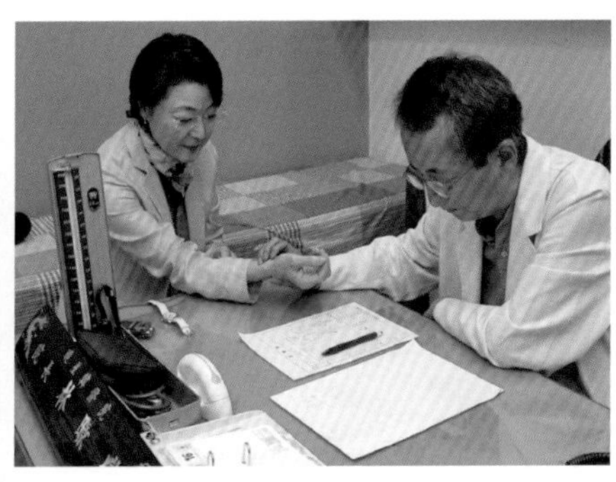

左／仲の良いご夫妻。右／茶房とつながっていて、気楽に伺える。こちらの医院は薬数の多い「後世方派」で30～40種の薬材を処方する。

동명（トンミョン）

薬材や健康食品を売る「東明」はいつも大変な人だかり。

京東市場交差点にあるという地の利の良さもさることながら、多様な品揃えと見やすさ、買いやすさという点で抜群です。

韓薬材は一般的なものならほとんど取り揃えられています。しかも300gの小袋（といっても私たちにしてみれば結構な量です）が主流なので、気軽に何種類か買って帰るには便利です。

その他、人参製品や蜂蜜なども豊富なので、ここで大体の用が足りるといって過言ではありません。

更に目を引くのが様々な生薬や穀物を、粉末状にしたものがドームのような蓋をかぶせて計り売りされている一画。量り売りばかりでなく、袋詰めにもなっており、目的に合わせて求めやすくなっています。

これらの粉末は牛乳などで溶いて美容パックに用いたり、家庭で作る「禅食（ぜんしょく）」といった「お粥（かゆ）」や、健康飲料などの材料としても使われます。

生薬などは乾燥が行き届いていないと保管している間に虫がわいたりすることがありますが、そういう点でもここで求める薬材は比較的問題ないように思います。

※店名が「ヌルプルントンミョン」に変わっています（2020年8月現在）

左／旺山路と古山子路の交差点「京東サゴリ（四つ角）」にあります。
上／いつも人だかりで一杯の人気店。

上／格別にお客さんが多い店先では店員さんも天手古舞。
中・下／生薬を粉末にしたものを量り売りに。「ミスカル」という韓国の伝統的な健康飲料に使ったり、お粥やパック剤にも。

5 人参売り場

ここは生の人参（水参（スサム））を売る店が密集している一画。

各店舗、最高級品である「六年根」から、一山いくらで売るひげ根のようなものまで、様々なランクの人参を取り揃えています。

ざっと見たところ、人参の産地として有名な忠清南道（チュンチョンナムド）は錦山（クムサン）で栽培されたものが多いようです。ひげ根のようなものはお茶にしたり、小ぶりな四年根などは参鶏湯（サムゲタン）に用いたり。日本では超高級な薬材のイメージがある人参ですが、意外と安価なことに驚くことでしょう。

栽培が可能になった今日では、生人参は野菜の「ごぼう」感覚で食卓に上がったりもするのです。 てんぷらにしたり、サラダに入れたり、ミルクや蜂蜜と混ぜて人参セーキにしたり。泥はついていないので、日本に持ち帰ることも可能です。湿った新聞紙に包んで冷蔵庫で保存すれば二週間ほどは大丈夫。私はスライスして冷凍しております。

参鶏湯風に鶏を煮るときなど、人参の香りがあるとぐっと本格的な感じになりますよ。

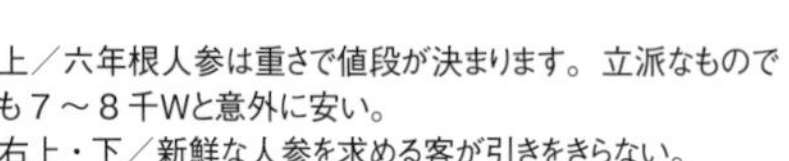

上／六年根人参は重さで値段が決まります。立派なものでも７～８千Wと意外に安い。
右上・下／新鮮な人参を求める客が引きをきらない。

이천농장 정육식당（イチョンノンジャン　チョンユクシクタン）

人参売り場の真ん前にある「利川農場 精肉食堂」。

お店は二階にあって、間口の狭い階段をあがってゆくので、見過ごさぬようご注意を。店内は奥行きがあり席数も多く、市場内の食堂としては広々としてあか抜けています。ここは市場に店舗をもつ精肉店が経営している「精肉食堂」なのです。

カットされてスチロールのトレイにパックされた精肉は、グラム数や値段が明記されていて明朗会計。お肉代だけの計算です。冷蔵ケースからお好みの肉を大きさや部位別に選ぶことができます。さすがに精肉店が提供しているだけあって、実に良い肉が安価なのでびっくり。

私個人としては、おいしい肉をガッツリ食べるならここで決まりです！

その代わり、料理の類はありません。あくまで「肉とスープ料理の店」なのです。（ただし、常備菜やサンチュなどは付いてきます）

このお店の私のお勧めは「薬膳スープ」ともいえる「栄養湯（ヨンヤンタン）」。

栄養湯と聞いて、「え！ 犬肉？」と思われた方は韓国通ですね。

犬肉は滋養があるとして韓国では昔から「薬食」として食されてきました。犬肉スープは「補身湯（ポシンタン）」、あるいは「栄養湯」という料理名で供されてきたのです。

ですがご安心を。この店の栄養湯は、気血の巡りを助け、冷えを遠ざけるので、ことに女性によいとされる

生人参売り場のすぐ前。間口が狭いので見逃さないよう要注意。お店は二階になります。

「黒山羊」のスープなのです。ここでいただくのは黒山羊ですが、犬肉のように滋養があるという意味で「栄養湯」と銘打っているのでしょう。

味付けは犬肉の補身湯と同じようにエゴマをふんだんに使っており、こっくりとした味付けで臭みもなくご飯がすすむむスープです。

他に牛肉のスープもありますので、昼に簡単にクッパプを召し上がるもよし、買い物帰りにお友達とお肉を焼いて、〆に栄養湯をいただくもよし。

いろいろに使えるお店です。

☎ 02-969-9749　営業時間 11：30 ～ 21：00　㊡日曜日

左上／いかにも身体が温まりそうな黒山羊スープの栄養湯。右上／経営者の精肉店オーナー。右手のケースに新鮮なお肉がずらり！　左下／市場の食堂には珍しいあか抜けた店内。団体も対応可。右下／精肉店だけあってお肉は絶品！

7 地下食堂街

主に鮮魚などが売られている京東市場の地下商街の一角に「食堂街（通称　モクチャコルモク）」があります。

市場にはたいていどこにも、食堂街があるものです。個人営業の沢山の食堂が密集した一画で、市場に訪れるお客はもとより、市場で働く人たちの胃袋をも満たす、庶民の台所なのです。

ここではクッパプやビビンパプ、カルククスやチゲなどの韓国伝統のファストフードが味わえます。鮮魚売り場に隣接しているためか、魚料理のメニューが豊富ですね。

ここは忙しい人たちが、安価な値段でさっと食事をしてゆくところです。

飾り気はありませんが、それでいて昔ながらの確かな韓国の味を味わえる魅力があります。

地方の市場などでしかお目にかからない珍しい庶民の味に、こういうところで出くわすことがあります。

みんな忙しく食事をしてゆくので、お一人様でもなんの気兼ねもありません。こういうところにはたいてい昼酒を楽しむアジョシたちもつきもので、昼から楽

こういう店の味は、どういうわけかハズレはない！

4番ゲート側からの入り口。「地下商街入り口」とハングルで表示。こちらからの方が食堂街へは近い。

しくやっている光景も目にします。

現代の観光地化したソウル中心部の市場と違って、昔ながらの在来市場の郷愁にあふれたところを発見したように思います。京東市場のこの一画は、私のようにノスタルジーを求める旅人にはジンときますね。

地下にあるこの食堂街への入り口は二か所あります。「利川農場 精肉食堂」の隣の地下駐車場のスロープを下って入る方法と、反対側の市場のメインストリートから階段を下りてゆく方法。こちらの方が食堂街にすぐにたどりつけることもあり、慣れない方はこちらからのほうがわかりやすいかもしれません。(p103 の地図参照)

とはいえハングル表記しかないうえに間口も狭いので、見逃しがち。

写真を参考に頑張ってたどり着いてください!!

市場のエネルギーを感じる食堂街の賑わいは一見の価値がありますよ。

上から順に／買い物途中のお食事に！／どこにでもいる昼酒アジョシ。／人参売り場前の地下駐車場のスロープを降りてもたどり着ける。

左／駐車場から入ると魚市場が広がる。右／魚市場を越えてゆくと食堂街が忽然と現れる！

大通りに面した建物の二階には、加工した人参製品の売り場があります。

広大な面積、そこに沢山の小売店がひしめいていることを見ても、いかに韓国では人参の需要があるかを実感することができます。

人参茶や人参エキス、人参酒はもとより、乾燥させた紅参（ホンサム）や、人参ゼリー・人参キャンディなどのお菓子類や蜂蜜など様々な製品があります。

このような加工品は日本へのお土産にして、長く楽しむことができますね。「正官庄（チョングアンジャン）」は人参製品のシェア 70％を占めるトップブランドですが、こだわらなければ同じような製品が他社ブランドで 1／2 ～ 2／3 ほどの値段で手に入ります。

メーカーにこだわらず、賢く買い物をする韓国人も多いのです。

左上／古山子路に面した二階に人参卸売商街がある。人参のレプリカが目印
その他／人参エキスや人参茶など沢山の加工品が並ぶ。

9 京東市場

大通りの古山子路を隔てて、西側は韓方薬材の店や韓医院が集中し、東側は昔ながらの在来市場である京東市場が広がっています。大通りに面したアーケード街と、４番ゲートから奥へ入るあたりが最もにぎわっています。

肉や魚はもちろんのこと、野菜や果物、魚介類、乾物や味噌、漬物や総菜、餅や雑穀など、ないものはありません。

在来市場ならではの品揃えは見ているだけでワクワクします。

健康を売り物にした市場らしく、薬味に使う香味野菜、生きたドジョウや雷魚（カムルチ）・スッポン、犬肉なども堂々と並んでいます。

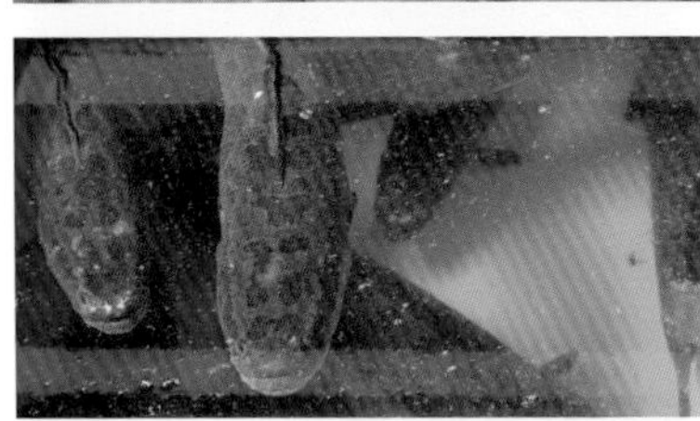

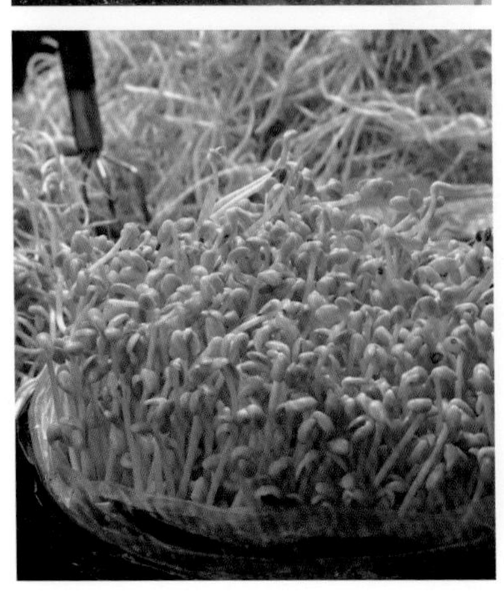

印象に残るのは、５月の初めに訪れた時のことです。店先に並んだ採れたての山菜があまりにも豊富で、緑の美しさに心を奪われました。丸ごと漬物になった黄色いまくわうり、樽からニョキニョキと萌えだした豆もやし。他の在来市場ではなかなか見られない光景で活気に満ちています。

かねてから「美味しいものは美しい」と感じていましたが、食材のもつ生命力に魅了されます。

もしも５月にソウルを訪れたなら、是非ともこちらに立ち寄ってみてください。帰国前日の買い出しにも便利な場所ですよ。

左上／黄色いまくわうりの丸ごと漬物！　左中／これがカムルチ（雷魚）。ちょっと怖い！
左下／樽から萌え出るコンナムル（豆もやし）の可愛いこと！

左上／韓国は野菜が豊富。特に春は素晴らしい。右上／ピカピカの青唐辛子。美味しいものは美しい。右下／豆や雑穀類も豊富！

左／塩辛や明太子などご飯のお供の種類も沢山！　左下／五月には薬草の葉も野菜として沢山出回る（五加皮）。右下／麦みそ、田舎味噌、思わず買いたくなる！

모시떡（モシトク）

韓国にはいろいろなお餅がありますが、なかでも私が大好きなのがこの「モシトク」なのです。

ヨモギのお餅「スク（쑥／ヨモギ）トク（餅）」」はソウルでもよく見かけますが、「モシトク」は全羅道（チョルラド）由来のお餅です。私が初めて食べたのは全羅道、麗水（ヨス）の市場でした。

あまりのおいしさに狂喜乱舞。味はヨモギ餅に似てはいますが、青々とした緑の味と香りはモシトクの方がずっと濃いのです！

ところで、「モシ（모시）」とはなにかというと、日本では「カラムシ／苧麻（チョマ）」といわれる植物です。

韓国ではこのモシ（カラムシ）という植物から、夏場に涼しく着られる麻のよ

5番ゲート手前にあるお餅屋さんが私の行きつけ。

うな繊維を紡ぎます。モシは、夏の衣裳の繊維としては大変高級な素材なのです。

それがこんなにおいしいお餅の素材にもなるとは！

これを京東市場で見かけた時には、どんなに嬉しかったかわかりません。

餃子のような形のものは、なかにほのかに甘い白餡（しろあん）が入っています。私はモシの味を楽しみたいので、もっぱら板餅を買って帰ります。

薄い塩味がモシの味と香りを引き立てます。

お餅は足が早いのですが、一日くらいなら大丈夫。私はいつも帰国前日に買って帰って、冷凍保存しております。是非一度ご賞味ください。

このストリートには私の確認しているところでは三軒のモシトクのお店があります。このアジュマのお店（入り口から一番奥）が私のタンゴル（行きつけ）。笑顔が可愛いアジュマなのです。板餅には袋入りの黄な粉を付けてくれますよ。

モシは骨粗鬆症（こつそしょうしょう）や糖尿、胃腸病にも良いと言われます。

でもなにより、このおいしさを味わっていただきたい！

上／愛想のいい可愛らしいおばちゃん。
下／からだに良くて、ホントに美味しい。餃子みたいな餡入りのお餅はおやつにいいですよ。板餅・餡餅ともワンパック2,000W

11 韓方市場側ストリート

京東市場交差点の「東明」から古山子路に沿った西側ストリートには、薬材の小売店が沢山並んでいます。

このあたりは量り売りの店が多く、むき出しになった山盛りの薬材は、韓方市場らしい光景です。

たいていは一斤（きん）（約 600 g）単位で売るようですが、半分の 300 g でも売ってくれました。お願いすれば 2,000 w 分とか、そういう買い方もできるかもしれません。

分量の割にお安いと思いましたが、その分、目利きが重要かも。

同じ薬材でも、天日干しと機械乾燥では色味が違います。素人目には発色のきれいなものを手に取りがちですが、こちらは機械乾燥。色味のくすんだ方が天日干しで、品物はこちらの方が良いのです。奥が深いですね。

始めはどれも「木切れ」のようにしか見えなかった韓方薬材ですが、親しむうちにだんだんと見分けがつくようになってくるのも嬉しいものです。

売り場のおばさん達はそれぞれの薬材の効能についても良く知っていて、親切に教えてくれるので助かります。

左／薬草売り場の方はみんな薬材の薬効に精通。右上／こんな薬材店がずらりと並ぶ。右下／露店では果物や山芋、カボチャなどの行商屋台も。

풍년오리（プンニョンオリ）

「チュオタン」とはドジョウ汁のことです。

形のままだとちょっと食べにくいという向きもあり、すりつぶしてスープにするのが一般的なチュオタンです。山椒と辛みの強い青唐辛子の清涼感がアクセントになった美味しくて健康に良いスープ料理です。「チュオ」は漢字で「秋魚」と書きます。まさに秋に肥え太る魚なのですが、栄養に富むことから、夏場の補養食として人気があります。

京東市場のこの地に開店してからはまだ6年ほどですが、隣町の新設洞（シンソルドン）で創業し、合わせて90年にもなるという老舗です。使っているドジョウは江原道臨津江（イムジンガン）のきれいな水で育ったものをわざわざ取り寄せています。

目の前の京東市場でドジョウはいくらでも売っているのですが、中国産がまざっているともいわれるので、国産に対するこだわりから定期的に取り寄せているのだそうです。

左がドジョウの「チュオタン」、右が「オリタン」。

左／味の秘訣には口が堅いご主人。生薬をスパイスにふんだんに使っているらしい。右／道路沿いの食堂はここぐらいなので、見つけやすい。

スープには甘草（カムチョ）、黄耆（ファンギ）などの漢方薬材が使われていますが、詳しいことは企業秘密とか。味噌、醤油、コチュジャン、コチュカルなどで味付けしたスープは、深みがありながら、さっぱりとした味わいのスープです。

夏大根の葉や山東菜（さんとうな）を干した「シレギ」がたっぷりと入って、いかにも健康に良さそう。お手頃な価格で昔ながらの味わいが楽しめるチュオタンは「薬食」としてもお勧めの逸品。

もう一つのお勧めメニューが「オリ（鴨（かも））タン」です。滋養があり、身体が虚弱なときに体力の補いになる鴨肉を使ったスープ料理です。これもまたこっくりとした味わいでよろしい。

相性としては、チュオタンは少陰人、オリタンは少陽人に合うとされていますが、この際おいしいので、どちらもお勧めです（＾＾）。

私も京東市場を訪れる際には必ず足を運ぶ、お気に入りのお店です。

季節ごとに変わる付け合わせのおかず類もとてもおいしく、店主のこだわりが感じられます。

京東市場見物の折、是非お昼どきに召し上がっていただきたい逸品です。

☎ 02-965-5480　営業時間 9：30 ～ 21：00　年中無休

본초밥상（ポンチョパプサン）

庶民的な構えの店ですが、食事時は沢山のお客でひしめく人気店。

ドアを開けると芳ばしいごま油の香りと昼から肉を焼く美味しそうな香りに食欲をそそられます。

お店の壁一面にここを訪れた有名人の写真やサインが飾られていて、まさに「隠れた名店」であることがうかがえます。

自ら料理の腕を振るう金善奎（キムソンギュ）さんは嘉泉（カチョン）韓医科大学院の本草科（ほんぞうか）を卒業した医学博士であり、中国吉林省（きつりんしょう）にある延辺（えんぺん）中医薬大学校名誉教授でもあるのです。「本草科」とは韓医学において薬草を専門にする学問で、まさに韓方における薬材師なのです。

そんな金さんの作る料理はすべてが「薬食同源」。

春は山菜、秋はキノコ、薬草の葉をナムルにし、クコの実、蓮根など生薬で

左上／店の外見は飾り気がない。そこで勝負していないのだ。左下／こちらが本草学を修めたご主人。右／タラの芽ビビンパプ、枸杞の実入りチョングクチャンどれも抜群のおいしさ！

もある野菜がふんだんに食材として使われます。それをあえる調味料や味噌にまで、こだわりの生薬がスパイスとして入っています。

鴨やスッポンの鍋、サムギョプサルなど、夕食にゆっくりと楽しみたいメニューも取りそろっており、金曜の夜は予約なしでは入れないほどです。

山菜や薬草は季節ごとに社長が吟味したものが用いられるので、四季折々メニューが変わるのも楽しみの一つ。ふんだんに出てくるおかずも薬効に優れた味わい深い薬草の数々です。

棚にはさまざまな生薬の粉末が準備されていて、スパイスとしてお好みで振りかけて食べるのもよし。金さんにお願いすれば、宮合（クンハプ）（相性）のよい薬材をほどよく調合していただけます。

更にうれしいサービスとして、自家製のシッケ（麦芽でつくった甘い飲料）が飲み放題なこと。 人工甘味料など一切使わない自然の甘味。これが絶品！

あっというまに身体に吸収されてゆくようで、いくらでも美味しくいただけます。

とにかくお店の至るところに金さんの「韓方愛」が感じられるお店です。

ちなみにおかずにでてくる卵はなんと有精卵です。

☎ 02-969-8898　営業時間 10：00 ～ 22：00　㊡日曜日

左／常備菜にもこだわりが。卵は有精卵。左下／スパイス代わりの様々な粉末生薬。これをかけていただく。
右下／飲み放題の自家製シッケは飲むそばから吸収されるようで、いくらでも飲めちゃうおいしさ！

韓医薬博物館

한의약박물관（ハニヤクパンムルグァン）

ソウルを取り囲む四大門の一つである東大門から少し東に外れた辺りに、朝鮮時代初期、貧しい庶民のための療養所として王命によって設けられた「普済院」がありました。「普済」とは「**普**く人々を救**済**する」という意味で、病を得て困窮した庶民たちに医療や食事を提供した所でした。

ほぼその周辺と思しきソウル薬令市場の真ん中に、「韓医薬博物館」が

上／薬令市場のランドマーク。韓屋を思わせる建物は威風堂々。
下左／入口右側に別棟の茶房「タボドゥレ」。右下／スタバみたいな近代的なカウンター。テイクアウトもできて嬉しい。

上／様々な生薬の標本はすべて実物で充実している。
左／韓方にまつわる文献と「普濟院」の看板。

2017 年末、開館しました。韓国の伝統家屋、韓屋（ハノク）風の立派な建物です。

歴史ある韓国韓方の魅力を広報し、振興することを目的としたこの博物館は展示だけでなく、様々な体験やショッピング、飲食までできる施設です。

博物館入り口にある別棟の韓方カフェ「タボドゥレ」では、韓方茶や蓮の葉飯の定食などが味わえます。

広々としたオシャレな空間でお茶を楽しむのもよいのですが、テイクアウトにも対応していて、なんと、博物館二階にある足湯体験を楽しみながら、電話で

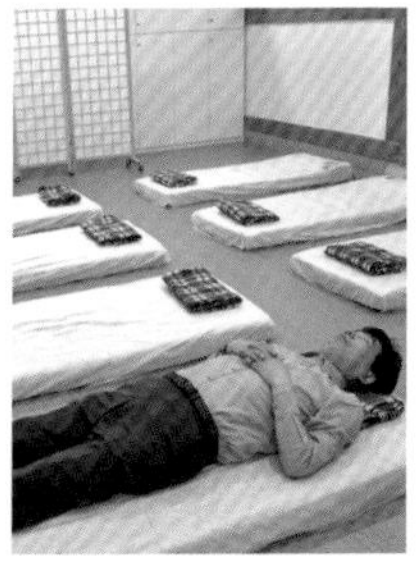

お茶を注文すると、出前までしてくれるのだそうです。

二階の展示場では充実した韓薬材の標本や歴史に残る書籍類が展示されているほか、四象体質を自己診断できる各国語翻訳付きの機械などがあって楽しめます。

三階では「普済院」と銘打った一室があり、韓方医の方も常駐していて簡単な韓方体験やリラクゼーション、機械で測定するストレス度チェックや韓方パックなど、さまざまな体験ができるようになっています（体験には別途 5,000W が必要）。

嬉しいのは一階に設けられたショッピングセンターです。韓国の各種メーカーの韓方コスメが取り揃えてあり、韓方茶や健康食品など豊富な品揃えになっています。まさにこの博物館ですべてが解決できるのですね。

そしてここでも、人気の「韓国伝統衣装体験」ができますので、想い出に残る一枚を撮るもの楽しいですね。

☎ 02-969-9241 営業時間 10：00 ～ 18：00（3 ～ 10 月）10:00 ～ 17:00（11 ～ 2 月）㊡ 1/1、旧正月、チュソク　休館日／月曜日（月曜日祝日の場合は翌日）入場料／大人 1,000 W　子供 500 W

上／計測機器を付けてPCでストレス度を測る。二段目左／医女のコスチューム。二段目右／「普濟院」という館内の韓方体験室で物理治療を受けてリフレッシュ。三段目／一階の売店ではコスメや韓方茶などが。四段目／韓方石鹸はお土産にいいかも。五段目／別棟の茶房でいただく韓方茶。左はテイクアウト用のスチロール容器。

ソウル薬令市を象徴する大門

【第四章】

人参 あなたは何者なの?

身体にいいとは言うけれど、
いまいちわからない「人参」の謎を解く!

歴史から効能まで、人参のすべてを徹底解説！

韓国では「人参」の効能や、「エビデンス（根拠）」について、ほとんど話題になりません。

そのようなことに疑問を持つ余地がないので、それを問う人がいないのです。

それほどまでに韓国人にとって人参に対する信頼は絶対的なものなのでしょう。

昔から朝鮮では、人参は重要な輸出品でもありました。

その効果・効能は近隣諸国にも知れ渡っていたのです。

日本でも時代劇などで「病気の親に人参を飲ませたいと、娘が苦界に身を売る」などという描き方をされますね。人ひとりの対価ほどに人参は高価であり、効能も優れた貴重な生薬だったのだと思います。

ですが日本では、「身体によい」という漠然としたイメージばかりで、「どのように良いのか」、「何故よいのか」ということが深く知られていません。

そこでこのコーナーでは、韓国でのシェア70％を占めるという、韓国の人参製品有名ブランド「正官庄（チョングァンジャン）」の研究室をお訪ねし、また取材をさせていただいて、その効能や謎に迫ってみることにしました。

中国、朝鮮における人参

人参はいったいどのくらい前から、その効能を知られていたのでしょうか？

人参に関する記載はいまから約 2000 年ほど前（BC48~33）、中国前漢時代の『急就章（きゅうしゅうしょう）』(子供の手習い本のようなもの) が初出で、産地や薬効などが記されており、この時すでに人参の効能が認められていたことがわかります。

「高麗人参（こうらいにんじん）」とは「高麗」の名が示す通り、北朝鮮や満州地域 (中国東北部) など、まさに「高麗の地」で優良な人参が採れたことに由来します。

朝鮮時代である 16 世紀ごろから、朝鮮における人参の生産は一貫して国の管理のもとに行われるようになりました。重要な輸出品としての品質を保持するためだったのです。

朝鮮時代の王様はみな薬学に長けていました。学問としてもさることながら、何より自らの健康を維持することは国王としての最重要課題でもあったからでしょう。

ことに最も長命であった 21 代王、英祖（ヨンジョ）（1694 年生～ 1776 年没）は歴代の朝鮮王のなかでも最長命で、83 歳まで長生きしました。また、52 年と最も長い間座位しました。この英祖王はことに人参を好んで服用し、そのため人参の値が高騰したと言われるほどです。

ここまで長命だったのは、人参の薬効かもしれませんね。

またそのような風潮は民間にも伝わり、人参は大流行しました。

当時、庶民の文化的なトレンドは王室がリードしていたのだそうです。

さらに1899年からは大韓帝国宮内省参政課によって、人参は国家が管理し、専売制をとってきました。

ですがその後、民間によって作られた粗悪品、偽製品が中国上海から市場に流通するようになります。

1940 年、朝鮮総督府の専売局が、「偽造品」と政府が製造した「官製品」とを識別するために、人参の缶の包装に「正に官製の品である」という意味で「正官庄」と表記したことが、韓国紅参のトップブランド「正官庄」というネーミングの起源になったそうです。

日本での人参

日本への人参の伝来は奈良時代にさかのぼります。

聖武天皇の時代、739 年（天平十一年）に満州地域にあった「渤海国」から日本国朝廷に対して使者が遣わされました。そのときの親書に添えられた、贈り物の目録には、虎や豹の毛皮、蜜などとともに「人参三十斤」という項目がしたためられていたのです。おそらくこれこそが日本国に薬用の人参が到来した「はじめての記録」ではないかと思われます。

聖武天皇が 748 年に没して後、奈良東大寺に「正倉院」が建立され、光明皇后は夫を偲び天皇の愛蔵品やさまざまな宝物・文化財を献納しました。

そのなかに六十種の薬物も含まれていましたが、他の薬物に比べてかなり多くの人参が収められたのです。

また光明皇后自らの手で、「諸官万民の病めるものにこれを与えて医療につとめるように」と目録に書き残しています。

病に罹れば祈祷や迷信に頼っていた時代に、光明皇后は病気のために困窮する庶民を救う療養所「施薬院」を設けて医療を施し、なかでも人参の使用を奨励しました。

この頃から日本でも人参の薬効に対して、絶大な信頼がおかれていたのですね。

一方半島では、朝鮮時代になると人参の乱獲を防ぎ、国家財政にどのように活用するかが重大案件になってゆきます。

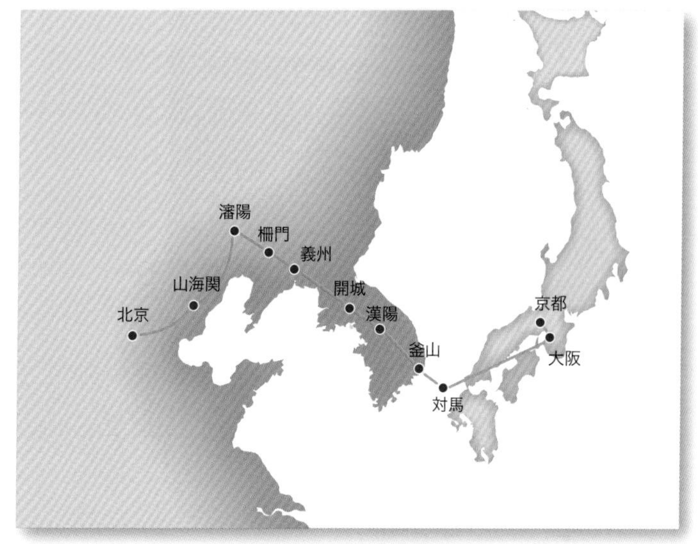

18 世紀の人参貿易路

それほどまでに、人参は内外ともに知られた貴重品だったのですね。

江戸時代には人参の評価はさらに高まり、八代将軍吉宗の時代（1716～1745 年）になって、人参を積極的に輸入するほか、栽培にもチャレンジするようになります。

1729 年（享保十四年）には、難しいとされていた人参の人工栽培に成功し、幕府は 1738 年（元文三年）に広く全国に人参の種を普及させて人参栽培を奨励します。

幕府からもたらされたこの種子を敬って、日本では「オタネニンジン（御種人参）」と言うようになりました。

ちなみに当時人参は朝鮮からもたらされましたので「朝鮮人参」と呼ばれていました。

では「高麗人参」という名称はどこから出たのかといえば、主に高麗の地（北朝鮮及び満州）が産地であったこともありますが、韓国では「朝鮮」という言葉が憚られたこともあり、現在韓国では「高麗人参」という言い方が一般的になっています。

これを契機に日本では下野日光、会津藩、松江藩、信州佐久などで栽培、増産され、人参は重病人だけでなく軽症者でも広く服用が可能になってゆきました。その後も引き続き、人参栽培は医薬を重んじた幕府にとって重要な施策になるのです。

万能薬として珍重された人参は、今日でも長野県佐久、島根県松江の大根島などで栽培されています。

世界での人参

人参の亜種はアメリカ北東部からカナダの一部地域にも分布していて、先住民族が古くから薬効を知り、用いていました。（英名　American ginseng）

ですがその効能を知った人々が乱獲したため、いまでは希少になってしまいました。

これらは「アメリカニンジン」などと呼ばれ、18 世紀初頭、清国の商人たちも買い付けた歴史があるようです。

人参は 1843 年、ロシアの植物学者、カール アントン メイヤーによって、学名を「Panax ginseng C.A.Meyer」と命名されました。Panax はギリシア語の Pan（all）+Axos(cure) からなる造語で、「万病に効果がある」という意味です。

このようなことを見てもわかるように、人参は東洋だけのものではなく、広くその効能を認められた一級の薬用植物であったことがわかりますね。

紅参とはなにか?

それでは肝心な「人参の効能」について考えてみましょう。

ですが、その前にまず素晴らしい効能を持つ高麗人参の代名詞、「紅参（ホンサム）」とは一体なにかということについて少し解説をいたします。

本書のなかの京東市場内での人参売り場で扱われている「生人参」のことを「水参（スサム）」と言います。

このような生の人参をあえて薬材として用いることもあるようですが、人参の有効成分をより引き出すために、この生人参に「更にひと手間」を加えます。それが「紅参」なのです。

生薬が本来もっている有害な毒素を取り除き、有効成分を存分に引き出す「下ごしらえ」のことを「法製（ポプチェ）」と言います。その方法は「煎る・蒸す・茹でる・

酒に漬ける」など薬材によってさまざまな方法があります。

たとえば、私たちが日ごろ良くいただく緑茶を考えてみましょう。摘んだ茶葉を蒸し、更に茶葉を揉みこむことでお茶の成分を出しやすくしますよね。

コーヒー豆もそうです。焙煎したうえに細かく砕くことでコーヒー豆の「成分」を充分に抽出し、馥郁（ふくいく）とした味と香りを楽しむことができるのです。

冬になると美味しい「干し芋」はどうでしょう。いったん蒸したものを天日で乾かして熟成させると、生のサツマイモよりも柔らかく、数段甘くておいしいお芋になりますね。

人参はちょうどこの「干し芋」に似ています。生の人参（水参）を蒸した（法製）後に、乾燥させることで更に熟成され、人参の有効成分が増加して、生の人参にはなかった成分までもが出現します。

このようにひと手間加えたものが「紅参」なのです。このような加工をすることで、人参はさらに優れた薬材にアップグレードします。

人参といえば「紅参」という所以（ゆえん）はここにあるのですね。

六年根が良いわけ

人参のなかでも「最高品質」といわれるのが「六年根」です。

人参売り場で見ると一目瞭然ですが、まず六年根といわれるものが、一番太くて立派です。

では、７年目からはどうなるのでしょうか？　六年根よりさらに大きく育ち、薬効が増すと思いますか？

人参は一年ごとに葉っぱをつける枝が増えますが、６年めの枝をつけたところでおしまいです。それ以上枝は増えないどころか、なんと人参の表皮組織が老化し、害虫や病害が発生して弱ってしまうのです。

人参がもっとも充実した力を蓄えるのが六年根というわけです。

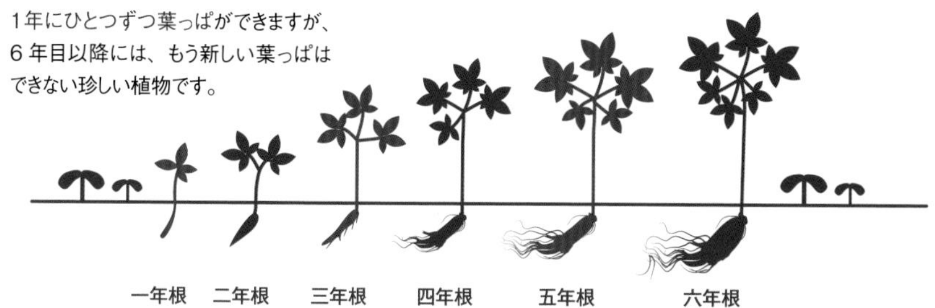

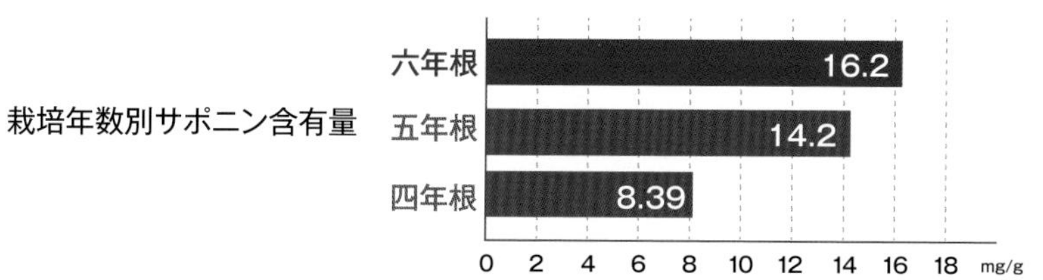

「山参」伝説？

みなさんは「山参（サンサム）」という言葉を聞いたことがありますか？

その昔、まるで仙人かマタギのように、山の奥深くで生活をしながら、天然自然の山人参を探し求めて生活をした「シンマニ」という人たちがいました。

天然の山人参はそれこそ小指くらいで、三百万円などと桁違いの価格です。

山の精気を吸い尽くしたと言われ、その効果は絶大だと神秘的に取り扱われてきました。

また、今日でも人参の苗をわざわざ山に植え育てるというような栽培法（山養参（サンニャンサム））もあり、これも山参ほどではありませんが、その十分の一くらいの高値で売られていたのを見たことがあります。「山の精気を一身に吸収する」という信仰のようなものが、その値段を釣り上げていたのですね。

しかし正官庄の研究室によれば、人工栽培した六年根と成分的にはなんら変わりはないのだそうです。残念ながら、「天然自然の人参がとてつもない力をもっている」というのはどうやら迷信のようです。

反対に、栽培した六年根が最高といわれていますが、四年根の人参は、六年根に及ばないまでもそれに匹敵する薬効成分を備えていることがわかっています。

ですから、参鶏湯(サムゲタン)などの料理に使う場合は小ぶりで使いやすい四年根で充分なのです。（ただし正官庄の製品は、伝統的に最高とされた六年根を原料としているそうです）

このように迷信に惑わされず、科学的に人参の成分を研究しているのが正官庄の研究所です。

人参の効能

正官庄では独自に研究室を設け、今日に至るまで人参の薬効を科学的に分析し、また用途に適した人参の品種改良を進め、多様な製品を製造するために日々研究を重ねています。

その結果、かつては経験的に知られていた効能や効果が、どんな成分によるものなのか解明されてきました。

次の図表は正官庄がわかりやすくまとめた「紅参の効能」に関する資料です。

人参の効能

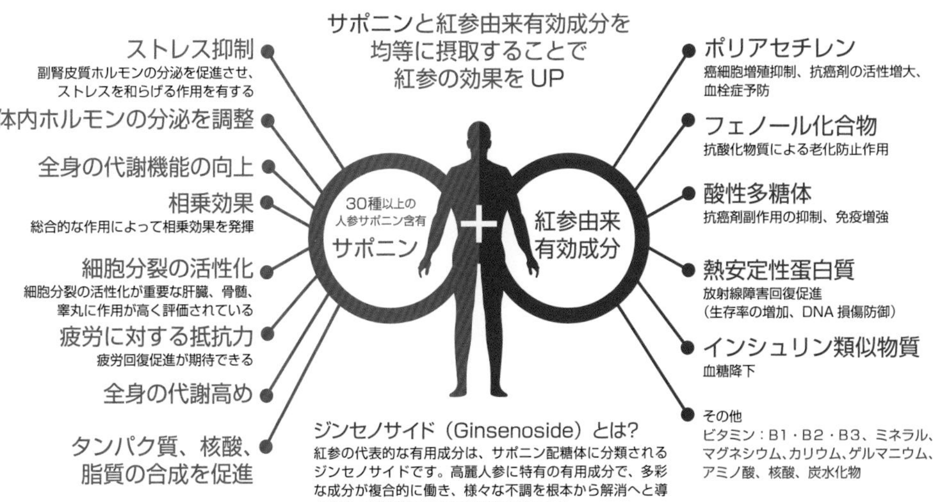

紅参の有効成分は大きく分けて二つ。

紅参固有のサポニン（ジンセノサイド）と、紅参が植物として本来持っているその他の有効成分です。

この図表では、紅参に含まれるサポニンは 30 種以上となっていますが、現在わかっているのは 38 種。

免疫力向上、記憶力の向上、ストレスの抑制、抗癌・糖尿・高血圧症などに効果があるとして、現在では世界 91 か国に輸出されているそうです。

人参の効能はさまざまで、「万病に効く」と言われます。

特に「高血圧の方にも低血圧の方にも良い」と言われますが、そうなると矛盾しているようでかえって懐疑的にもなります。

そんな私の疑問を解いたキーワードが研究者の方から伺った**「恒常性」**というワードでした。「生物の生理状態を常に一定範囲に保とうとする性質」を「ホメオスタシス (恒常性)」と言います。

人参は人体の恒常性を保つ力を備えており、これこそが人参の有効性なのだそうです。

ですから健康な時よりもむしろ、**実際に不調を感じているときにこそ、人参の効果を実感できる**のだといいます。

韓医師の意見

ところで、人参がいかに体に良いといえども人によって合う、合わないということはないのでしょうか。

韓方医の先生方にお聞きしてみました。

「韓方医が処方する湯薬は『医薬品』です。しかし人参製品は表示にもある通り、あくまで『健康食品』なのです。

人参にはたしかに劇的な効果もありますが、それだけに医師による適切な処方を受けるのが望ましいでしょう」とのことでした。

人参の長い歴史や実績を見ると、素晴らしい効能があることは確かだと思います。

私たちも実際に病気になれば病院に行って薬を処方してもらいます。

一方日常的には、健康を保つために有用なサプリメントを摂りますね。

それと同じことなのかもしれません。

このように人参製品を賢く使い分け、活用するのがよろしいのかもしれません。

左は韓医院でいただく湯薬。パッケージには「専門韓医薬品 医療用」の文字。右は正官庄の紅参エキス茶。箱には「栄養補助食品」とある。

ハヌルホス
（하늘호수）

～私の愛する韓方基礎化粧品はコレ！～

韓方を使った基礎化粧品メーカー「ハヌルホス」に触れないわけにはいきません。

今回このような本を作ってみようと思ったのは、大邱を訪れた折り、観光課の方から大邱に本社を置くハヌルホス製品をプレゼントしていただき、その使い心地と効果に驚きを感じたのがきっかけだったといっても過言ではないのです。

医療として用いる韓方はちょっと敷居が高いものですが、女性にとって基礎化粧品やシャンプー、石鹸などは日々お肌にのせるものであり、とても大切なものです。

何気なく使ううちに、すっかりその使い心地に魅了され、以後手放すことができなくなりました。ハヌルホスの製品を使うことで、いままでおぼろげに感じていた韓方の優秀性に気づかされ、韓国韓方の真髄を知りたいと思うようになりました。

その後、ハヌルホスの創業者であるソ・ミジャ社長とも親しくなり、ハヌルホスの誕生秘話や開発、製作の工程を詳しく知ることで、一層この商品に対する信頼と愛着は増しました。

以後、ソウルを訪れる度に仁寺洞（インサドン）のショッピングモール「サムジキル」二階にあるハヌルホス仁寺洞店でお買い物をしますが、伺う度、韓方化粧品の良さを実感した日本人のお客様が沢山おいでになることに驚いています。日本にも代理店があり、ネットで購入できるのも助かります。

化粧品は人によって合う、合わないがありますので一概にはいえませんが、優しい使い心地のなかにもしっかりとした効果を感じ、私は気に入っています。

自然派志向の方には是非一度、手に取っていただけたらと思います。

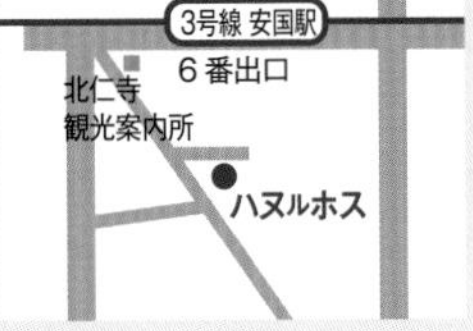

ハヌルホス
ソウル特別市 鍾路区 寛勲洞 38,
サムジキル 2F
地下鉄 3 号線安国（アングク）駅 6 番出口 徒歩 5 分
☎ 02-736-0088
（サムジキル案内所電話）

【第五章】

タイプ別！ 韓方医を訪ねてみました！

三軒の個性的な韓医院を紹介します！

ウリドゥル韓医院
金樹凡院長

健康の基本は正しい姿勢から

どんな医院？

ソウルの孔徳（コンドク）駅３番出口からすぐの三星孔徳（サムソンコンドク）ビル二階にあり、空港からも近く、行き帰りに寄れて、とても便利です。

院長の金樹凡（キムスボム）先生はなんといっても四象体質（ササンチェジル）の大家として有名です。

数々の著書やテレビ番組を通して、四象体質についてやさしく、丹念に解説していらっしゃいます。そのため、芸能人や外国の方も多く訪れています。

この本のなかの「李濟馬（イジェマ）先生と四象体質」についての項目や、四象体質の自己診断チャートなどは先生の著書や番組、ホームページにアップされたものを参考にさせていただきました。

診察科目としては四象体質ダイエットや成人病、関節痛などの治療もありますが、まず筆頭に掲げていらっしゃるのが「姿勢矯正、ディスク」です。韓国ではヘルニアなど腰痛関係のことを「ディスク」と呼びます。英語の椎間板（ついかんばん）を表すDISCからきているようですです。

なによりも正しい姿勢を保つことが、さまざまな疼痛を解消し、内蔵機能を整え、健康維持のポイントだとお考えです。

四象体質の第一人者である先生から、まずは四象体質について詳しく伺おうと思っていましたが、そこで、なんと私の姿勢に大きな問題があることが発覚。

たしかにここのところ頑固な腰痛を感じていましたが、「年のせい」と諦めていました。そもそも日本の整形外科では、この程度の慢性疼痛では、大した治療は期待できないと思っていたのです。

診療科目の筆頭は「首・腰ディスク」。続いて「四象体形矯正」、「脊椎推拿」と続く。
姿勢矯正に重きを置いていることがわかる。

ですが先生から姿勢についての指導を受け、検査や治療を重ねるうちに、「諦めることはない。先生のもとで治療をお願いしたい」と思うようになったのです。

四象体質の診断法

まずは四象体質から調べてゆきます。

人の体質を、太陽人・少陽人・太陰人・少陰人と四つに分ける四象体質。それぞれの体質は性格や顔立ち、体格にも表れます。

大家だけに、一目見て、瞬時に判断を下すのかと想像していました。ところがむしろ大変慎重なことに驚きます。実際に治療する場合、どの体質であるか判断を間違えると、その後の治療を過つので丁寧に調べます。

まずは脈を診ます。

「ストレスが多いですね」

そう、この一言を言われなかったことはありません。本人は全く自覚していないのですが、韓方医の先生方には必ず指摘されます。

次に、さまざまな質問に答えてゆきます。食べ物の嗜好（しこう）や性格、行動パターンなどについての問診です。ですが、大人になると社会生活のなかで、自分の欠点を知り、反省を重ね、自制し矯正します。そうなると本来の体質や性質を後天的に覆い隠すようになるので、判定は難しくなるようです。

次に電極を片手に握り、もう一方では様々な薬液（実際の治療に使う注射液）をトレーの上に乗せ換えながら、オーリングテストをしてゆきます。

その人の身体が必要としている薬液ならば、親指と人差し指で作ったOの字

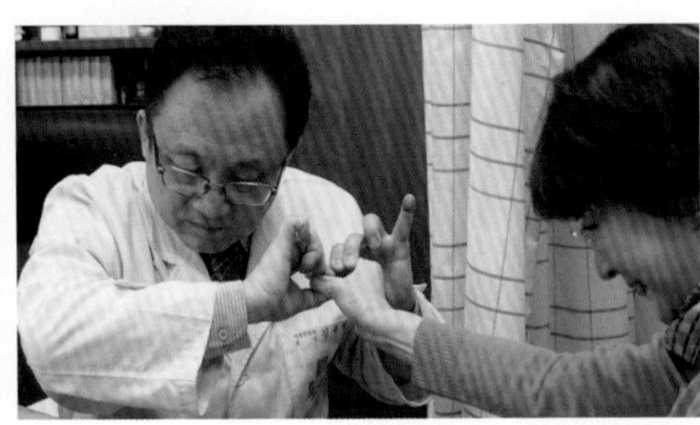

に力が入り、簡単にはこれを解くことができません。しかし体に合わないものでは、力が抜けてたやすく指をこじ開けることができるのです。

私の場合、骨を強くする薬液で強く反応しました。そう、実はここ数年大学病院で調べても原因の全くわからない「骨委縮（こついしゅく）」のために、ずいぶん苦労していたのです。もちろんそんなことを私は一言も先生に申し上げていません。

さまざまな薬液の反応から「少陽人」と見当をつけましたが、問診などでは他の性格も持ち合わせているところもあるので、簡単には結論をだしません。

サーモグラフィーによる診断

更に丹念に調べるため、サーモグラフィー（遠赤外線による熱分布測定器）を使って身体全体の温度を見てゆきます。すると、上半身に熱が集まり、下半身はとても冷えているのがよくわかりました。熱が上半身に上がっている「少陽人」特有の分布です。手先や足先などは冷たすぎて映らないので、温度の高い胸元に手を置いて撮り直したほどでした。

これは私としてはとても意外な結果でした。普段から女友達が言うように、手足が冷たいとか、冷えを感じるという自覚が全くなかったからです。

また、頭部、特に額のあたりに熱が集中しています。頭部に熱をもつほどのストレスの高さは、「火病（ファビョン）」のレベルだと聞いたときにはショックでした。火病といえば、激情型韓国人に特有な「ヒステリー性格」と思っていたので、「まさか!」という感じでした。

なるべく冷静に、理性的にふるまってきた私としては驚きの宣告でしたが、先

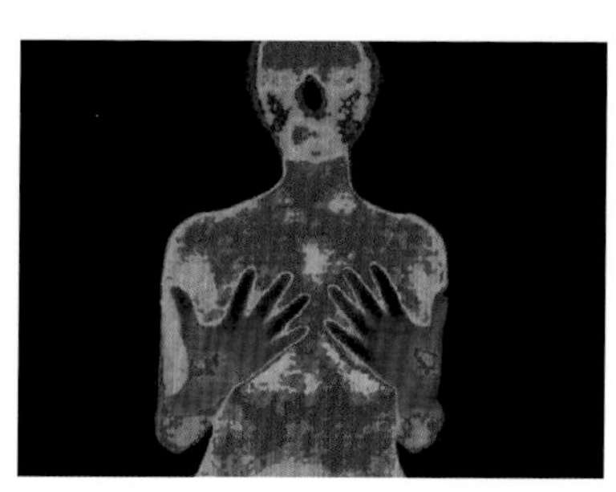

生からは「他人に配慮して我慢しすぎることもストレスになります。感情の赴くままにしていたら他人と不和にもなりますが、ほどほどに言いたいことをいうのも必要」とアドバイスをいただきました。

確かに、本来の私の性格は激情的であり、せっかちで、すぐカッとしたりするのです。それを表に出さないよう心掛けていました。しかし検査や診断では、本来の体質や性格が露呈してしまします。

誰もが自分の身体しか知らないので、「誰でもこんなもんだろう」と思ってしまいがち。ところが、冷え性を訴える人に負けないくらい冷えていたり、穏やかにしているつもりでも、感情を殺してストレスをためていたりしている「自分」に初めて気づきました。

人はそれぞれに大きな個体差があるのだと改めて実感しました。

きっと皆さんも、**自分で感じている身体の感覚と、実際の身体の状態にはずいぶんと誤差がある**のではないでしょうか。

韓医学では、「人間ドック」のような検査では診断のつかない、「心と身体」のありようが見えてくることを知って、新鮮な驚きを感じました。

推拿、埋線、蜂鍼、姿勢矯正法

診察の過程で最近腰痛に悩まされていること、ここ数年足のさまざまな関節に不具合が出ていることなどを申し上げると、先生は私を立たせて、すぐさま姿勢の難点を示しました。

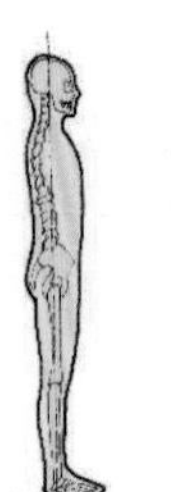

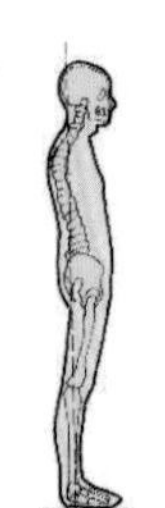
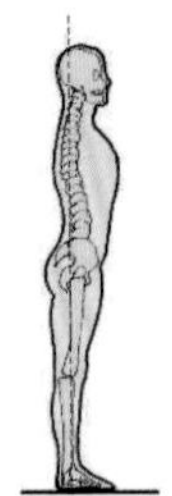

正常な姿勢　脊椎前後彎症　平背　円背猫背　軍人型

本来脊椎は横から見た時、ゆるやかなＳ字を描いているものですが、私の場合、まっすぐでＳ字カーブどころか、Ｉ字であることを即座に指摘なさいました。

その上、頸骨（けいこつ）までまっすぐ。いわゆる「ストレートネック」です。そのために重心が前にかかり、身体が前方に倒れているというのです。さらにそのような姿勢のために、足に負担がかかり影響を及ぼすのだそうです。

「本来の位置はこうですよ」と、私の身体の重心を正しい位置に直そうとすると、まるで、後ろに倒されるようで、立っていられません。

たまたまその時、先生と長いこと健康番組でご一緒なさった女優の具在淑（クジェスク）さんが治療のために医院にお見えになりました。

具さんは私と真逆の「反（そ）り腰」で苦労なさっています。触らせていただきましたが、腰椎が深くお腹側にたわんでいらっしゃる。同じ人間でもこんなに違うのかと、改めてビックリ。

【推拿】

このような姿勢を矯正するために、先生は「推拿（チュナ）」という中国古来の手技を用います。イメージしやすく申し上げるなら「中医学版カイロプラクティック」という

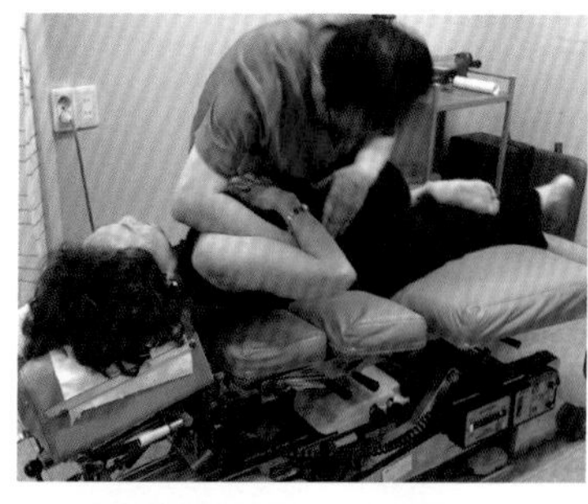

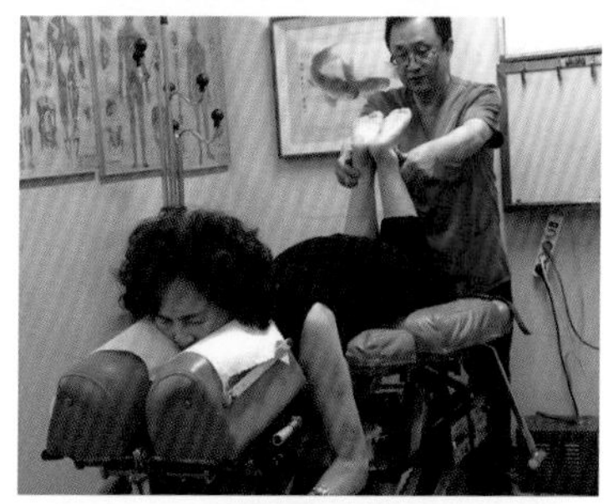

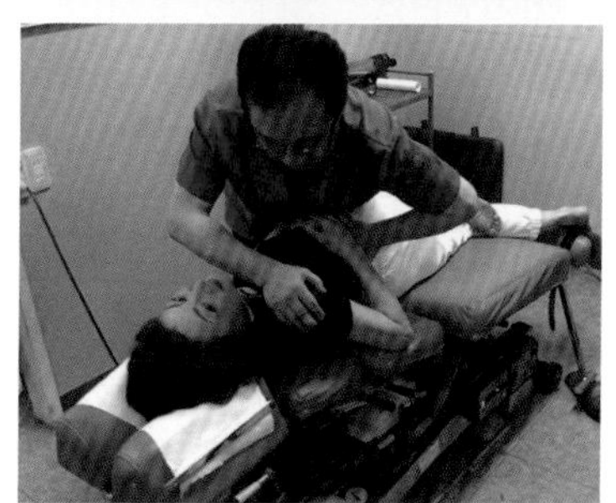

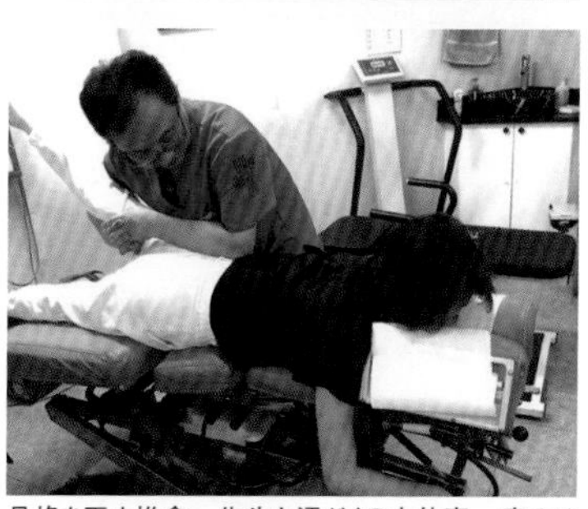

骨格を正す推拿。先生も汗だくの力仕事。痛みはないのでご心配なく。

ところでしょうか。人それぞれに身体の特徴が異なるので、それに合わせて自在に形を変えられる米国製の特殊な寝台を使い、骨格を本来あるべき位置に整えてゆくというものです。

具さんも私も、この日初めて推拿を受けました。圧迫を加えるとともに、支えている寝台部分を落とし込むことで、瞬間的に骨格に力が加わるのです。

実際は圧迫感や痛みなどは全く感じないのですが、瞬間的に変化する姿勢と落ち込む寝台の音で初めはビックリ。具さんも私もワーワー声を上げたほどです。

ですが、様子がわかった二回目からは、決して痛くも、苦しくもないことがわかっているので、安心して受けることができました。

とにかく、いままで受けたことのあるどんな施術とも違っています。

【埋線】

更に私は埋線（メソン）をしてもらいました。

体内で自然に溶けてしまう手術用の糸を、特殊な鍼で埋め込んでゆく施術です。背骨の両側と、両足のふくらはぎ側に計四本の糸を入れました。これによって、背筋が支えられて前かがみになるのを抑え、ふくらはぎ側の筋力を補強することで、前傾しがちな姿勢を後ろに引き戻すのです。

いってみれば「体の中に仕込む、サポーターのようなもの」だなと思いました。

【蜂鍼】

また腰の痛みを緩和するためには蜂の毒を用いた「蜂鍼（ポルチム）（벌침）」を施しても

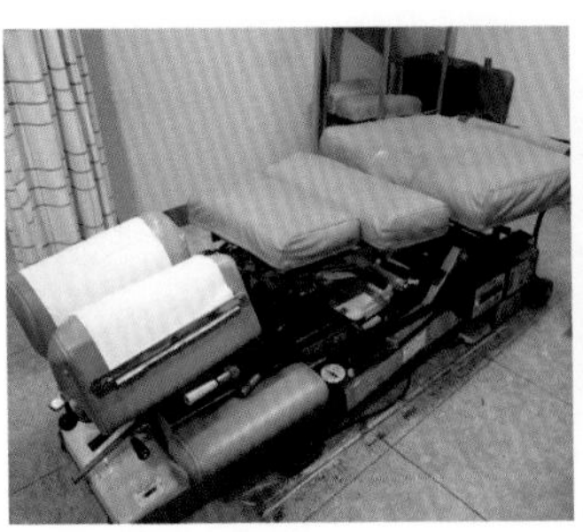
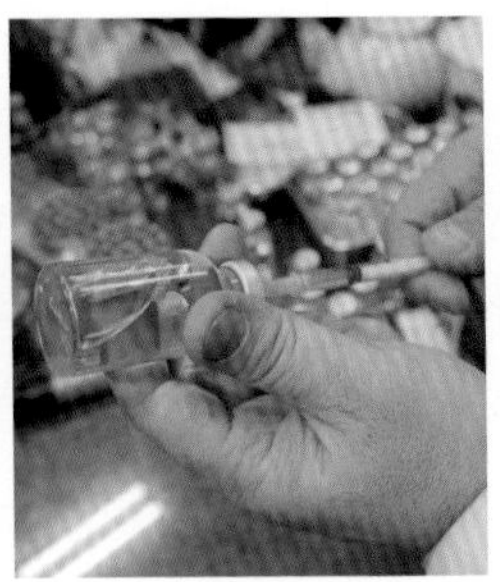
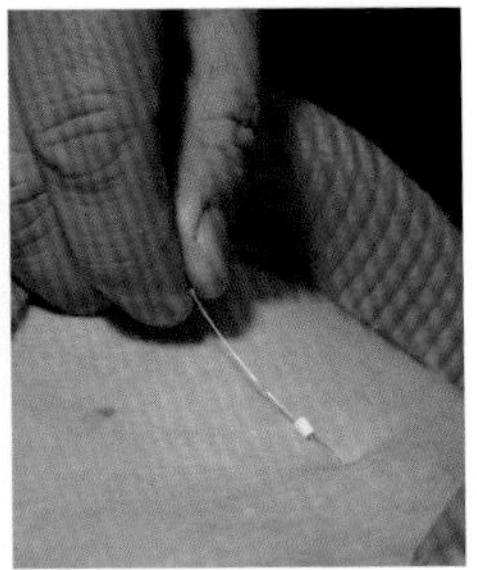

左／推拿に使う特殊な寝台。中／「蜂鍼」といっても薬液の「注射」。右／長い鍼に仕込んだ医療用の糸を差し込む。

らいました。

「蜂鍼」といっても鍼を打つのではなく、蜂毒から抽出した成分を薬液として注射するのです。この薬液には消炎・鎮痛効果があり、免疫力も増進するのだそうです。直後はジーンとして重たいような感じがしますが、すぐに収まります。二、三日は注射の箇所にすこしかゆみが出ました。なるほど、虫の毒なんだなという感じです。注射する前にはアレルギーテストもしますので心配はいりません。

これらの施術によって、帰るときにはすでに姿勢や重心が変化しているのを実感しました。

翌日になると更に糸の効力が現れるのか、いつもより安定して、階段なども登れるように感じました。

【骨格矯正法】

何度か通ううちに新手の手技を施してもらいました。問題のある個所にあて木をして木槌で打ち付けます。湾曲した背骨や頸骨の位置を矯正するのです。

これはかなりの刺激。骨に響きます。ストレートネックを矯正するため、直接的に頚椎を叩くのですが、問題のある個所では一打ちするごとに指先まで響きます。

【帰国してからの指導】

先生は日頃できることとして、次のような指導をしてくださいました。

私の場合は、タオルを棒状に畳んだものを腰の下に入れて寝ること。そして

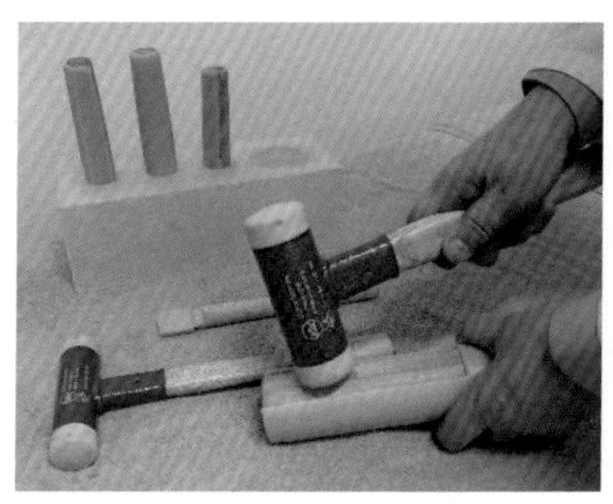

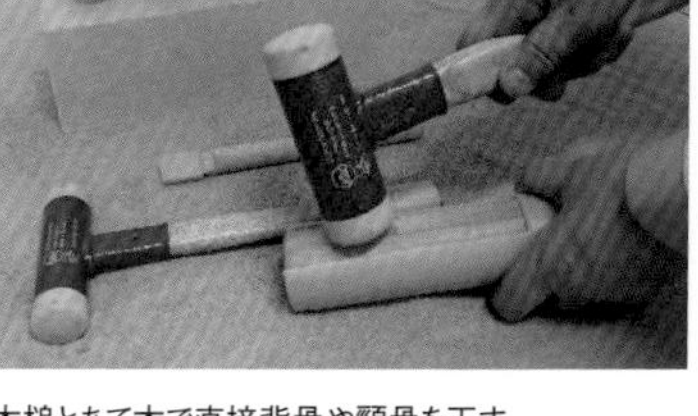

木槌とあて木で直接背骨や頸骨を正す。

写真のような木製で円筒形の首枕を使ってアーチを矯正すること。

これらを実行すると石のように固まっていた腰の凝りもほぐれてきました。足の力をつけるための運動法や靴の選び方なども指導してくださいます。

こうして帰国してからも平素できることをアドバイスしてくれることは重要なことだと思います。

《黒田の感想》

骨を丈夫にするため、体質にあった丸薬も処方していただきました。院内に調剤室があり、出すお薬はすべてこちらで作られています。また、二度目に訪問したときは精密なレントゲンを撮りました。 このレントゲンが日本の整形外科で正面や横から撮るものとまるで違っています。

一番特徴的なものは、横向きで、頚椎から尾骶骨（びていこつ）まで上下二部にわけて撮ります。それをつなげて、背骨のカーブの具合を見るのです。左右斜めから「よーい、ドン」の姿勢（腕を前後に振るような）でも撮ります。

その他、顔面を、普通の表情、大きく開口した場合なども撮って、顎関節（がくかんせつ）の具合も調べます。こんな微細なレントゲンの撮り方は初めてでした。

後にパソコン上でレントゲン画像を見ながら骨格のミリ単位の左右差や変形箇所について詳しい説明をしていただきました。湾曲の状況、それによって生じている骨の変形の様子なども詳しく解説してくださいます。骨も少しづつ変形してバランスを保とうとするのだそうです。

木製首枕と腰にあてるタオルで腰痛も改善！
タオルの効果は抜群です!

これらが細かにカルテに記され、そのデータをもとに推拿や姿勢矯正法の施術の折に加減がなされるのです。姿勢が正しくなってくると顔の骨格も正しい位置になり、スッキリした顔になってゆくそうです。

レントゲンや注射、薬の処方などは残念ながら日本の鍼灸師や整体師ではできません。やはり「医師」だからこそできることなのです。いままでにも整骨院などで姿勢について指摘をうけたこともありましたが、いつもその場限りですぐにうやむやになっていました。

ですが、ここまで細かい検査をし、施術を受けると、頭より先に「身体が正しい姿勢を覚える」という感じがします。

「身体を正しくする」というのは、医者任せではなく適切な指導を受けたうえで、日頃自身がどのように正しい姿勢を保つよう努力できるのかにかかっているのだと実感しました。

お陰様で私の腰痛は大幅に改善しました。

多少の歪(ゆが)みでも、年齢を重ねればいずれ大変なことになります。今のうちに骨格の歪みに気づき、姿勢に気を付け、対策を講じることができたことは本当に良かったとおもいました。私もしばらく先生のところに通院することにいたします。

日本からの患者さんは、今のところ在日の方などが口コミで知って訪ねてくる程度だそうですが、疼痛にお悩みの方にはお勧めしたいと思います。

コミュニケーションに関しては、スマホの翻訳機やLINEの翻訳ソフトをお使いです。また、先生は英語が堪能でいらっしゃるので、英語での意思疎通には問題がありません。

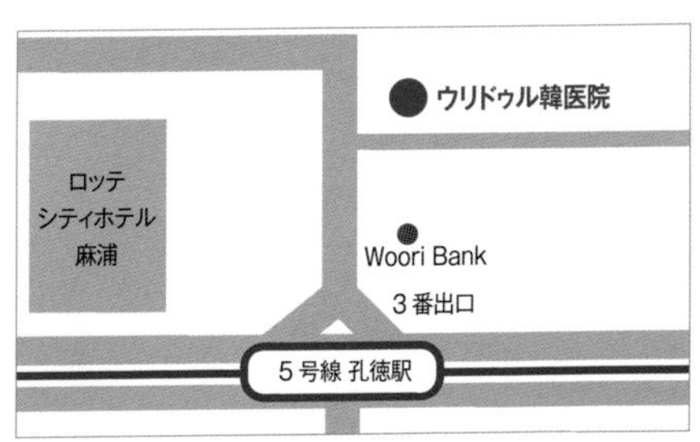

ウリドゥル韓医院
ソウル市麻浦区孔徳洞麻浦大路 115-12
☎ 02-706-5212

金昭亨
韓方クリニック
金昭亨院長

女性の美と健康の救世主

どんな医院？

新沙洞（シンサドン）の「カロスキル」といえば、東京なら青山あたりを思わせるソウルでもオシャレな一等地。そこに建つビルの三階に金昭亨（キムソヒョン）韓方クリニックがあります。

院内は白で統一され、韓医院というよりは高級エステサロンのような洗練された雰囲気。

金昭亨院長は93年にミスコリアに選出されたことがあるという、美しく、それでいてとても気さくで明るい先生です。

身体を温める意味の**「温活（おんかつ）」**に主眼を置き、女性の健康、体質改善、冷え、胃腸病、スキンケア、ダイエットなどの相談にあたってきました。

そのため**「女性の美と健康の救世主」**という異名も。

そんな韓医院ですから、待合室はさぞかし女性で溢（あふ）れているかと思いきや、男性の姿も結構みられます。

最近では男性でも冷えを訴える方、不眠や慢性疲労、アレルギーなど様々な不調を訴える患者さんたちも少なくないのだそうです。

テレビ出演や講演、執筆なども活発になさり、日本でも著書が翻訳出版されています。そのため、日本から訪れる患者さんたちも大勢いらっしゃいます。

受付には日本語スタッフもいらっしゃるので心配はいりません。

女性特有の悩みというのは、なかなか男性医師には話しにくいもの。

長年女性の健康を考えていらした金昭亨先生なら、みなさんの悩みを解決してくれるかもしれません。

若者が集うオシャレなストリート、「カロスキル」の一角にあるビル3F。

金昭亨先生の韓方哲学

身体を温めホルモンバランスを整えることが肝心。

先生は「冷え」こそが「万病のもと」と考え、いかにして身体を温かく保つか、ということを重要視していらっしゃいます。

先生から世の女性たちへの有意義なお話を伺いました。

「冷え」とは単純に体温が低いという意味でもありますが、包括的な意味での「冷え」というのは、免疫力と関係があります。体温が下がれば免疫力も低下してしまいます。

身体が冷えれば、「気・血・水」の循環が悪くなって停滞し、瘀血や毒素が生じます。

女性にとって「子宮は第二の心臓」と言われます。子宮は女性ホルモンの生産工場ともいえますが、この大事な臓器が冷えれば工場はうまく稼働しなくなるのです。

女性の身体は頭のてっぺんから足先まで、女性ホルモンがオーケストラの指揮者のようにうまく調律しているのですが、子宮が冷えると調子が乱れて、疲れや冷え、生理痛やむくみなど様々な不具合が起こります。

昔の文献にも「女性は下腹を温めておけば、病にかかることがない」とあります。「頭寒足熱（ずかんそくねつ）」といいますが、頭が冷えて病気になることはありませんが、反対に頭に熱が籠（こも）ると病が生じます。またお腹が冷えると病にかかります。

頭は涼しいほどよく、お腹は温かいほど良いのです。

病は必ず冷えから生じます。ことに下腹や手足の冷えは、足のむくみや生理痛、肥満などを引き起こします。それだけでなく「冷え」は消化不良や鼻炎、花粉症やアレルギー、アトピーに至るまで様々な不具合を引き起こすのです。

基本的に「冷気（냉기（ネンギ））」から病は生じるといって過言ではありません。

だからこそ身体を温めることが重要なのです。当帰やヨモギなど身体を温める薬草をブレンドしたお茶を、日ごろから飲むように心がけると良いですね。

また、子宮を温めて、免疫力を高め、ホルモンバランスを整える韓方薬も処方します。

同時に鍼や温熱治療を行って、循環を良くすることも大切です。

一番大事な経絡の話　～「百会」と「会陰」～

代表的な十五の経絡(けいらく)のなかで、**もっとも重要な経絡が任脈(にんみゃく)と督脈(とくみゃく)です**。

頭のてっぺんにある「百会(ひゃくえ)」というツボと、女性でいえば、膣と肛門の間にあり、男性なら陰嚢と肛門の間にある「会陰(えいん)」というツボを通る経絡です。

百会は体の全ての陽気が集まる場所で、その対極をなし陰気が集まる場所が会陰です。百会から身体の背面（正中線(せいちゅうせん)）を伝わって陽気が会陰へと降りてゆくラインが「督脈」。反対に身体の前面（正中線）を通って、会陰から百会へと陰気が上昇してゆくのが「任脈」という経路です。

言わば百会と会陰は人体のＮ極とＳ極のようなもので、この間をぐるぐると気が巡っていますが、気が停滞すると不調が現れるのです。

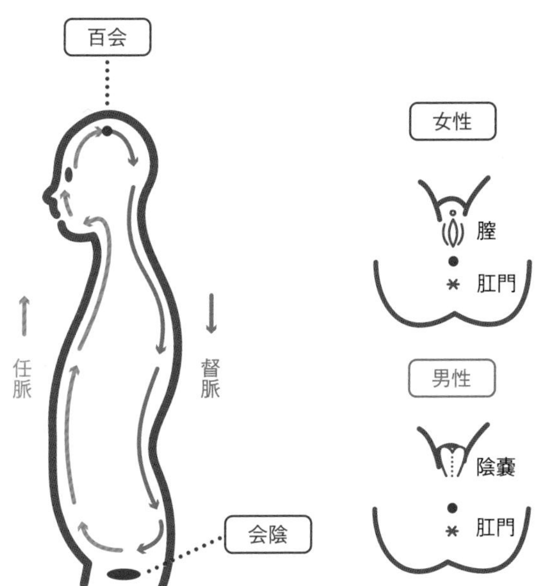

最も大事な督脈と任脈。会陰のツボもきちんと確認。ここが身体を冷やさない大事なツボ！

そして、この**会陰というツボこそが身体を温める「ボイラースイッチ」**でもあるのです。

私はこの会陰をかわいく、**「おしりスイッチ」**と呼んでいます。

ちょっと恥ずかしいような場所ですが、ちゃんと自分でも鏡で位置を見て、手で触って確認してみましょう。健康であれば薄いピンク色で弾力がありますが、不調の時は痛みを感じることがあります。

この「おしりスイッチ」を大切に思ってあげましょう。**ここを温めることで、身体全体が温まる**のです。

手足の冷えやむくみ、冷房による冷え、生理痛や、便秘・下痢、アレルギー、小食なのに太ったり、また更年期や不妊など女性には特有の悩みが色々あると思います。

手足が冷たいからと言って、手袋や靴下をはくよりも、自分の身体の「おしりスイッチ」をオンにして、子宮を温かくしてあげましょう。

会陰を温めることは、身体全体を温めるボイラースイッチを入れること。気をめぐらして身体全体を温かく整えましょう。

皆さんへの三つの提案

【丸薬】

韓方薬である「湯薬（タンヤク）（液状の煎じ薬）」も処方しますが、独特の香りや苦みのために韓方薬に馴染（なじ）みのない日本の方は「飲みにくい」とおっしゃいます。

なので、携帯にも便利で服用しやすいように韓方薬を「丸薬」にしました。

体質にあった薬剤を調合し、丸薬としても処方して差し上げます。

【薬茶の提案】

患者さんの体質に合った薬剤をブレンドした薬茶にも力を入れています。

帰国なさってからも続けられるのは何だろう、と考えたとき「薬茶だ!」と思いました。煎じ薬である「湯薬」は日本の方には飲みにくく、お値段も張ります。

まずは、お手頃な値段で日常的にいただける「湯茶（韓方薬茶）」から始めていただけたらと思います。韓方茶は確かに韓方薬（湯薬）に比べれば効き目は穏やかです。ですが、まずは身体を温める「温活」に効果のあるお茶を日頃から召し上がっていただくことで、身体を温めることの大切さと、効果を少しずつ実感していただければと思います。

症状別に体質に合わせた生薬をブレンドした韓方茶を開発しています。ご希望があれば個々人の体質に合わせて特別にブレンドすることも可能です。

【韓方石鹸】

今一番力を入れているのが「韓方石鹸」です。

様々なタイプの肌質に合わせ、韓方薬エキスを配合し、脂性・乾性、熱性・冷性、デトックスなど、十数種の石鹸を作製しています。

韓方成分の効果を最大限に生かすため、加熱しない独特の製法で作った天然素材の洗顔石鹸です。

医院においでになり、治療をする時間だけでなく、帰国してからも続けられるように、これらの製品作りに取り組みはじめました。

小豆（玄米）カイロを作ってみよう!

最も力をいれている、韓方茶と韓方石鹸。韓方茶は特別ブレンドにも応じてくださる。

即効で会陰を温めるのに、とっても有効な「カイロ」をご紹介したいと思います。
本来は蓄熱性（ちくねつせい）の優れた「桂（かつら）の種」を使いますが、日本の皆さんが手近に求められる素材はなにかと考え、小豆（あずき）や玄米で代用することを思いつきました。
「一粒の種にはすべての宇宙が入っている」といわれますが、種子は生命力に満ちていて、発芽するために外部の熱を保つ性質を持っているのです。

※以下の記述は先生のご著書『おしり温活美人』（ポプラ社）のなかの「カイロの作り方」を、金昭亨先生の了解を得て転記させていただきました。

【準備するもの】

◎小豆または玄米　　100～150g

◎靴下片方　（洗濯済みであれば使い古しでかまいません）

1　まずは小豆（玄米）を完全に乾燥させるため、フライパンで炒ります。

2　準備した靴下に炒った小豆（玄米）を入れ、口を糸で縫い止めます。
（長い靴下の場合は、縛ってもかまいません）

3　全体に霧吹きで水を2～3回吹きかけます。

4　ラップでくるんで1分ほど電子レンジにかけます。

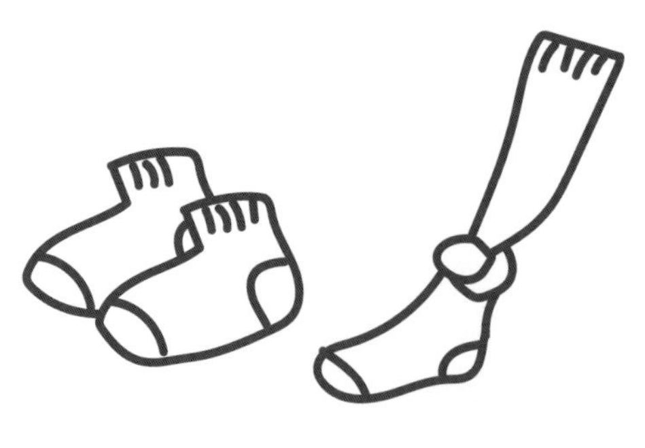

椅子の上にカイロを置き、会陰のツボに当たるように腰掛けます。温度に充分注意して、やけどなどしないようにしてくださいね。

【黒田も早速 試してみました】

あまり履かない綿のハイソックスがあったので、脛(すね)の部分を使ってつくってみました。丁度小豆があったので、炒ってから靴下に入れ縫い止めました。レンジで一分ほど加熱すると、小豆をゆでるようないい香りが漂ってきます。これを椅子の座面に敷いて座ってみました。

まず、おしりスイッチに当てようとすると、姿勢が自然と正しくなるなと思いました。そして、じんわりと温かさが伝わってきて、「気持ちがいいなあ～」と感じます。はじめはアツアツなので、やけどにはくれぐれもご注意を！

ある時、とても身体の冷えを感じました。エアコンの温度を上げてもダメ。

なかなか身体が温まらず、こういうときはお風呂に入るしかないなと思ったとき、「そうだ！」と思ってこのカイロをチンして当ててみました。するとどうでしょう、あっというまに身体がほっこり温まってきたのです。

このカイロ、というか「おしりスイッチ」の威力を実感した次第。

風邪をひきそうなときなど、「身体のなかから寒い」と感じる時がありますよね。そんな時に効きそうな感じです。

ネットで調べてみるとこのようなカイロは販売されてもいるのですが、結構い

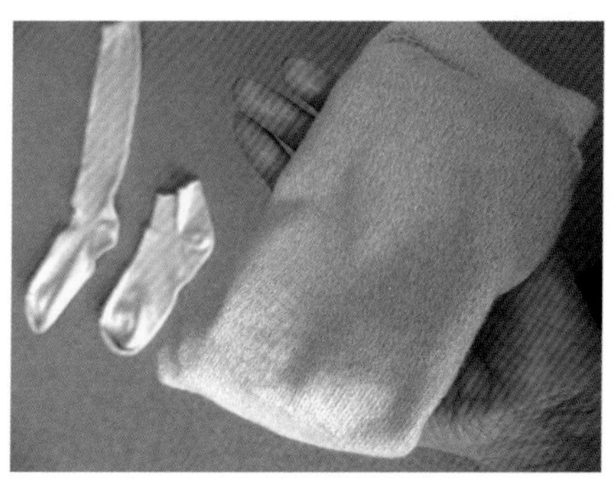

いお値段です。（中身は何かわかりませんでした）

簡単にできますので、サイズや形をいろいろ工夫して自分なりのカイロをチクチク縫ってみるのもいいなとおもいます。

私も診断をしていただきました

まずは基本的なボディチェックをします。

体成分分析装置やサーモグラフィーを使って身体全体の筋肉や体脂肪の割合、温度などを客観的に調べます。

その上で診脈、問診をします。

例によって上半身に熱がこもり、下肢が冷えているという診断がでました。

「このような熱は身体が温かいのではなく、『虚熱（ホヨル）』といって、熱が上半身に上がっており、逆に下肢は冷えている状態です。理想的な図を示すと、この方のように身体全体がまんべんなく温かいのが良いのです。

幸いあなたはこれまで特に不調を感じることなく過ごしてきましたが、これからは温活を心がけることが必要です」。

温活の施術プログラム

そこで私もさまざまな温活療法を体験させていただきました。

【鍼治療】

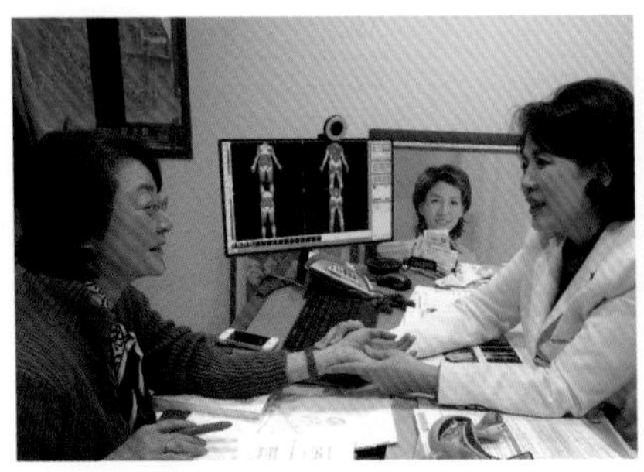

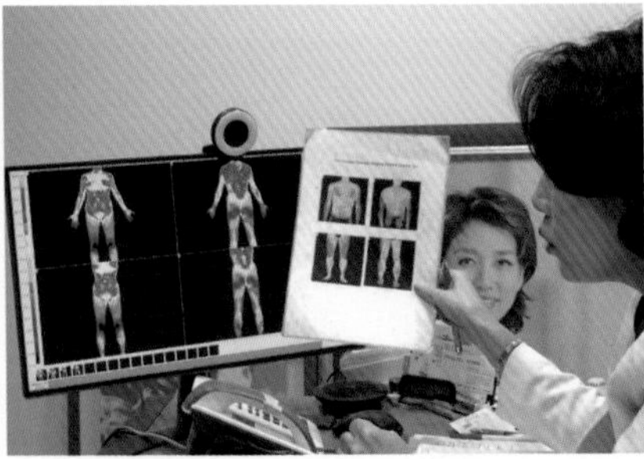

左／サーモグラフィーの結果をみながら、丁寧な問診を。右／モニターに示された上半身に熱があるのが私の状態。先生が手にしているのが全身均一に温かい方の図。

鍼にはツボに鍼を打つ従来のものと、最近よく行われる薬液をツボに注射する「薬鍼（ヤクチム）」があります。私は伝統的な鍼治療を選んでみました。おへそ回りに鍼を打ってゆきます。

子宮などの女性の機能を活性化させるツボ（経穴）を鍼によって直接刺激することで、筋肉や筋膜の緊張を緩和し、生理痛などの疼痛を和らげるのだそうです。しばらく置いて鍼を抜いたあと、お腹がホカホカと温まっていることに驚きました。

【深部温熱テラピー】

体内の筋肉、筋膜、脂肪、血管などの組織を、高周波を使って深部から温めることで細胞を活性化させ、リンパ液や気血の循環を整え、毒素の排出を促します。それによってホルモンバランスを整え、細胞機能を正常化し、冷えを改善する効果があるそうです。また、脂肪を分解する効果もあるのだとか。

じんわりと体の中から温まってくる施術で、腹部はもちろんリンパ節の集中している鼠径部（そけいぶ）（股関節部分）を念入りに温めてゆきます。

気持ちいいですよ！

【かぼちゃピーリング】

昔から韓方で「かぼちゃ」は皮膚トラブルやむくみ、傷の治療などに刺激の少ない生薬として用いられてきました。

濃縮、発酵させたかぼちゃの成分で角質を取り除き、栄養と水分を与え、み

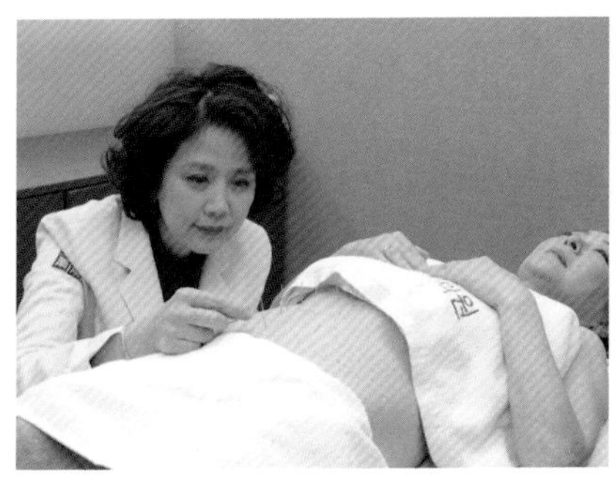

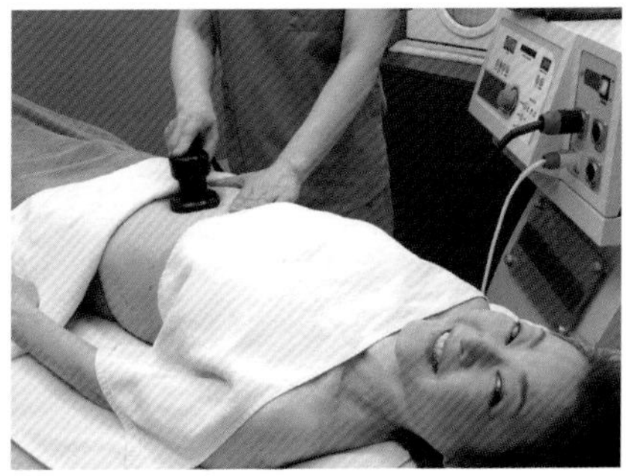

左／腹部のツボに鍼を打つ。右／高周波を使った温熱テラピーは身体の中からジワジワあたたまる。

ずみずしく潤いのある肌にしてくれます。乾燥肌、脂性肌、敏感肌のどれにも対応し、ペーハーバランスを整えて、シミなどの色素沈着を軽減します。

パックを取り去ったあとは、しっとりしなやかなお肌に！

《黒田の感想》

今回の取材で「そういえば!」と合点がいったことがあります。

最近は日本でも体験できるようになった「쑥찜（よもぎ蒸し）」です。

座面に穴の開いた椅子の下で、よもぎをはじめとする様々な韓方薬材を薫じ、その熱気で下半身を温めるというもので、「座浴」ともいいます。これは女性の健康施設でもある「汗蒸幕」で昔から施されたもので、いまでもチムジルパンやスパの一角で行われる女性に人気の施術です。

たいていは経験豊かなアジュマが「女性は子宮を温めなくちゃいけない」と言いながら面倒をみてくれたものでした。

私はその一方で、「なんでこれが子宮を温めることにつながるのかな。まさかこの煙や熱が穴から入って子宮に到達するとでも?」と、半信半疑でした。ですが、先生のお話をうかがって、それはまさに「会陰を温める」ための施術だったのだと気が付きました。

韓国のアジュマは「女性は身体を冷やしてはいけない」、「暖かくして血液循環をよくしないと」とうるさく言います。なんとスーパーではよもぎを配合した「座薫

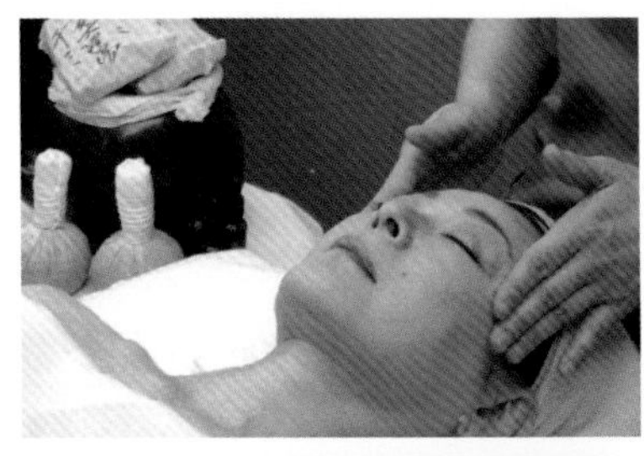

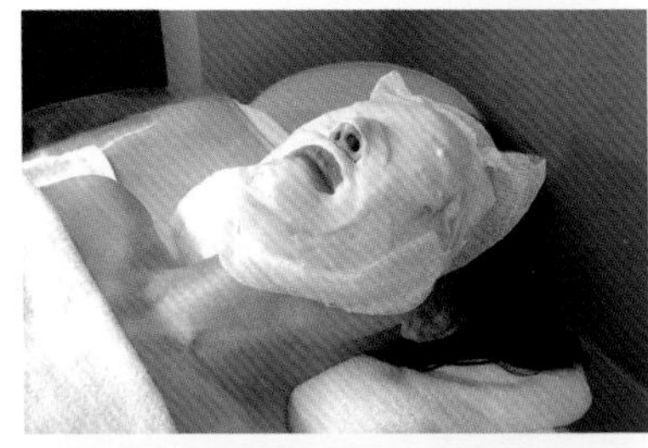

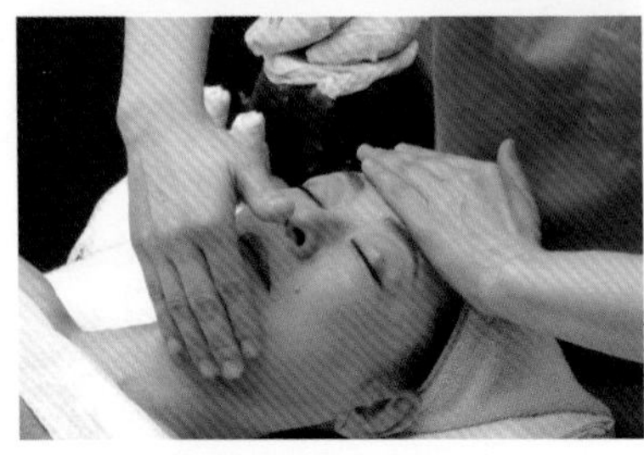

かぼちゃピーリングは即効性があるので「ここ一番!」という時に効果的。結婚式前など特別な日を迎える方に人気とか。

パッド（パンティーライナー）」まで販売しています。これを当てると、じんわりと温まってくる仕掛けになっています。

身体を冷やさないということは、健康な男児を産むことが最も大切な女性の役割であった儒教文化ならではの知恵だったと感じました。

こうして金昭亨先生が「女性の健康」にこだわる背景には、今でいえば産婦人科医でもあった、おばあ様の影響が多々あったといいます。

また、お父様は金泳三（キムヨンサム）、金大中（キムデジュン）大統領の主治医でもあった高名な韓医師でもありました。

祖母、父、そして金昭亨先生へ、女性の健康を守るという哲学が脈々と受け継がれたのだと思います。

先生は女性の美は表面を繕（つくろ）うことではないと言います。**健康であってこそ内側からあふれ出る美しさ、「インナービューティ」**を提唱していらっしゃいます。

美と健康を求める皆さんは、こちらに伺ってみてはいかがでしょう。

金昭亨韓方クリニック
ソウル市江南区トサンデロ13ギル14
DAMOビル3階
☎010-3794-6500

※座薫パッドは日本でも同様のものがネットで求められるようです。ご参考下さい。

崔赫韓医院
崔赫院長
確実なダイエット、でもそれだけじゃない!!

どんな医院?

ソウル薬令市韓医薬博物館のすぐ裏手にある崔赫（チェヒョク）韓医院は、日本では韓方による肥満治療(ダイエット)で有名です。院長の崔赫先生は祖父から三代続く韓方医。

こちらには、連日肥満に悩む日本人女性が医院を訪ねています。確実な成果を出していることもさることながら、一人ひとり対応する、崔赫先生の誠心誠意、懇切丁寧な対応が口コミで広がり、信頼されているのです。

あまりに日本の方がつめかけるので、ついに日本語学校に通われている崔赫先生ですが、患者さんのとのやりとりに不自由はありません。

というのも、LINEに「日本語翻訳ソフト」を介在させることで、LINEを通じてチャット感覚、オンタイムで先生と会話ができるという方法をとっていらっしゃるからです。

それでもうまく意思疎通ができないときは、近くの健康食品店主人で日本人の「ちどりさん」が通訳として応援にかけつけてくれましたが、一日に十人から二十人ほど訪れる日本人患者さんのために、最近では二人の日本語スタッフを揃えました。

これでコミュニケーションは万全です。

ソウル薬令市場のランドマーク、「韓医薬博物館」の裏手、駐車場の前にあるので、わかりやすい。

ダイエットに関する施術

主には湯薬と食事の指導です。

朝晩二回服用する湯薬は食欲を抑制するので、辛くありません。

そのほか、細かい食事指導があります。脂肪や糖質を控えた三食を、きちんと決まった時間に摂ることを重要視しています。

先生の印象的な言葉があります。

「**最も重要なことは、食事を欠かさないことです**。月給も毎月きちんと支給されるなら、安心してお金を使うことができるでしょう。体も同じです。決まった時間にきちんと栄養が供給されるから、体も安心して脂肪を燃焼することができるのです。だから、決まった時間に食事をすることが大切なのです。

三食をきちんと取り、日が昇り、陽が沈むという自然の流れに沿って生活することが重要です」。

そしてこうもおっしゃいました。

「日本の方はとてもまじめに指示を守ってくれます。三度三度の食事を写真に撮って、毎日報告してくれる方もいます。だから確実な成果がでます」。

食事のポイントは、ずばり**「脂質・果糖・汁物をできるだけ控えた小食」**です。

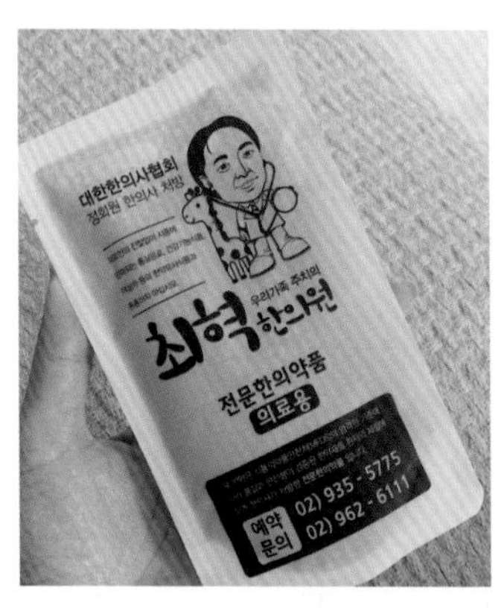

上／こちらの医院で出す韓方薬剤。
右上下／患者から先生に寄せられる毎日のメニュー写真。これを見てそれぞれに食事のアドバイスを。

「食事中に水を飲まないこと、間食もしないように指導します。食習慣を一度に大きく変えると、かえってリバウンドしてしまいます。目標体重に到達しても、生涯続けられる食生活ができるように指導しています」。

先生は、日本の患者さんからLINEで寄せられる相談や、「一日の食事内容報告」の写真を見ながら、一人ひとりにアドバイスをしています。そのために、診療を終えてからも毎日二、三時間医院に残って、ひたすら皆さんへアドバイスを差し上げるためにキーボードを打っているのです。

興味深いのは、「今使っているものより、ちょっと小さめのスプーン、ちょっと長い箸に替えて、ゆっくりと食事をする」よう勧めていること。心理的なことにも繊細な気配りをしていらっしゃる崔先生らしい助言だと思いました。

私が訪問したときも、日本人女性がスマホを介在させて先生と対話をしていました。すでに六か月の治療をし、12キロのダイエットに成功したそうです。

「どんなに多くともひと月当たり、４キロを超えるダイエットは問題です。減量できても、身体を壊してはなりません。なにより、健康な身体を作ることが大切です」。

崔赫先生の素晴らしいところは、患者さんが日本に帰ってからもLINEでフォローをしてくださることです。

生活を改善するには強い意志が必要ですが、ともすればくじけてしまいます。

ですが、こうしていつでも相談にのってくださる。

同伴者として見守り、励まし続けてくださることが「継続」を支えてくれるのだと思いました。

私も体験してみました

【診脈と舌を見る】

まずは、体の状態を調べます。脈を診て、舌を診ます。即座にスマホで舌の写真を撮って、私に見せながら解説してくれました。

「舌の真ん中に割れ目がありますね。胃腸が弱っているということです。また心肺機能が低下しているので注意です。それからあなたは一見痩せているように見えます。後で機械を使って計測すれば明らかになりますが、筋肉量が少なく、外見に反して脂肪量が多いはずです。食事はできるだけたんぱく質を多くとり、毎日続けられる運動を少しずつはじめましょう」。

「先生、実は私、小食だし一日一食なんです。」

「でしたら、まず二食にすることから始めましょう。食習慣を大きく変えるのは辛いことです。まず食事量を増やさなくともよいですから、二回に分けてきちんと摂ることから始めてみましょう」。

その後、一分ほど機械（体成分分析装置 inbody）に乗って計測すると、細かい身体のデータと評価が出ます。先生のおっしゃる通り、筋肉不足の「軽度肥満」。体脂肪率はなんと 30％。黒いセーターを着ていたので、外見からはわからない筈の私の「隠れ肥満」を診脈だけですっかり見抜かれていたのには驚きました。

【鼻鍼（瘀血鍼）】

崔赫韓医院で特徴的な施術の一つが鼻鍼です。

ソウルでも他にこの施術をする医院は数か所しかありません。

これは、三代続く崔家の奥義（おうぎ）で、『東医宝鑑』にもこのような施術があったことが記されている伝統的な治療法なのです。

鼻孔のある部分に先端が三角形の特殊な鍼を用いて少し傷をつけ、瘀血を除

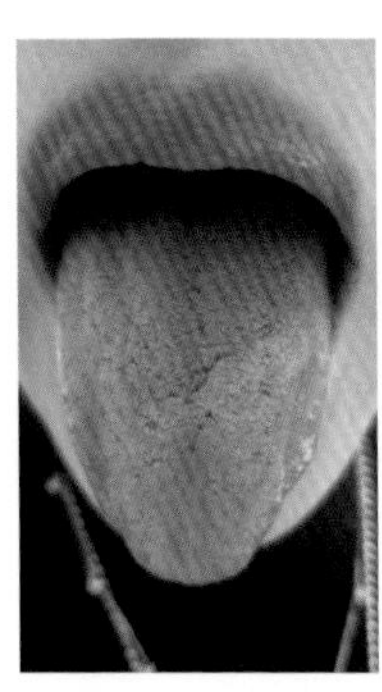

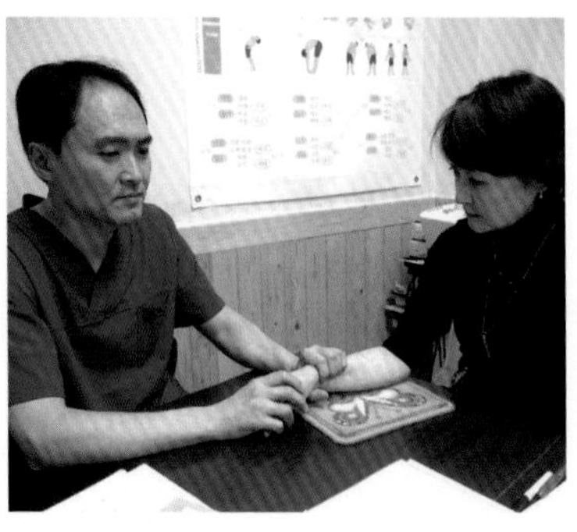

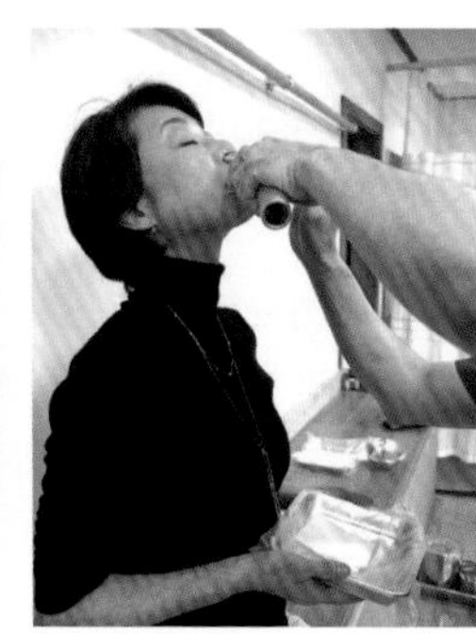

去します。ありていにいえば、「鼻血を誘発させる」のです。

患者さんたちをみていると、だいたい一、二分もすると自然に血が止まります。また、腕や足にもチョンチョンと鍼を用いて傷をつけ、瘀血を排出させます。

「昔から韓国では『怪病は古い血がもたらす』と考えられました。

こうして瘀血を除く事で、血液循環を良くし、自然治癒力を向上させるのです。

鼻鍼がすべての病を治療できるというわけではありませんが、気血の循環を円滑にすることで、多様な疾病を治療し、予防するために大変有効な治療法といえます」と崔先生。

その効能は多岐に及びます。

腰痛、五十肩、偏頭痛、ディスク、捻挫などの**運動障害疼痛疾患**
関節炎、リウマチ性関節炎などの**関節疾患**
交通事故や手術の後遺症
不整脈、狭心症、心筋梗塞、下肢静脈瘤などの**循環器疾患や顔面麻痺**
ストレスによる、頭痛、集中力の低下
骨粗鬆症、更年期障害、生理不順、生理痛、冷え性、不妊など、**婦人科疾患**
アトピー、にきびなどの**皮膚科疾患**
不安、不眠症、記憶力減退、うつ病、パニック障害などの**神経精神科疾患**
腹痛、便秘、下痢、過敏性大腸症候群、慢性胃炎などの**消化器疾患**
高血圧、糖尿病、高脂血症、肥満など、**成人病**

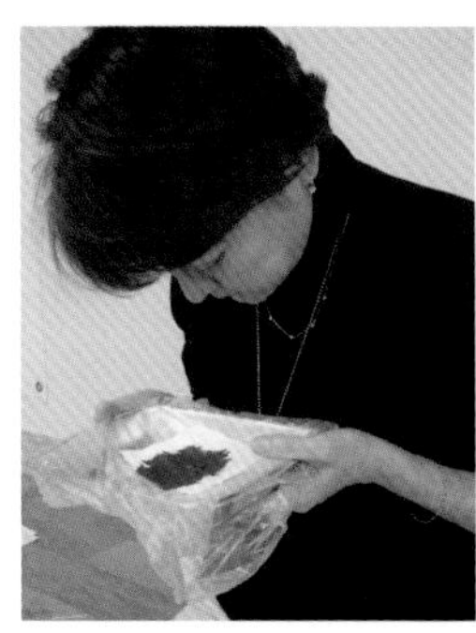

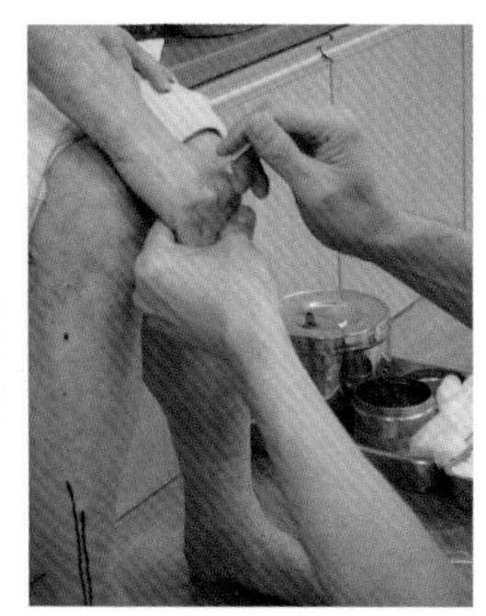

瘀血を取り除くことで、血液循環を促す韓方独特の施術

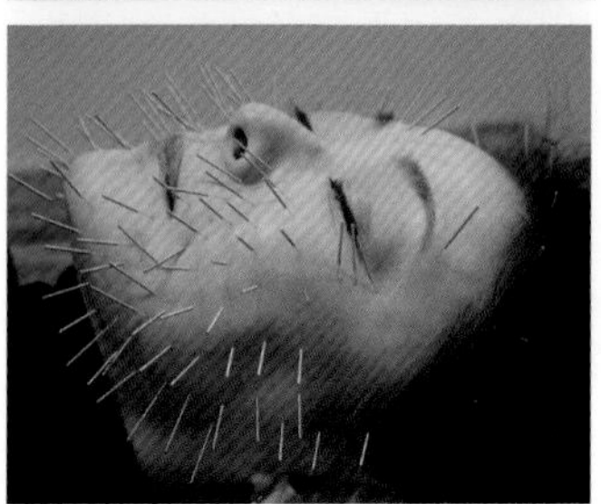

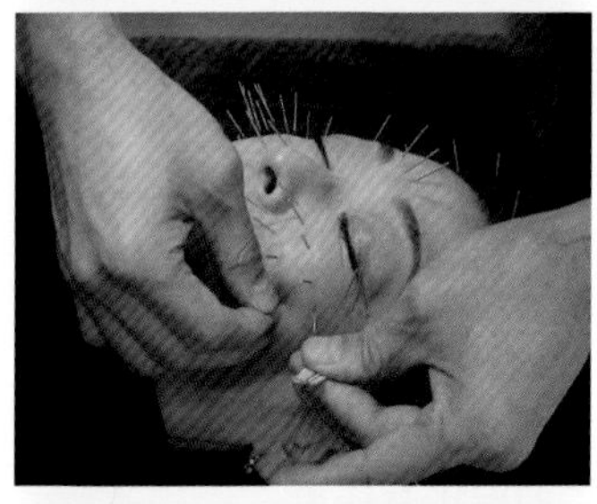

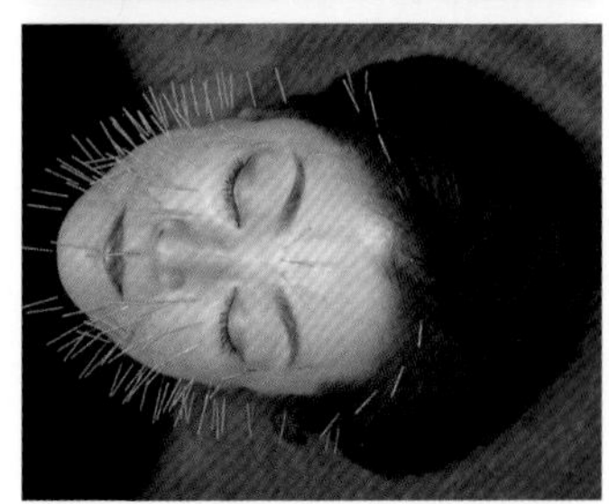

130本ほどの鍼を5分ほどで打つ。「痛くないか?」って?そりゃ痛いけれど、さほどではありませんよ。こうして鍼を打つことは一種組織を傷つけることでもあり、それを修復しようとする自然治癒力によって肌が活性化するのだそうです。

さっそく私も試してみました。

耳鼻科で鼻をみてもらうような器具を使って、鍼で突きますが思ったより痛みはありません。すぐさまポタポタと血が滴ります。それをステンレスのトレーで受けてゆきます。

私の場合二分ほどかかりましたが、血が止まる時は切れ良くピタリと止まります。腕や足は瘀血が停滞しているようで、黒ずんだ血が少し出ただけでした。むしろスッキリ流血してくれるほうが望ましいようです。

意外にもこの治療は日本の方にも地元のかたにも好評。

「頭がスッキリして、顔色が冴える」

「手足の冷えや痺れ、痛みがとれる」と韓国人の患者さんたちはおっしゃいます。

整顔鍼(美容鍼)・ブファン(附缸カッピング)・埋線鍼

崔赫韓医院では他にもさまざまな施術があります。

「整顔鍼」は鍼によって経絡、経穴、経皮を刺激することで、血液の循環を促進させます。約百三十本の鍼を打ちます。また、皮膚組織を刺激することで、再生力を高めます。目もと、口もと、眉間などは結構チクリと痛いのですが、美容のためなら頑張ります!

皮膚のたるみ、しわを改善し、明るく張り

のある顔を作るということですが、確かに皮膚に張りが出ます。ほうれい線のところなどは鍼を縫うように刺してゆきます。

「ブファン（附缸）」も古くからある施術です。

真空状態になったカップを背中や腹部に当て、皮膚を吸引します。日本でも昔から「吸い玉」などと呼ばれ施された療法で、血液循環を良くするといわれます。

取り去るべき瘀血のあるところなどには鍼を用いて傷をつけ、その上からカップをのせることで瘀血を吸い出します。

現在ではガラスのカップを用い、ポンプで中の空気を抜いて真空状態を作るのが一般的です。ですが、こちらでは昔ながらの小さな陶器の壺（つぼ）を用いています。

壺のなかで、綿花を燃やして真空状態を作り、肌の上に置くのです。

今ではほとんど見ることのない、陶器を用いたブファンにこだわる理由は、この昔ながらの方法がより吸引力が強いからなのだそうです。しかし、熟練していないと患者にやけどを負わせるリスクがあるので、この頃の韓医院ではもっぱら使い勝手のよいガラスカップを用いているのだそうです。

陶器の壺は私もはじめてでした。たしかに吸引力が強くて、始めは結構痛いのですが、しばらくすると落ち着いてきます。

「埋線鍼」もこの頃ではよく用いられる施術です。

鍼の中に糸が仕込まれていて、皮膚に打ち込んで引き抜くと、糸だけが組織

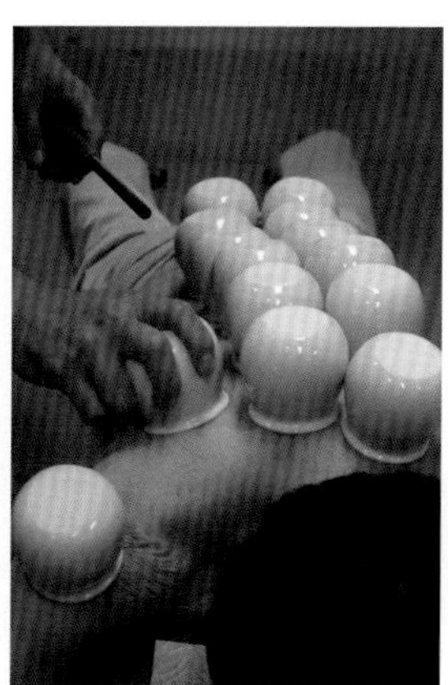
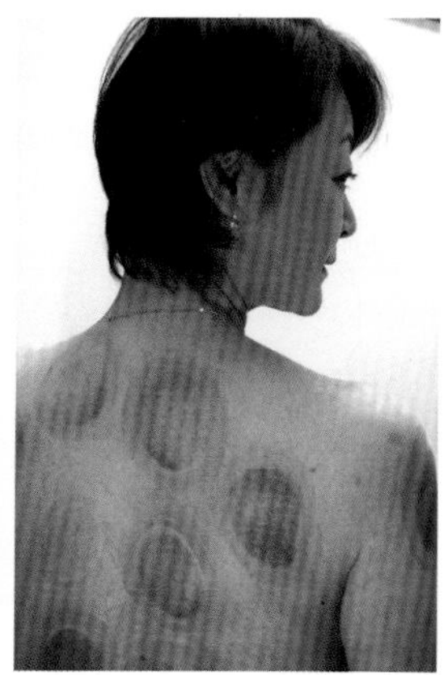

陶器の壺のなかで手早く綿花を燃やし、肌に乗せると真空になって肌を吸い上げます。その後赤外線で温め、血行を促します。血の滞った部位ほど赤味が強くでるそうです。

内に残るという仕組みです。皮膚のなかで自然に溶けるので抜糸する必要のない手術用の糸を使います。顔に施すと、たるみを引き上げるリフト効果があります。腹部などの気になる脂肪層に効果のある埋線もあります。

顔に施す糸よりは少し太目の糸を埋めます。糸を「異物」と認識した身体がこれを排出しようと作用し、脂肪燃焼につながるのだそうです。

《黒田の感想》

日本の女性誌に取り上げられたことで日本では「ダイエット」で有名になった崔赫韓医院ですが、本来は鼻炎や蓄膿症（ちくのうしょう）、また低体重の子供の発育を促し、背を高くすることなどに取り組んでもいらっしゃいます。身長が伸びない子供に限って蓄膿などの鼻の疾患があり、発育と関係があるのだそうです。

先生ご自身も 181 センチという高身長。その陰にはやはり韓方医であったお父様の韓方処方があったとか。

先生の御子息も 18 歳にして、すでに 187 センチだそうですが、子供のころから湯薬や鍼治療などを施していたそうです。

とはいえ、「それって、遺伝じゃない?」と内心思っていた私でしたが、取材中に丁度ご両親がお見えになりましたが、お二人とも平均的な身長だったので意外でした。やはり韓方の成果なのですね。

こちらの医院はもとはお父様の医院があったところでした。お父様は薬剤の専

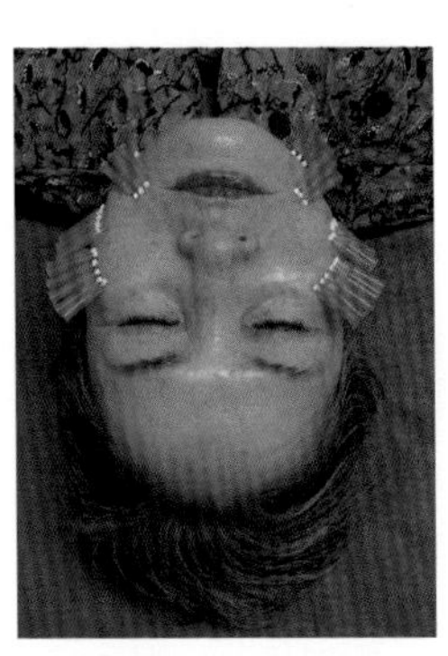

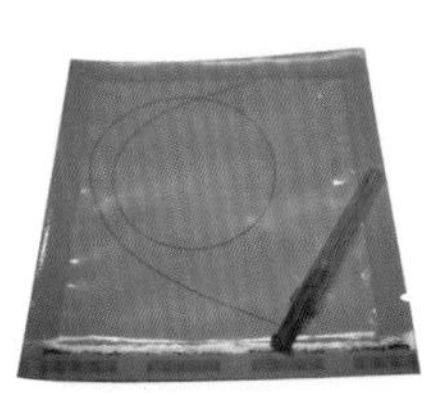

左／埋線のモデルは先生のお母さま。中／お腹の脂肪分解につかうちょっと太めの埋線糸。
右／お父様は薬剤の専門家

門家でいらしたので、今ではご両親が二階で調剤し、湯薬を作っていらっしゃいます。

「少しでも良い薬を作りながら、こうして息子を手伝えるなんて、本当に幸せなことです」とお母さま。

「お金は追うな、というのが私の方針です。誠心誠意やっていればそれは後からついてくるもの。けれど毎日遅くまで仕事をしている息子をみていると、心配は絶えませんね」。

こんなご両親の後ろ盾があるからこそ、医療に専念できるのですね。

日本人患者のほとんどが肥満治療と美容目的ですが、医院を訪れる地元の方をみていると、家庭医としてさまざまな治療を受けに来ています。

また、湯薬や治療の価格も大変良心的です。

病院の二階ではご両親が調剤をし、パッキングまでを行う。仲の良い素敵なご夫妻！

「適切な価格」を先生もモットーとしていらっしゃいます。

美容だけじゃもったいない！ と思いました。もっと幅広い健康相談をしてみても、と思います。

私もホームドクターとして長く通いたい医院だと感じました。

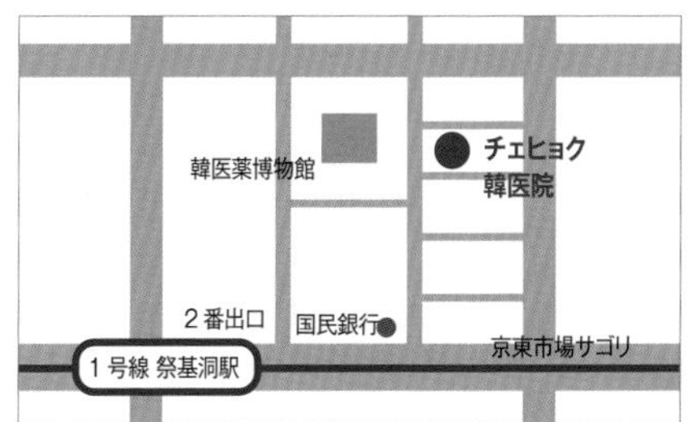

チェヒョク韓医院
ソウル市東大門区薬令洞キル 52
☎ 02-935-5775

黒田　福美
Fukumi Kuroda

俳優・エッセイスト
桐朋学園大学演劇科卒業。
俳優として活躍する一方、芸能界きっての韓国通として知られる。
80 年代から韓国への往来をはじめ、三十余年に亘って、放送、著作物、講演などを通して韓国理解に努めてきた。
2011 年には韓国政府より「修好章興仁章」を受勲。2002 年ＦＩＦＡワールドカップ日本組織委員会理事、韓国観光名誉広報大使、「日韓お祭り」実行委員、をはじめ麗水エキスポ広報大使、京畿道観光活性化広報大使、大邱、浦項などの広報大使を務める。
韓国関連の著書、翻訳など多数。
主なものとして『ソウルマイハート』(1,2)、『ソウルの達人』シリーズ、『隣の韓国人〜傾向と対策』、『韓国ぐるぐる〜ソウル近郊 6 つの旅』、『それでも、私はあきらめない』他、著書多数。

〈協力〉
東医宝鑑アカデミー主宰／国立釜山大学韓医学専門大学院 李尚宰教授
ソウル韓方振興センター／ソウル薬令市韓医薬博物館
大邱薬令市韓医薬博物館
ウリドゥル韓医院
金昭亨韓方クリニック
崔赫韓医院
株式会社韓国人参公社

〈STAFF〉

撮影	齋藤　彩子
	川﨑　亜古
	黒田　福美
コーディネート	権　寧利
デザイン	野本　淳子
編集	鵜野　淳子

韓国韓方のすべてがわかる

黒田福美の韓方案内 ～ソウルでキレイに！ソウルで元気に！～

2020年11月6日　初版第1刷発行
著　者　黒田　福美
発行者　洪　聖協
発行所　ウリアカデミー株式会社
〒160-0004　東京都新宿区四ツ谷4-3-2 中川ビル3階
電話　03-5341-4732　ファクス　03-5341-4739
http://woori-academy.com
印刷・製本所　株式会社剛一

ISBN　978-4-908261-05-3-C0095

ウリアカデミーの本

新しい韓国語
初級テキスト

李　君在／柳　蓮淑 著

語学の学習はテキストの構成・内容が命!! 日本人の思考、日本語の特殊性をふまえて、最も分かり易く構成されている韓国語の最新テキスト。

Yumi のハングルで妄想してくださ〜い！
Part2

Yumi 著

Yumi の面白くて、不思議な物語が韓国語と日本語で描かれています。そして、本文のポイントで韓国語の学習もばっちり。面白いエピソードも満載。可愛いイラストや写真も盛りだくさん。